「場所づくり」の地理思想

アメリカ西海岸の事例から

杉浦　直

Tadashi Sugiura

学術研究出版

はじめに

　本書は、「場所づくり」あるいは「場所の構築」に関する実証的事例研究を提示し、併せてそれに関わるいくつかの地理思想についての考察を試みた研究書である。事例はすべて、筆者がここ15年ほど手がけてきたアメリカ西海岸における都市ないし都市内の特定の地区であり、いずれも何らかの意味でエスニシティと関わりをもつ「エスニックな場所」でもある。筆者は、1980年代後半頃からアメリカの移民エスニック集団や彼らの居住地に興味をもち、現地での調査を繰り返してきた。そのうち、2010年以前に発表した諸研究については、2011年春に出版した前著『エスニック地理学』(学術出版会)において一応のまとめを行った。ちょうどその年は、筆者の岩手大学定年退職時にあたり、また東日本大震災があったときでもあった。筆者の研究環境は当然大きく変わったが、幸いなんとか研究活動を継続することができ、その後いくつかの論文を公表することもできた。本書は、主にこうした筆者の定年退職後に発表した研究成果をまとめたものである。

　本書の構成と内容を簡単に紹介しておこう。本書は、序章と終章を含んで、7つの章から成る。序章では、「場所」と「場所づくり」についていくつか概念的な検討を行った後、「場所づくり」あるいは「場所の構築」の視点を色濃くもった英語圏の7つの研究事例を簡潔に紹介する。理論考察の材料として筆者自身の研究事例のみでは足りない点を補うとともに、筆者の研究スタンスを確認するための道標の意味ももたせた。本論の5つの章は、それぞれサンノゼ日本町、ロサンゼルス・リトルトーキョー、ワシントン州レブンワース、カリフォルニア州ソルバング、そしてシアトル・パイオニアスクエア地区を対象とし、そこにおける「場所づくり」過程を論じたものである。各章で扱う事項にばらつきがあり、考察視点にも不統一が残るが、総じてその「場所」が構築されていく過程を、その場所を創り上げた人々（アクター）の役割を重視しつ

つ、実証的に記述することを試みた。終章では、これら筆者の研究事例および序章で取り上げた英語圏研究事例を材料としつつ、そこから浮かび上がってくる思想、理念、理想、概念装置など（便宜的に「地理思想」と総称する）をできるだけ理論的に検討しその性質を検討するとともに、その思想に照らして各事例で見られた現象の意味を考察した。取り上げた「地理思想」は、「エスニシティ」、「オーセンティシティ（真正性）」、「都市歴史保存」、「ストレス－シンボル化」であり、それらの考察を踏まえて「場所」と「場所づくり」の本質を再考し、結びとした。

　ここで各章の基となった筆者の初出論考は、以下の通りである。

序　章：①「場所の構築」過程の特質—アメリカ地理学における議論から—.
　　　　『地理科学』75-4、2020、pp.229-240.

第1章：②サンノゼ日本町の生成と歴史的展開—空間構成の変容を中心に
　　　　—.『季刊地理学』68-2、2016、pp.115-130.
　　　　③エスニックな場所の再構築—サンノゼ日本町におけるエスニック
　　　　表象—.『季刊地理学』65-2、2013、pp.69-89.

第2章：④変容するリトルトーキョー—再開発の進展とパブリックアート空
　　　　間の創出—.『季刊地理学』67-1、2015、pp.1-21.

第3章：⑤エスニックテーマ型ツーリストタウン「レブンワース」の構築と
　　　　その本質.『季刊地理学』69-4、2018、pp.207-222.

第4章：基本的に書き下ろしだが、一部の内容は下記の学会口頭発表で報告
　　　　した：
　　　　　　杉浦　直：エスニックテーマタウン「ソルバング」の構築とその
　　　　　　　　　　　本質—リトルデンマークorディズニーランド？　　日
　　　　　　　　　　　本地理学会・東北地理学会2016年秋季学術大会（東北
　　　　　　　　　　　大学）

第5章：⑥シアトル・パイオニアスクエア—旧都心地区の保存と再活性化
　　　　—.『アルテス・リベラレス（岩手大学人文社会科学部研究紀要）』、
　　　　103号、2018、pp.191-208.

終　章：上記各論考の考察部分を参照しつつ新たに構成したが、第3節のみ以下の旧稿を基にした：⑦都市歴史地区保存の本質と課題—シアトル・パイオニアスクエアが教えるもの—.『季刊地理学』72-4、2021、pp.225-232.

なお、下記の筆者の旧稿を取り入れた部分もある：

空間的シンボリズムと文化.『文化の基礎理論と諸相の研究』岩手大学人文社会科学部総合研究員会、1992、pp.55-74.

文化とシンボル—地理的空間にシンボルを読む—. 岩手大学人文社会科学部文化システムコース編『＜文化＞を考える』御茶の水書房、2008、pp.3-28.

　上記①〜⑦の論文については、記述・参照にあたり特に文献指示や注記をつけない。本書では、以上の各論考をそのまま収録した部分は少なく、全体の構想にしたがってかなり修正し、加筆した部分も多い[1]。なお、これら旧稿は一貫した方針に基づいた研究成果とは言い難く、調査の精度や記述の方針にばらつきがあることは否めない。読者は、特に第1、2、5章に比べて第3、4章の記述が主として限られた既存文献に頼ったものであることにバランスの悪さを感ずることと思う。筆者は、2014年夏にレブンワース、2015年夏にソルバングの現地調査を行ったが、いずれも数日の予備的な調査であり、後により本格的な調査をしようと考えていた。しかし、その後の筆者の健康状態もあって現地での調査ができないまま過ぎ、成果の公表は不十分ながら研究ノート的な論文や学会の口頭発表で間に合わせてきた。再度の現地調査は現状ではほぼ不可能であることを考慮し、本書では粗密があるもののこれら調査結果を材料として「場所づくり」に関わる地理思想を検討・考察することに主眼を置いた。読者のご了解を願う次第である。

　上記の諸研究を遂行するにあたっては、多くの人々に教えを受け、またお世話になった。サンノゼ日本町の調査では、現地のコミュニティで活躍されている Tamon Norimoto 氏、Jimi Yamaichi 氏、Kathy Sakamoto 氏、Joseph Y. Yasutake 氏、PJ Hirabayashi 氏、Joyce Y. Oyama 氏には、何回ものインタ

ビューをご承諾いただき、多くの貴重な情報を教えていただいた。また、ロサンゼルス・リトルトーキョーでは、コミュニティ再開発公社 (CRA) の Karen H. Yamamoto 氏に再開発実施計画書等関係資料のご提供をいただき、また現地調査においては、岡本雅夫氏、Takao Suzuki 氏、中村良子氏（羅府新報社）、Brian Kito 氏、東繁春氏（カルチュラル・ニュース紙）の諸氏から貴重なご教示をいただいた。また、ソルバングでは市マネジャーの Brad Vidro 氏から情報をいただいた。これらの方々に心から感謝の意を表したい。なお、前著（『エスニック地理学』）の序文でも触れたが、筆者のアメリカでの研究にあたり、今はともに故人となられたワシントン大学名誉教授ジョージ・カキウチ（Kakiuchi, G.H.）先生ご夫妻のご支援、ご厚情があったことは忘れられない。改めて、御礼申し上げるとともにご冥福をお祈りしたい。

　筆者のこれまでの研究生活の後半は、アメリカでの日系移民研究を踏まえて、いわゆるエスニック地理学の体系化と深化に力を注いできたと言ってよい。本書も大きく言えばその枠内に入るが、「場所づくり（場所の構築）」という考え方や、その過程における現象の性質をオーセンティシティ論やシンボル論などを取り入れて考察する手法は、ここ 10 年ほどの間に筆者のなかで次第に明確化してきた方法論でもある。上記の既出論文のなかには、必ずしもこうした研究方向になじまないものもあると思うが、あえて「場所づくり」という視点で上記諸研究を統合することを試みた。本書を読むことで、読者がアメリカ西海岸の特色ある場所の本質を実感するとともに、狭義の「エスニック地理学」のみに留まらない文化社会地理学一般の方法論を学ぶことを期待している。また、文脈が大きく異なるとはいえ我が国における各地のまちづくりや観光地開発などを考える上でも、有益なヒントや研究アイデアを得ることができるのではないだろうか。本書がそうした狙いにふさわしいものになっていることを念じたい。

2023 年 4 月

盛岡の自宅にて

杉浦　直

1) 図と表については、ほぼそのまま転載したが、一部の語句の表記を変更し、内容を加えたところもある。なお、第4章の図（図13、14）は新たに作成した。写真もそのまま転載したものが多いが、一部入れ替えたり新たに追加した。

目　次

図・写真・表　一覧

序 章

「場所」と「場所づくり」
──英語圏の研究事例

近年、地理的空間（地域、景観）の生成・変容に関する研究において、対象となる空間を「場所（place）」と呼ぶことが多くなったように思われる。特に、いわゆる人文主義地理学（humanistic geography）と呼ばれる地理学の潮流においては、「場所」はもっとも中核的な概念のひとつとなってきた。しかし、「場所」とは何か、なぜ「地域」や「景観」ではなく「場所」という言葉を使うのであろうか。筆者は、地理学における場所論について十分な知識をもっているとは言い難いが、以下いくつかの典型的な説明を見てみよう。まず一つの手がかりとして『人文地理学事典』（丸善出版、2013）における高野の説明を参照する（高野、2013、pp.106-107）。それによると、「場所」とは「人間の具体的な関わりを通して周囲の空間や環境から分節させた、個人や特定の人間集団にとって特別の意味を帯びた部分空間」であり、「伝統的地理学の対象としての『地域』に対して、『場所』は直接関わり、関係をとり結ぶ当事者の心情や観念として生起」し、「そのありようは当事者の場所をめぐる感情や行為、……他者との共同主観的な意味づけ、そしてその結果としての景観表出のあり方やその背後に潜む意味を通して感取され解読できる」とされる。この見解は、当該概念についての一種の規範的定義であり、その限りにおいてよく考えられた標準的な説明と言ってよい。ただ、抽象的な表現だけに実感をつかみにくいと感ずる人も多いであろう。

　そこで、ごく卑近な例から空間とは区別される「場所」の特性を説明した山崎の著作に目を向けてみよう。山崎はここで新入学生の賃貸アパートを例に出す。入居先を探す学生が目にする不動産物件としてのアパートは客観性、抽象性、代替可能性を有した空間である。しかし、学生がそこに住みはじめ、年月が経ったアパートは、具体的な生活と経験の堆積によって主観性と具体性をもった「場所」へと変貌していく。そして、そこを去るため家具や荷物をすべて搬出した後の部屋は、「場所の記憶」こそ残るものの、やがて空間へと戻っていく。つまり、地理的空間（の一部）は、人間生活との関係で「空間」にも「場所」にも位置づけ可能で、両者は同じ対象空間について複雑に関係しあうのである（山崎、2010、pp.47-49）。

こうした場所の特性を空間との対比で考える傾向は、ほぼどの著者にも共通しているように思われる。遠城は、『空間から場所へ——地理学的想像力の探究』と題する編著書のなかで、場所の特徴を空間と比較した場合、それはさまざまな意味でより「安定的」であり、「具体的」であり、「物質的かつ意味的な個別性を持っている」とする（遠城、1998、pp.227-228）。ただ、この空間と場所の関係性を抽象／具象の二元論に還元するのではなく、一種の弁証法的プロセスとして捉える考えもある。そのうちの一人、ボルチモアのウォーターフロントの再開発をめぐる葛藤を分析したメリフィールド（Andrew Merrifield）は、空間（space）はまず一義的に資本、商品、貨幣、情報のフローから構成される根のない流動的なリアリティであると考える。しかし、その実際の流れが特定な領域に根差すようになるとき避けられないジレンマが姿を現す。すなわち、それが「場所（place）」であり、そこでは自身の絶対的な領域を守ろうとする「場所と結び付いた（place-bound な）」グループによって資本が攻撃を受けるとする。換言すれば、場所は社会的葛藤を通して立ち現れ、（空間を規制し充当する）資本にとっては克服すべき潜在的な障壁としてそれに直面せざるを得なくなる。メリフィールドはこうした関係を抽象化して「想像された空間（conceived space）」と「生きられた場所（lived place）」の弁証法的調整（dialectical mediation）として捉えたのである（Merrifield, 1993, p.103, p.118；杉浦・小田、2009、p.173）。

　ただ、上の諸記述からも予測できるように、「場所」という概念を明確に規定することは実際難しい。地理学における場所論の深化に大きな役割を果たした人文主義地理学の旗手と言うべきレルフ（Edward Relph）は、次のように述べる。「私たちの日常生活においては、場所は、単に位置や外見によって記述できるような独立した明確に定義される実体としては経験されない。むしろそれは、場所をとりまく背景、景観、儀式、日常の仕事、他の人々、個人的体験、家庭への配慮とかかわりなどが渾然一体となった状況において、そしてまた他の場所との関連の中で感じられるものである」。また「場所は、私の場所、あなたの場所、街路、近隣、町、カウンティ、地域、国家、そして大陸と

いったすべてのアイデンティティのレベルで生起する。しかし場所は、こうした整然としたレベルにきちんと対応しているわけではない。それらはすべて互いに重なり合い混ざり合って、多様な解釈の余地を広く残している」というドーナット（John Donat）の見解を引用している（レルフ、1991、p.49）。つまり、「場所」は複雑な内実をもち、多様なスケールで現れる（実体というよりは感じられる）現象なのである。

　こうした「場所」の性質を把握し、そこで生じている現象を理解するためには、どのような調査をし、どのような方法論に立脚して研究すればよいのであろうか。上で述べてきたような「場所」の本質に鑑みるとき、そのための組織的で一般的、規範的な方法はないと筆者は考える。「場所」が本質的に個別性をもつとすれば、それは個別に事例に即して理解する以外に方法はない。レルフは、場所の性質が理解への大きな障害となっていることを認めつつ、場所を「多面的な顔を持つ経験の現象の一つとしてとらえ、（個別の）場所のいろいろな特性、たとえば位置や景観や個人的なかかわりを検討することによって……場所の意味の源泉や本質を明らかにすることが可能になる」と述べる（レルフ、1991、pp.49-50）。しかし、問題はそう簡単ではない。筆者としては、そこに動態的あるいは歴史的視点の導入が必須であると考える。すなわち、一時点における一つの場所の特性や諸現象をいくら詳細に記述しても、その現象の本質の理解にはたどりつけない。どうしても、その場所がどのように成り立ってきたのか、どのような経緯で成立したのかを理解することが不可欠になる。動態的な見方をして初めて場所の現状がもつ意味を理解できるのではないだろうか。本書で扱う現象、すなわち本書の主題は、この「場所」の成立過程なのである。

　この「場所」が成立する過程は、ある地域的性格が生成する過程の表面的現象を外側から客観的に観察するだけでは十分に理解することができない。「場所」の概念が人間的事象と不可分に結びついているとすれば、人間の活動とその場所の特性がどのように連関しているのか、人々がどのようにその場所の実体や性格を創り上げてきたのかを歴史的に考えていくことが必須とな

る。また、「場所」が人々によって感じられ経験される存在であるとすれば、人々の認知の在り方を歴史的に追及していくことが必要となる。換言すれば、そこが人々の心においてそのような性格の場所としてイメージされ認知されるようになる過程を考えなければならない。この地理的空間へのイメージ付与や意味づけは、個人レベルにおいても生じ得るが、ここで重要なことはそれらが一定の方向に収斂し、集合的レベルにおいてイメージ形成が進むことである。前述した高野 (2013) の「場所」の定義における表現を借りれば「他者との共同主観的な意味づけ」ということであろう。こうした場所の集合的イメージや性格の認知は、その空間の実体が形成されることによっても形づくられるが、さらに意図的な表象行為によっても生成し、さらに強化される。すなわち、「場所」の成立過程は実体の成立とそれに並行するイメージの生成の 2 つの側面を含む。前者は具体的な施設や建造環境が形成される過程であり、後者はあるイメージが（集合的に）その空間に付与され空間が記号的に意味づけされるということである。ここでは、そうした「場所」が生成する統合的な過程を便宜的に「場所づくり」あるいは「場所の構築」と呼んでこう[1]。

　こうした「場所」や「場所の構築」に関しては、日本の地理学においても 1980 年代頃から本格的な論考例が現れはじめる。詳しいレビューは避けるが、例えば内田 (1987) は、地理的イメージを「場所イメージ」として一般化し、その記号的側面を考察した。さらに、軽井沢という空間が鮮明な場所イメージを獲得していく過程を、文学作品による地域表象の役割を重視して分析している (内田、1989)。成瀬 (1993) は、代官山 (東京都渋谷区) という盛り場が、その記号的イメージを獲得し「場所」として構築されていく過程を、大衆雑誌による地域表象の役割に着目して考察した。また、森 (2001) は室戸市御厨人窟が真言宗の聖地という場所の意味を獲得していく過程を地元の観光政策や宗派の動きと絡めて検討している。これらの論考は、「場所」やその構築過程の本質に関して多くの示唆を与えるが、場所の構築に絡む諸現象や社会的・文化的営力は多様である。さらに多くの事例に目を向け、「場所」とその構築過

程の特質を考えていく必要があろう。

　本書は、このような「場所づくり」あるいは「場所の構築」に関わる筆者の事例研究を集成したものであるが、その提示の前に当該テーマに関して多様な議論を展開してきた近年のアメリカを中心とした英語圏の地理学（文化社会地理学）に目を向ける。ここで注目すべきは、エスニックな都市空間の動態的研究において、あるエスニック集団（移民集団）がある地域に居住してその領域をつくり変えていく過程を "place-making" [2] という言葉で表現する事例が近年多くなってきたことである。この "place-making" はシュウらの論考（Schuch and Wang, 2015, p.216）によれば、「場所への人間のアクティブな関与」を表現する言葉として、もともと都市計画、建築、デザイン関係で使われたものであるという。この語をキーワードとして使う研究は、後述するように住宅地や商業地域の形成など実体的なプロセスのみならずランドマーク建設など表象行為の進展も重視し、内外のメディアの役割にも言及することが多い。すなわち、本稿の文脈で言う「場所づくり」そのものであり、「場所の構築」過程の研究の代表的な事例となっている。そこで本章では、この "place-making" をタイトルに標榜する論文を含んで、「場所づくり」または「場所の構築」の視点を色濃く有すると思われる英語圏の典型的な研究事例をいくつか抽出し、その主張や考究内容を考察の概念的装置に着目しつつ検討・紹介する。そして、それを通して「場所づくり」あるいは「場所の構築」の地理学的研究がどのような特質をもつのか、どのようなことを考えていかねばならないのかを整理し、後述する筆者の事例研究のための道標としておきたい。また、それによって筆者の研究が「場所づくり」研究の一環を構成することを確認するための手掛かりともしたい。なお本稿は、当該主題に関わる広範な研究レビューを意図するものではなく、限られた研究事例をより詳細に検討して認識を深めることを目的とする。

事例1：バンクーバー（カナダ）のショーネッシーハイツ（Duncan, 1992）

　ショーネッシーハイツ（Shaughnessy Heights; SH）は、バンクーバー南郊

の英国的雰囲気を有する高級住宅地区である。ダンカン（James Duncan）は、この特色ある都市空間の創造と保存の過程を分析し、それを英国系文化モデルを使用した文化的（再）生産として議論した。

SH の開発は、20 世紀初頭のカナダ太平洋鉄道会社（CPR）による土地の購入に始まる。CPR は、地区に高級感をもたらすことに重点を置き、高価格な一戸建て家族住宅のみの建築を許可した。景観設計の基本理念は「ロマン的な英国風の都市のなかの田園」であり、英国の田園住宅のスタイルに適合するべく住居へのデザイン規制が実施された。地区の平均宅地面積は 1,500 平方メートル、これは当時のこの市における中流層一戸建て住宅地区の数値（370 平方メートル）に比し著しく大きい。なお、SH における住宅の半数以上は床面積がこの中流地区の平均宅地面積の数値（370 平方メートル）以上であった（pp.41-43）。こうした地区の独占的なエリート的性格は CPR の働きかけによって制度的にも保障され、特別な区（ward）として固有のゾーニング規制（「SH 建物規制法」、1922 年制定）を有するようになる。さらに多家族住宅を禁止する契約も導入された（p.43-44）。著者によれば、この地区の親英的景観（Anglophile landscape）はバンクーバー・エリートの文化的再生産の一部となったのである（p.44）。

大恐慌や第二次世界大戦時、SH にも変質と大衆化の時代が来た。この時期、住宅不足のためカナダ政府は全ての地域で多家族住宅を認める方針を採った。その下で SH では、大きな宅地は分割され、また下宿屋への転換も見られた。こうした住宅や土地の分割の動きに抵抗し地区のもともとの性格を守るべく闘ったのが、SH 不動産所有者同盟（SHPOA、1938 年結成）であるが、その戦略は当初必ずしも大きな成果を上げなかった（p.44-45）。SH は、戦後の回復期に徐々にその威信を取り戻し始める。既存の住宅と未開発の土地は急速に売れていくが、この時期建てられた家は初期のものよりやや小さく、また異なるスタイルの建築も混じっていた（p.45）。こうした中で 1970 年には SH 建物規制法の有効期限が切れることになる。この時期、SHPOA は新来者たちと交渉しつつ政治的に行動したが、その基本的主張（戦略）は地区と

グリーンスペースの保全は自身の関心のみからではなく、市全体によって支持されているというものであった(p.46)。バンクーバー市は、1970年にSHのため新たなゾーニング・カテゴリーを確立し、最小の宅地面積を882平方メートル、最小前面(frontage)26メートルと定めた(p.45)。この地区の英国的な景観という文化的モデルはもともとは市場戦略であったが、この時期には保存されるべきバンクーバーの遺産の一つとして認知されることになったのである(pp.45-46)。

　著者は、この論文で「場所(place)」や「場所づくり(place-making)」という言葉は使っていない。しかし、本稿の文脈に照らせば、この論文で示されたSHの生成と保存の過程は、まさに象徴的な価値と明確なイメージをもつ一つの「場所」の構築過程にほかならない。この場所の構築に最も関与したアクターはエリート集団であるSHPOAであり、彼らの採った行動は「文化の(再)生産」として捉えられている。この場合の文化は「習うのみではなく維持し守り抵抗し創造し拒否する何か」であるという(p.38)。その成果であるSHの英国的居住景観は社会的ステータスのシンボルとして重層的に機能する(p.49)。ここで重要なことは、このエリートという階級の生産物であるSHが、カナダ社会における階級の区別やエリート消費のモデルを再生産しているという指摘(p.37、p.50)であろう。すなわち、「場所の構築」過程には双方向の弁証法的性格が内在するのである。

事例2：テキサス州サンアントニオ(Arreola, 1995)

　この論文の問題意識は、かなり抽象的である。枢要なキーワードは「都市のアイデンティティ(the identity of a city または urban identity)」と「理念的景観(ideal landscape)」で、都市のアイデンティティは景観によって注入された意味を含み、現実の、あるいは理念的な景観に不可避的に結びつけられ構築された観念であるという。この観念を分析するためには、場所との人間的結びつき、そしていかにロカリティが様々な関心によって定義(限定)されているかを理解することから始めなければならない。こうした問題意識に立っ

て、著者はこの都市（サンアントニオ）のエスニックな結びつきがいかに都市のアイデンティティを形成するか、特定の文化的文脈において、いかに理念的景観が個人や組織が遂行するプロセスを通して鍛造（forge）されるのかを追求した（p.518）。

　サンアントニオは、18世紀スペイン植民地の砦集落（presidio）から始まり、2つの広場（Plaza de Armas と Plaza de las Islas）を中心に発達した（p.520）。市の人口は初期のヒスパニック中心からヨーロッパ系テキサス系アメリカ人（Euro-Texican）の流入によって多様化した。ヒスパニック（多くはメキシコ系）人口は1850年に47パーセントであったが、1900年までには22パーセントに低下している（p.522）。20世紀初期までにダウンタウンはメキシコ系人と（ヨーロッパ系）アメリカ人によって文化的に分離した刻印を呈するに至った（p.521）。ヒスパニック人口は都市中心部の一角に集中し、メキシコ系人居住区（Mexican quarter）を形成したが、ここはメキシコ系人によって運営される彼らの利益のための商業景観であった（p.524）。市の指導層はヨーロッパ系アメリカ人のグループに移り、市当局は広場周辺など市中心部の開発を進めた（p.521）。その開発にあたって景観づくり（landscape-making）の中心的理念となったのが、ヒスパニック・アイデンティティである。当時の市のガイドブックに載る12のビジター向け名所のうち、6つがミッションなどスペイン人の遺産であり、地元のメキシコ系人が関わるものが2つあるが、歴史的景観とは捉えられていない。もし、本当の景観が利用できないとすれば、必要な理念を創出することが必要である（pp.524-525）。すなわち、その後の洪水調節と絡めた開発である有名なリバーウォーク（River Walk）などに見られる景観は、この街のヒスパニックな遺産を活用してツーリストを惹きつけるためにロマン化されたものであり、真のスペイン的植民地景観でも、またローカルなメキシコ的なものでもない（pp.527-528）。この都市はエスニック的には長くメキシコ系であったが、近代の市のヒスパニック・アイデンティティはローカルな非ヒスパニック指導層によって創られ支えられている理念的景観に結びついていると著者は結論する（p.531）。

この論文において、著者は対象空間を一般的意味において「メキシコ系ア
メリカ的な場所」とは表現するが、「場所」として一貫した概念化はしていな
い。しかし、そこで見られる景観は理念的、象徴的なアイデンティティと結
びついて創り上げられたものであり、その創造の過程を都市計画の進展と絡
めて具体的に検討している。その景観はアイデンティティ投影の過去を有し
「認知と追憶」を求めているとする (p.533)。そうであるとすれば、ここで言う
景観は「場所」に限りなく近い概念であり、その景観づくりの過程を追求した
この論文は「場所の構築」を考究した論考として位置づけることができよう。

事例3：バンクーバー（カナダ）のチャイナタウン（Anderson, 1988）

　この論文の目的は、カナダにおける「中国人（Chinese）」という「人種」的な
カテゴリー（racial category）の社会的構築過程をローカル・レベルで追究す
ることであり、この論考を「場所の構築」研究の典型的な例の一つとして位置
づけることは難しい。ただ、その内容を見ると「中国人というレース（race）」
概念が、チャイナタウンとして知られ生産されたロカリティを通していかに
再構成されたかを、バンクーバー（カナダ）を事例として検討している。

　著者によれば、地理的圏域（geographical sphere）は「レーシャルなイデオ
ロギーが存在論的に実現され再構成されるクリティカルな連結（nexus）」を
提供する。どの空間も場所も、レースを定義する過程において偶然であった
ものはないという (p.214)。そうであるとすれば、レースを定義し形成する力
は必然的に空間（場所）も編成する力となる。すなわち、この論文の中心的問
題は、「人々と場所」、あるいは社会と空間の双方を構造化する「定義の力」で
あるとも解釈できる。したがって、本論文を「場所」を構築する力（プロセス）
を論じた論考として読み替えることも許されると考えたい。

　バンクーバーのチャイナタウンは19世紀後半にその姿を現しはじめる。カ
ナダ西部の各地で不利な扱いを受けた中国人移民たちは、1886年の反中国人
暴動の後、ビクトリア地区政府の保護の下にバンクーバーに戻り、デュポン
通り（Dupont St.、後のペンダー通り Pender St.）周辺の低湿地に集住地区を

形成した（p.218）。著者によれば、この地区の観念は中国人の「汚さ、不道徳、犯罪性、狡猾さ、同化不能性」についての当時のヨーロッパ人の仮定から創られたという。多くの白人住民の目には、チャイナタウンと悪徳との間に抗しがたい関係があると見えていた。すなわち、「レースと場所」は、道徳上の相関関係として同一視されたことになる。この2つの観念は、道徳的及び物質的なレベルにおいて再発明され続けていく（pp.219-220）。チャイナタウンは、そこにおいて物事が主流社会の反対において保たれる一つの「反観念（counter-idea）」であり、「彼らの」ホーム、やり方、悪徳であった（p.221）。

　20世紀に入り、中国人経営のビジネスはチャイナタウンの外にも拡大した（p.222）が、白人たちのチャイナタウンを見る目はあまり変わらなかったようである。白人の商業団体からは、中国人の移入排除とアジア人の商売を特定の地区に限ることを求める決議（請願）があった（p.222）。1920年代、30年代には制度的にも中国人排斥が強化され、アヘン窟としてのチャイナタウンのイメージが定着し、入国者の数も大きく減少した（pp.222-223）。しかし、30年代にはチャイナタウンや中国人についての少しましなイメージも出現する。それは中国の古代文明についての幻想であり、東洋へのロマンティックな観念であった（p.224）。第二次世界大戦後は比較的短い期間に差別的法制のほとんどは撤廃され、またツーリズムへのイメージの流用もはじまった。しかし著者によれば、こうした新しいイメージは以前より良性とはいえ、「我々と彼らとの間の経験的分離」を表現し確定する点では同じであったとする（p.224）。チャイナタウンのヨーロッパ系人的定義は、あるイメージが別のイメージによって置き換えられるような線的プロセスではなく、競合する観念の貯蔵庫でもあった。中国人のエキゾティックな人々としてのパーセプションは凝結し、チャイナタウンはなお異質の「人種」と文化の縮小され得ない要素として残った（pp.225-226）。チャイナタウンの出現は、「中国人」という「人種」的なカテゴリーが、社会と空間においてその姿を現したことを意味し、それはいろいろ状況を変えつつ持続するのである。

　この論文は基本的にきわめて観念的であり、また白人住民の「まなざし」に

のみ焦点をあてているので、バンクーバーのチャイナタウンという「場所」が構築される内的過程の具体的要素について学ぶところは少ない。しかし、場所が構築される際、そこで働く外からの認知的表象や制度的実践、文化的ヘゲモニーの力について貴重な示唆を得ることができる。

事例4：ノーザン・バージニアのベトナム系移民地区（Wood, 1997）

　この論文は、ノーザン・バージニア（Northern Virginia、以下 NV）地方（ワシントン DC 大都市圏の郊外地域）におけるベトナム系アメリカ人の生活空間の形成を「場所づくり（"place making"）」として捉えた論考であり、エスニック都市空間の生成過程の考察にこのキーワードを使った早い時期の論文である。

　当該地域におけるベトナム系人の流入は、1970 年代（1975 年〜）の難民の到来にはじまり、引き続く連鎖流入によって拡大した。最初の波（1975 年）の難民は相対的に教育程度が高く、40 パーセントほどがカソリックであったが、1970 年代後半から 80 年代初めのいわゆるボートピープルの多くはエスニック的に中国系、仏教徒で、最初の人々に比べれば教育程度や英語能力が低かった。論文が書かれた当時、約 5 万人ほどのベトナム系人がワシントン大都市圏におり、そのほとんどが NV に居住していた（p.59）。彼らは当初ある程度限られた地域に住んでいたようであるが、その後は居住域を拡大し、見た目にはベトナム的でないネイバーフッドに分散居住するようになった（p.60）。すなわち、この論文はエスニック集団成員の居住集中が見られないヘテロローカリズム[3]的な郊外地域（p.61）でのエスニック都市空間の生成を論じている。

　NV におけるベトナム系人居住の可視的な特徴は、特に彼らが経営する小売店の集積に表れている。それらは、ベトナムの市場町やサイゴンの盛り場を複写した列状の商店街となる。しかし、個々の店は必ずしも見た目にはベトナム風ではない。自動車のサービスステーションや修理場も、ベトナム系人の所有ではあっても、ベトナム色は表には出さない（p.62）。居宅もまたベ

トナム風ではないが、インテリアにはベトナムの物質文化がアメリカ的なものに同居する。例えば、居間には皮製のソファや大型テレビとともに、仏教の祭壇が設置され、台所には電子レンジとともに（米の）炊飯器が置かれる（pp.62-63）。論文では、教会（仏教会、カソリック教会）や墓地にも目を向けた上で、全体として非アメリカ的なエスニック景観のようなものはなく、代わって個々のエスニック・マーカーがあり、それらは既存のアメリカ的形態との多くの妥協（ショッピングプラザのなかの寺院や商業的で非宗派的な墓地など）を含むとする。この地区においてベトナム系人は、アメリカの大都市圏の景観のなかに居住し、それを入念に練り上げることによって「場所づくり」を実行し、場所の馴染み深い感覚を創り出したと結論する（p.64）。

　この論文で著者の言う「場所づくり」とは、どのような行為を意味するのであろうか。著者は、このことについて必ずしも明快な定義を下していない。しかし、論文の冒頭で提示される次のような言葉に、それを垣間見るヒントがあろう。「NVにおけるベトナム系人は、流用（appropriation）と調整（accommodation）の行為を通して彼らの場所づくりを行った」「ベトナム系人は、自身の新しい意味でもって、郊外を染めている」「場所づくりは、アイデンティティを形成し、社会関係を表明する連続的なプロセスを含む」（以上、p.58）。このように「場所をつくる」とは、単に地域の実体を形成することのみではなく、既存の地域条件を利用しつつ、地域に新たな意味を加え、また人々自身をも創り変えていく過程として捉えている。そのようにして創られた「場所」は、人々に「物質的かつ象徴的な様式で奉仕する」（p.70）のである。

事例5：ワシントンDC大都市圏のエチオピア系移民地区（Chacko, 2003）
　この論文は、ワシントンDC大都市圏におけるエチオピア系移民による「エスニックな場所づくり（"ethnic place-making"）」を論じたものである。Wood論文（事例4）と同様、郊外型のエスニック都市空間を扱っている。
　この大都市圏にかなりの数のエチオピア人（エリトリア人を含む）移民が到来するのは1970年代以降であり、80年代には難民法（Refugee Act）の利点も

あって急増した。1990年代には、この地域へのアフリカからの移民のなかで最大（24パーセント）の国別集団を形成する（p.27）。著者によれば、彼らの居住パターンは「分散と集中の両方の要素」を含むとされる（p.28）が、居住のクラスラリングは相対的に弱い（p.22）。一般的に、外国生エチオピア人の比率の高い地域は、ラテンアメリカやアジアなどからの他の移民グループも多い傾向があるという（p.29）。このような状況下で、移民たちの「エスニックな場所づくり」がなされる。

　実体的な「エスニックな場所」としてまず同定されるところは民族系の団体・組織が集中するサイト及びエスニックビジネスが集中するサイトであり、著者は前者を「エスニックな施設の場所（ethnic institutional places）」、後者を「エスニック社会商業景観（ethnic sociocommerscapes）」と呼んで区別する（p.30; p.33）。これらの場所は（外の人にとって）必ずしも目に見える形で認知されないが、移民にとっては現実の、そしてシンボリックな価値をもつ「触知し得る（tangibleな）」場所である。エチオピア人はそこで、あるいはそこに行くことによって、エスニック・アイデンティティとヘリテージを維持する。そうしたところでは、エスニックな活動のためのビジュアルなマーカーの集中がエスニックな空間を同定するのを助ける（p.29）。論文では、これらの実体的空間を示すさまざまな要素が具体的に述べられる。

　しかし、この論文で注目されるところは、景観における持続性や刻印が明瞭でない「エスニックな場所」もあるという指摘であろう。その一つのタイプは、著者が「エスニック・アリーナ（ethnic arenas）」と呼ぶもので、これはエスニック・コミュニティによって祝祭や儀式などに繰り返し使用されるが、永続的なエスニック・マーカーに欠ける空間のことである。すなわち、エスニック・コミュニティの集中の一時的な位置であり、そのとき限りのエスニックな雰囲気とマーカーをもつ（pp.35-36）。もちろん、そこでのイベントに参加することは、エスニック集団の成員にとって自身のエスニシティやヘリテージを確認するよい機会となる。もう一つは「非実体的なエスニックな場所（intangible ethnic places）」で、サイバースペース上の種々のメディア（ウェ

ブサイト、インターネット取引など)、テレビ・ラジオのプログラムなどを通してそれらは存在する。対象地域においては、"Ethioworld" のような組織のホームページがその内容やリンクを通してエチオピア系住民に奉仕する。またエチオピア系の新聞やラジオも、娯楽や情報の提供のみではなく、集合的価値を確立しコミュニティティを維持するのに役立つ (pp.37-38)。人々は、そこに触れ、そこにつながることによって自らのエスニシティを確認する。

　この論文では、「場所」とその構築過程をどのように捉えているのであろうか。「エスニックな場所」とは「(エスニック集団の)エートス(彼らの文化的特性と民族としての価値観)」が表現を見出した空間、独自のエスニックなスタンプをもつ現場 (locale) である (p.22)。その場所を構築する過程は、施設や店舗の集積のみならず、彼らのエスニシティに関連した独自のしるしやシンボルの使用を通して空間(サイバースペースであってもよい)を特徴づける過程であり、そうしたシンボルが他の点では通常の空間に重ねられることによって特別の意味を付与された文化的空間が生成するのである (pp.24-25)。このようにこの論文では、過程の表象性、記号性を重視しつつ「場所とその構築」の意味するところが明示的に語られる。

事例6：セントルイスのボスニア系移民地区 (Hume, 2015)

　この論文は、セントルイス(ミズーリ州)における「ボスニア系移民による場所づくり ("Bosnian place-making")」を論じたものである。"place-making" というキーワードを用いた比較的最近の論考である。

　セントルイスへのボスニア人移民(難民)は、ボスニア戦争 (1992 ～ 95 年)中の 1993 年から到着しはじめ、20 年後には現地生を含め 7 万人のボスニア系人口が成長した。この人口集積は、アメリカの他の都市に最初定住した二次的移住者も惹きつけた。都市圏の一角ベボミル (Bevo Mill) には、ボスニア系のエスニックビジネスが集積して「リトルボスニア (Little Bosnia)」と呼ばれる地区も出現している (pp.1-2)。本論文は、このボスニア人の場所づくりが「いかに南セントルイスの文化景観に表現されているか」(p.2) を論じたもの

である。

　景観における「場所づくり」の刻印として著者が特に重視しているのは、エスニックビジネス集積地における店舗の商業景観要素である。ベボミルでは、多くの標識はバイリンガルでボスニア語の使用が目立つ。レストランなどの店舗名にはボスニア・ヘルツェゴビナの地域名や河川名、自治体名が使用され、何人かの企業家は店舗名を自分の故郷にちなんでつけている。また、1998 年に新たに採用された同国の国旗やそのデザイン要素が、多くの商業的標識に組み込まれた (pp.8-9)。興味深いことは、アメリカの国旗やセントルイスのフランス起源のシンボルなども併用されていることで、著者によればボスニア・アイデンティティの表出と地元コミュニティの文化の受容とのバランスをとろうという方策であるという (p.9)。より象徴性の強い表象要素には、電柱から吊り下げられた装飾的なバナーがあり、また 2013 年にはサラエボのものを模倣した噴水のモニュメントも設置された (p.15)。こうした商業的景観におけるボスニア・ナショナル・アイデンティティの目に見える表出は、地元のみならず全国的にも注目を浴び、新聞などメディアの記事に取り上げられた (pp.9-10)。こうした主流メディアという他者による表象もリトルボスニアという「場所」の形成に重要な役割を果たしている。なお論文ではほかに、フェスティバルにおけるボスニア系フォーク・パフォーマーの存在、映画祭におけるボスニア・ヘルツェゴビナ関連の作品の上映、演劇「リトルボスニア」の上演などにも触れている (p.15)。これらは、前述したチャコ論文 (Chacko, 2003) における「エスニック・アリーナ」とも通底する要素であろう。

　しかし、ボスニア色が強く打ち出されない要素もある。いくつかの店では、ボスニア産品やボスニア料理に特化しているにもかかわらず、店の表にはボスニアのナショナル・アイデンティティを表出していない (p.10)。ムスリムという宗教的なアイデンティティはボスニア人の商業景観には表現されていない。4 軒ある肉屋はハラール色を宣伝せず、モスクを除いて女性は滅多にヒジャブを着けない (p.11)。住居の外観にはボスニア的なものを感じさせる要素は希薄である (p.14)。しかし、こうしたことも彼らの適応戦略の一つ、一種

の「場所づくり」の方策と見るべきであろう。

　本論文では、「場所」や「場所の構築」という過程を概念化して意図的に追及するという側面は比較的薄い。記述自体は素朴な実態記載の域をあまり出ておらず、個々の要素の文化的意味を深くは追求していない。しかしながら、ボスニア系人の「場所づくり」の性質やその具体的要素を知ることはできる。その「場所づくり」の基本は、景観に自らのアイデンティティを刻印することであり、それは主体的な表象的行為であることを、この論文は物語っている。

事例7：ウィスコンシン州ニューグラルス（Hoelscher, 1998a）

　ここではホエルシャー（Steven D. Hoelscher）の著作から、「アメリカの小スイス」と呼ばれる小都市ニューグラルス（New Glarus）の文化景観形成を扱った1章を取り上げる。そこで創り出されたスイス的な性格（外観）をもつ景観を著者は「スイスケープ（Swisscape）」と称した。新来の移民たちによる新たな「場所づくり」を扱った事例4、5、6とは異なり、古くから確立した移民エスニック集落における近年の文化的な再構築に目を向けた点に特色がある。

　ニューグラルスは、カントン・グラルスからのスイス人移民によって創設された集落から出発した。初期（19世紀後半）の集落景観は、いくつかの建物が幾分スイス的な外観を有したのみで、特に普通のアメリカ中西部の村と大きく変わったところはなかった。このことは、スイス人移民たちが、アメリカの建物の伝統を急速に取り入れたことを示しているという。集落プランの設計もアメリカ的な様式を基本とし、2つのメイン・ストリートはカントン・グラルスの町ではなく、近くの中西部の事例からインスピレーションを得ていた（p.186）。当時、スイス系としてのエスニック・アイデンティティは教会、酒場、家庭など「裏舞台」に留まっていたと著者は解釈している（p.188）。しかし、20世紀に入り明示的にスイス風を強調した建物が現れはじめる。主導した建築家はスイス人移民のリーダー（Jacob Rieder）で、地域住民の注文に応じて本格的なスイス風山小屋（chalet）をいくつか建設した。特に、バルロー

(Edwin Barlow) が注文した "Chalet of the Golden Fleece" と名付けられた建物 (1937 年?築) は、このコミュニティの覚醒しつつあったエスニック・アイデンティティにとってビジュアルな焦点となったという (p.191)。また、10 年後やはり依頼によってリーダーが建築した "Emmentaler Chalet" は、さらに規模が大きく細部が凝ったスイス地方風の建築であった (p.194)。これらの建物が建った時期を著者は「スイスケープのフェーズ I」としている。

次の時期 (「スイスケープのフェーズ II」) は、1962 年 2 月の乳業会社 (Pet Milk) の閉鎖にはじまり、1970 年代半ばまで続く。労働人口の 38％ が依存していたこの会社の閉鎖は、町の社会経済的構造を根底から脅かした。緊急の会合が開かれ専門家が招かれて、町が打ち出した方向性がスイス色を前面に出したヘリテージ・ツーリズム強化の道であった (p.195)。伝統的なウィリアムテル上演の祭りを強化し、住民はイベントでスイス風衣装を着け、多くの建物がスイス風のデザイン要素を加えた。1970 年までには、マディソンの一新聞 (*Capital Times*) が「(ニューグラルスの) ビジネス地区は……すべてスイス風の外観を達成した」と述べるまでになったという。ただこの時期の建築に携わった者の多くはリーダーと異なりスイス伝統建築の訓練を受けてはいないので、形成された景観は真に正統的にスイス的とは言いかねた (p.197)。そこで、三番目の時期 (「スイスケープのフェーズ III」：1970 年代半ば～ 1995 年) では、より大きな注意がオーセンティシティ (authenticity) の実現に払われたという (p.201)。多くの建築がスイス資本で賄われ、工事にはスイスで訓練を受けた建築家や工芸職人がより正確にスイスの民俗建築の伝統を反映する景観づくりのために依頼された。資料調査やスイス訪問に基づく本格的なスイス的山小屋建築が建てられ、街のダウンタウンは「旧世界の建築の伝統が満ちているスイス系アメリカ」の景観を呈して、「オーセンティックな」スイス村として認められたのである (pp.203-204)。

しかし、このスイス化への歩みは、決して平坦な、あるいは直線的なものではなかった。論考の後半で、著者はこの町の野外博物館 (Swiss Historical Village) やテーマパーク構想を事例に、その葛藤を浮き彫りにしている。野外

博物館は1930年代後半に創設され、1965年までに7つの建物をもったが、その多くはスイスというよりアメリカのフロンティアを強調したものであった（p.205）。しかし中心となるべき新しい建物（the Hall of History）の建築デザインを巡って、論争が生じた。故国スイスと結び付くと言う意図から最初はスイス風山小屋のデザインが発表されたが、スイス大使館やカントン・グラルスの反応は否定的であった。結局、スイスの国際的建築家ツヴァイフェル（Jacob Zweifel）がデザイン・設計し1969年完成したが、むしろ現代的な趣をもつもので、地元の人々はそれを好まなかった（pp.205-209）。テーマパーク構想は、地元の実業家シュナイダー（Robert Schneider）を巡って展開する。彼は、1974年にダウンタウンをミニチュア・スイスビレッジへ再加工する大胆なテーマパーク構想を発表したが、多くの人々は反対し、つきない論争の4年間の後、彼は町を去ったのである（pp.213-217）。

　この論考は、顕著な個性をもつ一つの街の生成過程を論じたものであり、著作のタイトルに使われたキーワードが「エスニックな場所の発明（the invention of ethnic place）」なので、「場所の構築」過程を新たな創造（発明）という側面を強調して考究した論考と言える。この創造の実質として描かれるものは、基本的にフィジカルな景観創造の過程である。それをもたらす営力として著者が重視したものは個人的アクターの役割で、そのアクティブな言動が多くのコンフリクトを巻き起こし、葛藤と矛盾をはらみつつスイスケープの実現という一定の方向に導いていった。この場所形成の性格としてもう一つ重要なことは、ツーリズム志向である。ニューグラルスはエスニック・アイデンティティを商品化した一つのエスニック・テーマタウンと化したと著者は考える（pp.183-184）。そうした場所の性格を著者は、建築学者ジャクソン（J.B. Jackson）の語を借りて「他者志向の場所（other-directed places）」として一般化した。そして、外側の「他者」のまなざしを惹きつけようとするばかりではなく、自身を一つの「他者」として表象することを試みたポストモダンの興味深い事例と位置付けている（pp.184-185）。以上見てきたように、この論文は「場所づくり」におけるアクターの役割・行動とそこに生ずる葛藤を具体的

に浮き彫りにしている。また、著者の視界はツーリズムが絡むポストモダン的な状況に注がれており、文化批判的視点をもち合わせた「場所の構築」論となっている。

　以上の諸論考の特質をどのように捉えればよいのであろうか。どのようなことを主題とした研究と言えるのであろうか。取り上げた論考は、それぞれ対象となる地理空間の異なる特性をもち、考察の強調点にも違いがあるが、ある種の共通性も見受けられる。

　まず、各事例で対象としている空間は、いずれも都市あるいは都市の部分空間であり、その意味で上記諸研究は広い意味での都市地理学に入る。しかし、都市そのものの解明を志向した研究というより、「都市で」何かを考えようとした研究と言ってよい。その何かが「場所」であり、場所を構築していく過程、あるいは場所を創り上げる人々の営為である。つまり、都市という空間における人々と場所との相互作用、そしてそれらによって織りなされる「場所づくり」の過程を主題としていると言ってよい。また、この場所を構築する人々はコミュニティを為し、コミュニティは特色ある文化と一定の構造をもつ社会でもある。そしてその特色はもとから備わっていたというより、場所が構築される過程で生成してきたものである。すなわち、上記諸研究は場所において文化や社会が形成される現象、あるいは場所と文化・社会の相互作用を考究しているとも言える。その意味で、これらの研究事例は文化地理学あるいは社会地理学の範疇に入ると言ってよい[4]。なお、各事例に共通していることは、何らかの意味でエスニシティ（という語で表現される文化的・社会的性格）が絡んでいる場所、すなわち広義の「エスニックな場所」であることであり、その意味でエスニック地理学の範疇に入れてもよい。ただ、この場合のエスニシティの意義（重要性）は事例により濃淡がある。

　また、多くの場合「場所の構築」の具体的内容を「景観（ランドスケープ）」の形成として描いていることが注目される。事例2（サンアントニオ）や事例7（ニューグラルス）においては、「景観づくり（landscape-making）」が直接の

検討課題となる。事例4（ノーザンバージニア、ベトナム系移民地区）では「場所づくり」は既存の景観を入念に練り上げることであり、事例6（セントルイス、ボスニア系移民地区）では「場所づくりがいかに文化景観に表現されているか」が主題となる。上記諸研究の多くは、この意味で景観という概念を重視した地理学であり、新しい時代の景観論としての意義をもつと言えよう。さらに、上記の諸論考は、いずれも時系列に沿った人々の行動や事態の推移を記述する部分をもつ。そのタイムスパンは、概ね近代から後近代（ポストモダン）であり、近代以前に遡って景観の原型を探るような視点には乏しい。その意味で歴史地理学的な性格は弱く、あくまで動態論的な文化社会地理学というべきであろう。

　論文では、対象となる地理空間の生成・変容（すなわち「場所の構築」過程）を、一部の例外事例（事例3など）を除き、様々に具体的に描き出す。施設・店舗の集積（事例5）や住居など建物づくり、野外博物館づくり（事例7）など一般的な商業地理学や観光地理学などでも扱う「実体的な」プロセスも多い。しかし、多くの論文で強調されているもう一つのプロセスは、人々のさまざまな言説や表現、各種シンボル創造など表象的行為、表現的行為の進展である。この表象行為は、場所に携わる内部のアクターが発するもののみではない。場所の外から働くまなざし、認知的表象、メディア的表象も重要な役割を演ずる（事例3、6）。こうした対象空間の内外からの表象や意味付けにより、「場所」のイメージが生成し固着していく過程を便宜的に「表象的過程」と総称しておこう。この表象的過程の重視が、上記諸論文を特徴づける重要な特性の一つなのである。そのことは、上記の諸研究が多かれ少なかれ人々と地理的空間との本質的な関わりを考究する「人文主義地理学（humanistic geography）」的な視点を有していることを示している。

　以下の5つの章で展開する筆者による実証的研究は、基本的にはこれまで継続してきたアメリカにおける日系移民研究やエスニック地理学的研究の延長線上に位置づけられるとは言え、上記諸研究を含む英語圏の動態的かつ人

文主義的な文化社会地理学の視点や成果に負うところも大きい。それら諸事例の記述にあたっては、まず施設・店舗の集積やそれによる空間構成あるいは建造環境の変容など、いわゆる「実体的過程」を扱う。しかし、もう一つ筆者が重視しているのは、モニュメントやランドマーク、各種シンボルの創造など表象的行為の進展、すなわち表象的過程である。しかし、この実体的過程と表象的過程は厳密に分離されるものではない。すなわち、実体的過程においても創りだされた形象は何らかの意味をもつ一種の表象としても解釈し得るし、シンボル創出と言っても多くの場合実体的形象も生成する。本来、両者は一つの地理的過程において分かちがたく統合されているものであり、記述にあたって分けるのは便宜的な技法上の手段である。なお、表象行為の進展を実体的過程とは分けて詳しく記述できたのは、第1章と第2章のみであり、続く3つの章では両者を統合した形で記述した。その理由の一つは、表象行為の進展についての情報を十分詳しく得ることができなかったという調査上の不備もあるが、もう一つは対象地域における実体的な建造環境の変容そのものが表象的性格も強く帯びており、両者を分離して記述することが難しかったことにもよる。

　以下本論の各章では、筆者のアメリカ合衆国西海岸地域における5つの実証研究の事例を提示する。一つひとつの論考の成立経緯や扱った事例の性質はさまざまであり、記述基準の十分な統一性がないことを恐れるが、上で指摘した諸研究の共通する視点や特性に留意しつつ、現代における「場所づくり」あるいは「場所の構築」の動態論的文化社会地理学の一つの可能性を示してみたい。

注

1) この「場所づくり」と「場所の構築」は、厳密に言えば少し違う概念である。前者は、ある場所を構築しようとする人々の意思や能動的行為が強調された言葉である。学術用語というより、一般的に使える言葉で、巷に使われる「まちづくり（街づく

り、町づくり）」などと同種の言葉として位置づけたい。後者は、この「場所づくり」
の過程を外から客観的に観察するときの学術用語と言えよう。しかしながら現実
的観点からは、その差異を強調することはあまり意味をなさない。本書では、ほぼ
同義の言葉として捉え、分かりやすさを重視して基本的に「場所づくり」を使用す
るが、必要に応じて後者の用語も使うことにする。

2) place making、placemakingという表記も使用される。

3) ヘテロローカリズム（heterolocalism）は、近年の北アメリカにおける移民集団の
社会空間的行動を説明するため、1998年にゼリンスキーとリーによって提出され
た新しいモデル（Zelinsky and Lee, 1998）である。ウッド論文は1997年の発表で
あるが、彼らの1993年の「未出版提案（unpublished proposal）」を参照してこの語
を使用している。

4) 周知のように文化地理学と社会地理学は、その目的や方法論で重なる部分も多
く、本書では「文化社会地理学」として統合的に扱う。

第 1 章

ランドマーク創出による「場所づくり」
──サンノゼ日本町

まず、「場所づくり」の事例の一つとして、アメリカの日本人街（日系エスニック・タウン）の一つ、サンノゼ日本町を取り上げよう。カリフォルニア州サンノゼ市のダウンタウンから北に2kmほど離れた東ジャクソン通り（E. Jackson St.）を中心とする地区は、歴史的な経緯から「サンノゼ日本町（San Jose Nihonmachiまたは San Jose's Japantown）」と呼ばれ、今でも日本食を中心とする20軒以上のレストランがあり、商業地区（盛り場）として活況を呈している（図1）。このサンノゼ日本町は、サンフランシスコ日本町、ロサンゼルス・リトルトーキョーとともに北米に現存する3つの日本人街の一つと目される。しかし、日本においてその実態や歴史はあまり知られていないと言ってよいのではなかろうか。筆者がサンノゼ日本町を初めて訪れたのは、サンフランシスコに滞在していた2007年9月初めのことであった。日帰りではあったが、文献収集や現地での予備観察を行った。それまでに、筆者はシアトル・インターナショナル地区（旧日本人街を含む）やサンフランシスコ日本町、ロサンゼルス・リトルトーキョーなどを調査してきており、残るは日本であまり注目されていないこのサンノゼ日本町ということで、調査の可能性を探りにきたのである。サンフランシスコからはカルトレイン（Caltrain）に乗

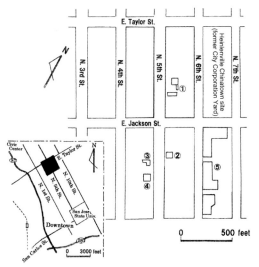

図1
サンノゼ日本町の位置と概況

左下図内黒描部：日本町域
①サンノゼ仏教会別院
②ウェズレイ合同メソディスト教会
③一世記念建物
④サンノゼ日系アメリカ人博物館
⑤ミライドービレッジ
各建物の輪郭は概略

り、サンノゼ・ディリドン（San Jose Diridon）駅でライトレール線（Light Rail Line）に乗り換え3つほど駅を過ぎるとサンノゼのダウンタウンに到着する。サンフランシスコからは1時間半ほどの快適な旅である。同じライトレールでダウンタウンから北に3駅ほどで日本町／アイヤー（Japantown/Ayer）駅に至る。サンノゼ日本町はそこから徒歩5分、3ブロックほどのところにある。初めて見るこの日本人街はサンフランシスコ日本町やリトルトーキョーとはかなり印象が異なった。カリフォルニアの明るい空の下、全体に広々とした雰囲気で、せせこましい町の雑踏という感じはまったくない。建物はほとんどが1階か2階の低層で、商店の看板などに日本文字は皆無と言ってよい。ただ、後述する各処の大きなバナーが「JAPANTOWN」などの文字を強調して日本人街の存在をアピールしている。翌年からは現地でコミュニティの日系の人々を中心にインタビューを行ったが、どの人も親切で穏やかな感じの方であり、これほど調査がやり易いと感じたことはなかったように思う。結局、2012年頃までに数度にわたって現地を訪問し、関係資料・文献の収集と面会・聞き取り調査を継続することになった。

サンノゼ日本町の歴史的展開についての既存研究を概観すると、日本語のある程度まとまった記述としては江淵（1982）があり、戦前・戦後の日本人街の状況が解説されている。しかし、この論考の主題は日系三世たちの意識や行動であり、地理的実体としての日本人街を詳しく検討しようとしたものではない。ほかには、『在米日本人史』（在米日本人会、1940）や『米国日系人百年史—在米日系人発展人士録—』（加藤、1961）などのアメリカ日系人史関係の書籍に過去のサンノゼ日本町についての具体的記述が見られる。なお、エスニック・タウンの生成・発展モデルを論じた杉浦（2011b）では、モデルの検証材料の一つとしてサンノゼ日本町の形成・発展にも目を向けた。

同地区を取り上げた現地の研究としては、まず "San Jose Nihonmachi" と題した都市計画分野におけるヒラバヤシ（P.J. Hirabayashi）の修士論文がある（Hirabashi, 1977）。ここではこの日本人街の歩みが総合的に記述されているが、地図表現を駆使してその空間構成の変容を分析しようとする視点は強

調されていない。また、市の保存・修復事業の資料として提出されたカレイ社の報告書 (Carey & Co.Inc., 2004) は、日本人街の歴史的文脈を考慮するため、初期の形成からの歩みを記述し既存の地図なども引用・呈示しているが、一次資料から空間構成の変容を検討したものではない。最近になって、フクダ (Curt Fukuda) とピアース (Ralph M. Pearce) により、サンノゼ日本町の総括的な歴史を扱った著作が出版された (Fukuda and Pearce, 2014)。ここでは初期の日本町以前の状況から現在 (2010 年まで) の再開発動向に至るまで、この地区の歴史的歩みが詳述されているが、個別のトピックや人物が中心であり、やはり地図表現の技法を用いた空間的なパターンの把握という側面は欠如している。以上のように、既存文献においては地理的な次元を重視した実証的研究の分野で大きな欠落があると総括できよう。

　本章では、このサンノゼ日本町を対象として、1) 当該地域の歴史的展開を、その空間構成、すなわち商店を中心とする各種施設の構成と空間的配置の変容に着目して解明し、次に 2) 各種のシンボルやランドマークの創出を通して当該地域が場所として生成・変容し、再構築される過程を分析・検討する。これらの過程は、それぞれ序章でも言及した「場所づくり」の実体的過程と表象的過程に相当する。

第1節　サンノゼ日本町の歴史的展開と空間構成の変容

　日本人街のようなエスニック都市空間 (エスニック・タウン) の生成・変容に関する実証的研究は、従来の地理学においてもかなりの研究集積がある。しかし、個別の商業業務地区としてのエスニック・タウンの空間構成の変容を具体的に追究した研究は限られている。本研究は資料の制限もあり望まれる精度での分析には至らなかったが、エスニック・タウンの変容を施設レベルで把握する歴史地理学的な基礎作業の一事例として位置づけることもできよう。

1. 分析資料とその精度

　エスニック・タウンの空間構成の変容を把握する資料としては、当該エスニック集団の住所録類がよく利用されてきた[1]。各施設の住所からその分布を地図化することによって空間的パターンを再現でき、複数の年次の比較によって経年的な変化も検討できる。アメリカの日系人の場合、戦前から現地の日系新聞社などが発刊する年鑑類に日系人住所録が付載されており、個人のほか施設・団体の欄が別立てで設けられるのが通常である。本研究ではサンノゼについての記述を有するこれらの住所録類のうち、年次の間隔と筆者の利用環境を考慮して、戦前については日米新聞社（サンフランシスコ）発刊の『在米日本人年鑑附録、在米日本人住所姓名録』1905 年版、同『日米年鑑附録、在米日本人住所姓名録』1912 年版、同『日米住所録』1941 年版、戦後については北米毎日新聞社（サンフランシスコ）発刊『北米毎日年鑑』1950 年版及び1972 年版を分析の対象にした。これらの資料の信頼度と対象の包括度について厳密に検討することは難しい。ただ筆者はシアトル日本人街のケースにおいて、より正確な資料と思われる合衆国議会下院移民・市民権委員会の公聴会に提出された 1920 年のシアトル市における日系人経営のビジネスリスト[2] と『北米年鑑（附録住所録）』1916 年版及び 1928 年版を比較したことがあり（杉浦、1996、注31）、その際ビジネスに関しては 7 ～ 9 割の包括度が期待できることを確認した。資料や地域が異なるので一概には言えないが、施設・団体に関してはこれら住所録類の記述が有力な資料となることは間違いない。

　サンノゼ日本町については、そのビジネス構成を示すほかの種類の資料も存在する。一つは、ほぼ一生涯をこの日本人街で過ごした日系二世のイシカワ（Tokio Ishikawa）医師が残した「サンノゼ日本町　1910-1935」と題する地図とその解説資料[3] で、地図にはサンノゼ日本町域の 95 の敷地が記され、解説資料には各敷地を占有した店舗等施設の情報が対象年次間の変化を含めて記述されている。資料の性質上、ある程度正確な情報と判断され、本研究では 1930 年代前半を示す資料として使用した。もう一つは、「日本町アトラス・

プロジェクト」によってピース（Ben Pease）が作成した1940年時点でのサンノゼ日本町の地図で、サンボーン地図と日系人住所録（Japanese American Daily News directory,1940）を資料として当時の日本町の状況が再現されている[4]。空間構成を知る最良の資料と思われ筆者はこの資料の利用を検討してきたが、地図から復元した当時の日系ビジネスの数が他の住所録類から示される数よりかなり少ないことから全面的な利用は断念し、番地や個別の施設の位置を知る情報としてのみ利用した。なお最近の状況に関しては、2010年時点での現地調査による情報を使用する。

2. サンノゼ日本町の生成と初期の日本人街

　サンノゼ地方を含むサンタクララ平原への日本人移民の登場は、1890年頃からと目される。同地方は当時、豊かな果樹・野菜・ナッツ農業地帯と化しており、日本人移民は農業労働者としてこの地方に流入した（Fukuda and Pearce, 2014, p.25; SJCI, 1985, p.19）。20世紀初頭までには日本人滞留者数が数百人に達し、ほかに3,000人ほどの季節労働者が通過していたと言う（Hirabayashi, 1977, p.8）。サンノゼ日本町は、こうした周辺の日系農業労働者コミュニティの中心地として発達することになる。

　アメリカ西海岸の都市における日本人街の生成はチャイナタウンの存在と関係が深い。サンフランシスコやシアトルにおける初期の日本人街の位置は、先行したチャイナタウンの位置と重なるか、きわめて隣接しており、サンノゼ日本町の場合も例外ではない（杉浦、2011b, pp.130-133）。サンノゼの中国人コミュニティは1860年代までに相当な規模に達し、1870年代にはダウンタウンの一角（Market St. と San Fernando St.）に居住区（チャイナタウン）を築いた（Yu, 2012, pp.21-24）。このチャイナタウンは1887年に放火による火災によって荒廃し中国人たちは移動を余儀なくされる。これに救いの手を差し伸べたのはドイツ人ハインレン（John Heinlen）で、東ジャクソン通り、東テイラー通り（E. Taylor St.）、北六番通り（N. Sixth St.）、北七番通り（N.

Seventh St.)に囲まれた街区(ブロック)にある自所有地に中国人を収容する建物をいくつか建設した。これがハインレンヴィル(Heinlenville)と呼ばれた中国人居住区で、商業用スペースを有していたためすぐ一種のチャイナタウンへと成長した(SJCI, 1985, pp.20-21; Carey & Co.Inc., 2004, pp.11-13)。このハインレンヴィル・チャイナタウンに吸引される形で日系の店舗等施設が立地し、初期の日本人街が形成されることになる。チャイナタウンに初期日本人移民の居住とビジネスが惹きつけられる理由については、まず中国人の経営する食堂、賭博場、労働斡旋業などの施設が単身男性中心の日本人労働者の利便に適っていたことが挙げられる[5]。しかし、当時のアメリカ西海岸の都市社会において中国人と日本人の構造的位置が類似していたことがより根本的な要因であろう。当然、必要とする施設も居住や諸活動を可能にする経済的条件も似通っていた(杉浦、2011b、p.133)。

滞留する日本人移民の数が増加するにつれ、日本人経営の店舗が出現・増加し、ハインレンヴィルも次第に日本人街の一部になっていくが、その過程の詳細は不明である。1890年代にはギフトショップ、洗濯屋、苗木業などの日系店舗・施設が出現したと思われるが、その数を示す資料はない

表1　サンノゼ日本町域内日系施設構成(1905、1912)

業種／種別	1905年	1912年
レストラン	6	5
食品店／酒店		2
その他の小売店	2	17
娯楽	2	9
小売業施設計	10	33
医療	1	3
新聞／雑誌出版	2	3
理容／洗濯／銭湯	3	9
ホテル(旅館)／下宿屋	4	10
運送業	1	3
その他のサービス業	1*	4
サービス業施設計	12	32
製造(製造小売含)／修理	2	6
その他営業(内容不明含む)		2
コミュニティ施設**	4	15
総計	28	88

*内容詳細不明
**教会、寺院、学校など
資料：『在米日本人年鑑附録　在米日本人住所姓名録』日米編集局編、日米新聞社、サンフランシスコ、1905、及び『日米年鑑附録　在米日本人住所姓名録』同、1912

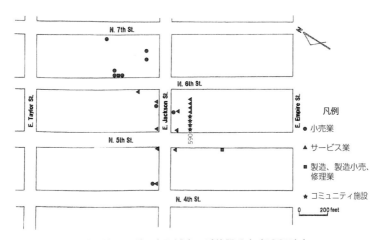

図2 サンノゼ日本町域内日系施設分布（1905年）

道路に直交する記号列は同一住所の施設（図3～6も同）。
資料：『在米日本人年鑑附録　在米日本人住所姓名録』日米編集局，日米新聞社，サ
　　　ンフランシスコ，1905.

（Fukuda and Pearce, 2014, p.29）。利用できる最も古い日系人住所録である
『在米日本人年鑑』附録の住所録1905年版を見ると「日本町域内」[6]に28件の
店舗・施設が立地し、実質的にある規模の日本人街が形成されたことが判明
する（表1）。そのうち小売業の店舗は食堂6軒（店舗名から日本食と思われ
る）を除くと少なく、あまり繁華な盛り場であったとは言えない。サービス業
施設のうち、旅館と床屋、銭湯が過半を占め専門的サービス業はほとんどな
い。これら施設の分布を見ると（図2）、サービス業施設が集中した北五番通
り590番地を除いて東ジャクソン通りに面したものが多く、またハインレン
ヴィル・チャイナタウンがあった街区の南半分にも数店舗立地していること
が分かる。施設の多くが業種から見て日本人移民を主たる対象としていたと
思われる。すなわち、初期のサンノゼ日本町は、サンタクララ平原に滞留する
同胞たちを対象にしたごく小規模な中心地であったことが判明する。なお、
日本町以外のサンノゼ市内には18軒の日系店舗等施設があり、日本人のビジ
ネス活動はやや市内に分散していたことも判明する。

この初期のサンノゼ日本町の具体的な建造環境に関しては前述したイシカワ医師の以下の回想が参考になる：「初期の日本町を描写することは、馬つなぎの柱、板張りの歩道、砂利道をもつ馬と幌馬車の日々を心に描くことである。下水施設がないので、雨季には氾濫がしょっちゅうあった。いくつかの店があり、家族は通常店舗の後ろか2階に住んでいた。下宿屋、風呂屋、そしてプールホールが目立っていた」(Fukuda and Pearce, 2014, p.31、筆者訳)。いつのことかはっきりした記述はないが、20世紀初めの頃の状況を述べていることは間違いない。ちなみにフクダらが記述したジャクソン通り（北四番通りとの交差点近く）に今も営業している「北米商会」は1906年に創業した最初期の店舗の一つであり、2階は住居、下は小売スペースに当てられていた。こうした店舗の存在は、チャイナタウンとは独立した日本人街が生成してきたことを例証しているという (Fukuda and Pearce, 2014,p.30)。

3. 戦前盛時の日本人街とその変容

　アメリカ西海岸における日本人街の戦前の最盛期は概ね1910年代から1920年代であり、サンノゼ日本町の場合も例外ではない。『在米日本人年鑑』付録の住所録1912年版によれば日本町域内に88の店舗等施設があり（表1）、日本人街が大きく成長したことが示される。小売業（広義）の店舗33、サービス業施設32と均衡が取れ、医療その他の専門的サービス業も増加した。特筆すべきは、日本人会、県人会（郡人会）、組合、寺院・教会（本願寺出張所、美似教会）、日本人学校などコミュニティ施設が15と急増していることである。これはサンノゼの日系人コミュニティが初期の移動労働者的社会を脱してある程度移民エスニック・コミュニティとして成長してきたことを示していよう。しかし、当時のサンタクララ平原日系社会がなお独身男性の多い社会であったことは、旅館／下宿屋の数が示している。彼らは農場で働き、仕事の端境期には日本人街の下宿屋に戻ってくる。下宿屋は、また彼らに農場の仕事を斡旋する役割も果たしていたという (Carey & Co. Inc.、2004、p.14)。なお、

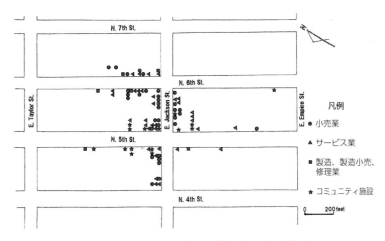

図3　サンノゼ日本町域内日系施設分布（1912年）

資料：『日米年鑑附録　在米日本人住所姓名録』日米編集局，日米新聞社，サンフランシスコ，1912.

　これら下宿屋の施設名には「南海屋」「九州屋」「熊本屋」など日本の地域名から取ったものが目立つ。これは、経営者の出身地にちなんだものと思われ、宿泊者も同郷の者が多かったと推測される[7]。これら施設の空間的配置を見ると（図3）、北六番通りから東ジャクソン通りにかぎ形状に集中分布していることが判明する。特に小売店舗は東ジャクソン通り（特に北側）に多く、サービス業施設やコミュニティ施設はややその中心から離れたところに立地する傾向が見られる。注目すべきは、日本町域外の日系施設は12であり、市内日系施設総数に占める割合が1905年より顕著に低くなっていることである。エスニック・コミュニティの成長が空間的な集中を伴って進行したと言える。

　アメリカの日系社会は1930年代に入り、1924年移民法改訂の影響、国内の経済状況の悪化、日米関係の緊張などの要因により、全体として人口減少など閉塞期を迎える。都市に成立した日本人街もこの時期やや縮小したところが多いが、サンノゼの場合はどうであったろうか。イシカワ医師が残した記録から1930年代前半のサンノゼ日本町を復元した結果、総施設数は71であ

り、1912年の資料が示す数字より少なくなっている。また、日系施設に限ると57とさらに少ない（表2）。しかし、これを以て日本人街が1920年代より衰退したと見るべきかどうかは、資料の性質が大きく異なるので慎重を要する[8]。この資料で注目すべきは日系以外の施設の情報も含まれることで、当時まだ中国系の店舗が相当数（12施設）残存していることが判明する。

表2　サンノゼ日本町域内施設構成（1930年代前半）

業種／種別	日系	中国系	その他	計
レストラン	2	3		5
食品店／酒店	7	2		9
ギフト店／雑貨店	1			1
その他の小売店	8	2		10
娯楽	1	3		4
小売業施設計	19	10		29
医療	6			6
各種専門的サービス業	2			2
自動車関連	1			1
運送業	1			1
美容／理容／銭湯	4			4
洗濯屋	1			1
ホテル（旅館）／下宿屋	7			7
サービス業施設計	22			22
製造／修理（製造小売含）	7		2	9
コミュニティ施設*	9	2		11
総計	57	12	2	71

*教会、寺院、学校など
資料：Ishikawa, Tokio: San Jose Japantown 1910-1935, Notes to the Guide Map

資料の関係上必ずしも正確ではないと推定されるが、各施設の敷地を示した地図からは施設の空間的配置の概略が1912年のときとあまり変わらず、東ジャクソン通りから北六番通りのかぎ形分布域がその中心になることが読み取れる。なお北六番通りは中国系の小売店舗の比率が高いことが一つの特徴であり、ハイレンヴィルのチャイナタウンが1930年代前半まである程度存続し、日本人街と連続する盛り場を構成していた可能性が高い[9]。

　太平洋戦争直前におけるサンノゼ日本町の状態を1941年発行の『日米住所録』から見ると（表3）、総施設数は62となりやはり1912年時点よりかなり少なく、特に小売業施設でその傾向が顕著である。すなわち、1930年代の閉塞期を経て日本人街はやや衰退したと見たいが、異なる傾向を指摘している報告もあるので結論は留保したい[10]。各施設の空間的配置を見ると（図4）、

小売業を中心とした北六番通りから東ジャクソン通りのカギ字型配置のほか、北五番通りの南側にコミュニティ施設やサービス業施設の集中が見られる。総じてサンノゼ日本町は1910年代から戦前期を通して、意図的な都市計画による大規模な変更を伴わない都市過程のなかで、その規模や空間的配置を基本的にはあまり大きく変えず存続してきたと言える。

4. 戦後のサンノゼ日本町

　戦時強制立ち退き・収容後の、サンノゼあるいはサンタクララ平原への日系人再定住及び日本人街復活の過程に関してはあまり詳しく分かっていない。戦後ロサンゼルスで発刊された『米国日系人百年史―在米日系人発展

表3　サンノゼ日本町域内日系施設構成（1941）

業種／種別	日系
レストラン	3
食品店／酒店	6
その他の小売店	7
娯楽	1
小売業施設計	17
法律／保険	3
医療	5
各種専門的サービス業	2
自動車関連	3
運送業	2
美容／理容／銭湯	5
洗濯屋	1
ホテル（旅館）／下宿屋	3
サービス業施設計	24
製造／修理（製造小売含）	7
庭園業	1
コミュニティ施設*	13
総計	62

*教会、寺院、学校など
資料：『日米住所録』日米新聞社、サンフランシスコ、1941

人士録』（加藤、1961）によれば、再定住開始から2年後には「（サンノゼ日本町は）戦前に倍加する躍進振り」とのことで「帰還4年後の今日では、戦前の面目を全く一新して商況頗る殷賑」と記されている（p.442）。この記述の根拠は示されていないので文字通りに受け取ることはできないが、少なくとも一時アフリカ系労働者の街と化したサンフランシスコ日本町などより再生は早かったと思われる。また、1947年の戦時転住局（WRA）の調査では、サンノゼ市内に約100家族の日系人がおり、その大部分は北五番通りと東ジャクソン通りの交差点の3ブロック以内に居住し、日本町近辺の日系人家族数は戦前より多かったという（Hirabayashi, 1977, pp.41-42）。

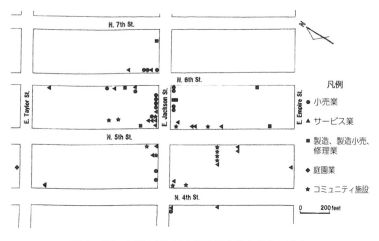

図4　サンノゼ日本町域内日系施設分布（1941年）

資料：『日米住所録』日米新聞社，サンフランシスコ，1941.

　住所録類が示す日本町の姿はどうであろうか。1950 年発刊の『北米毎日年鑑』付録の住所録では、サンノゼ市内に 74 の日系施設を記載している。しかし、本論文で言う「日本町域内」に限れば44 施設であり、強制立ち退き以前の日本町よりかなり少ない（表4）。すなわち、この資料から見る限りこの時点ではサンノゼ日本町の復興はまだ途上であったと見るべきであろう。各施設の分布を見ると、小売施設はほぼ東ジャクソン通り（北四番通りと北六番通りの間）に限られ、これに直行して北五番通りにもコミュニティ施設やサービス業施設が立地している（図5）。注目すべきは、もとハインレンヴィル・チャイナタウンが在った北六番通りの東、東ジャクソン通りの北のブロックには全く施設が立地していないことである。これは、この区域にサンノゼ市の施設団地（通称「コーポレイション・ヤード」）が整備されたためで、1940 年代末から60 年代にかけて古い建物が取り払われ、市の消防詰所や修理場が建設された（Carey & Co. Inc., 2004, p.22）。なお、北六番通り西側に施設の復活がほとんどないのも、この動きに影響されたものと思われる。このように、1950 年までにサンノゼ日本町はほぼもとの位置に再建されたが、規模が縮小して

かぎ形の配置はなくなり中心も1ブロックずれた北五番通り－東ジャクソン通りの交差点に移ったと総括されよう。

1972年発刊の『北米毎日年鑑』住所録では、「日本町域内」に62の日系施設が認められ（表4）、ほぼ戦争直前の日本町と同等規模の日本人街が再建されたことになる。特にレストランを始めとする小売業施設の数が多くなり、より繁華になったことが示される。一方、コミュニティ施設の数は戦前よりやや減少したが、これは県人会的な組織が再建されなかったことが大き

表4　サンノゼ日本町域内日系施設構成（1950、1972）

業種／種別	1950年	1972年
レストラン	2*	8
食品／スーパーマーケット	4	4
娯楽	1	
ギフト店／雑貨店	1	1
その他の小売店	6	13
小売業施設計	14	26
法律／保険	3	1
医療	5	5
各種専門的サービス業	5	3
自動車関連	1	3
美容／理容	5	8
洗濯屋	1	2
ホテル／下宿屋		1
サービス業施設計	20	23
製造／修理（製造小売含）	4	5
庭園業	1	
コミュニティ施設**	5	8
総計	44	62

＊1軒は中国料理
＊＊教会、寺院、学校など
資料：『北米毎日年鑑』北米毎日新聞社、サンフランシスコ、1950：1972

い。空間的な配置を見ると、東ジャクソン通りに小売店舗が集中し、これに北五番通りのコミュニティ施設やサービス業施設が加わる基本パターンは1950年と変わらないが、北六番通り西側にも若干の施設立地が見られる点が変化と言える（図、省略）。

その後のサンノゼ日本町における空間構成の変化に関しては、現段階で適切な年次の住所録資料が入手できず詳細をつかむことはできない。施設数・構成に影響を与えた「場所づくり」過程としては、まず1990年代後半のサンノゼを拠点に活動する日系実業家のYoshihiro Uchida（内田義博）氏によって開発された住商複合施設「ミライドービレッジ」の建設が挙げられる（図1、⑤）。

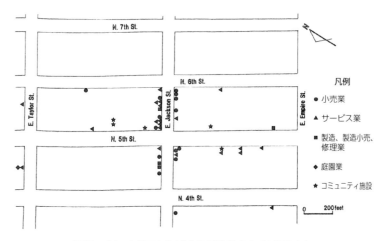

図5　サンノゼ日本町域内日系施設分布（1950年）

資料：『北米毎日年鑑』北米毎日新聞社, サンフランシスコ, 1950.

この施設の敷地は戦前には工場、自動車修理場、倉庫などがあった日本町の範囲外と見られる1ブロックで、同施設の建設は日本町の範囲を拡大し、新たな数ユニットの商業スペースを付加した（RACsj, 1996）。また、後述するように1990年前後に日本町の性格強化を図るいくつかの景観改善プロジェクトが実施され、今世紀に入ってから新たなランドマーク建設のプロジェクトが行われた。これらは直接商業施設を創出するプロジェクトではないが、日本町に多くの装飾的な景観要素を付加して繁華さを演出し、それがビジネスの進出を刺激する効果を有していたと推定される。

5. サンノゼ日本町の現況

　施設構成とその分布の最近の状況については、筆者の現地調査（2010年2月）による結果を示す。この調査では施設の業種のほか、施設が外に向かって表出しているエスニックな性格（表出エスニシティ）も観察した[11]。調査時、「日本町域内」には96の施設が確認され、この区域が商業・業務地区としては

表5　サンノゼ日本町域内施設構成 (2010)

業種／種別	日系	その他アジア系	その他エスニック系	非エスニック系（不明含む）	計
レストラン／カフェ／バー	12	2	5	4	23
スーパーマーケット／食品店／酒店	2				2
ギフト店／雑貨店	4		1	1	6
その他の小売店	5		1	5	11
娯楽				1	1
小売業施設計	23	2	7	11	43
法律／保険	1	1		5	7
医療	3	2		2	7
各種専門的サービス業	3		1	5	9
自動車関連				3	3
美容／理容	2			4	6
洗濯屋				1	1
サービス業施設計	9	3	1	20	33
製造／修理（製造小売含）	3			2	5
コミュニティ施設*	11	2	1	1	15
総計	46	7	9	34	96

*教会、寺院、学校など
資料：現地調査による（2010年2月24日最終確認）

成長・存続してきたことが示される（表5）。しかしながら、そのうち日系の
エスニシティを表出している施設はほぼ半数の46に留まり、日本人街として
の性格はやや後退したと言える。施設の3分の1強ははっきりしたエスニシ
ティを表出しない（非エスニック系の）施設であり、特にサービス業施設でそ
の比率が高い。各施設の空間的配置を見ると、特に東ジャクソン通り沿いに
営業施設が集中して連続する商店街を形成しており、北六番通りにも営業施
設の集積が見られる（図6）。北五番通りは、コミュニティ施設が分散して、商
店街的な性格は示さない。なお、東テイラー通りにも15ほどの営業施設が立
地するが、非エスニック系の施設が多く、日本人街的な雰囲気はあまり感じ
ない。総じて、現在のサンノゼ日本町はジャクソン通り中心の3ブロックほ
どの商店街であり、施設構成の上では日系の比率が後退しているが、いくつ

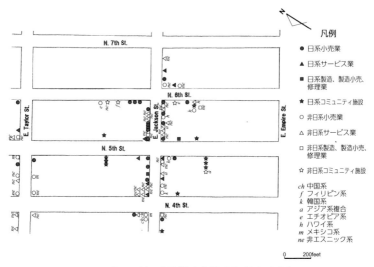

図6　サンノゼ日本町域内施設分布（2010年）

資料：現地調査による（2010年2月24日最終確認）

かの目立つ日本食レストランの集中と日系色を強調するバナーやランドマークの存在（次節で詳述）が日本人街の存続を印象づけていると言える。

　以上、見てきたように、サンノゼ日本町は、19世紀末から20世紀初頭にかけてサンタクララ平原の日系人労働者コミュニティの中心地として当時のチャイナタウンに隣接して生成した。戦前の最盛期は1910年代から1930年代前半までであり、小売業、サービス業などの営業施設のほかコミュニティ施設も充実し、バランスのとれた「総合型エスニック・タウン」として成長した。この時期の日本町はサンノゼ市内の日系人の中心地のみならず、周辺の農場で働く日系人労働者が一時的に滞留する基地でもあった。注目すべきは区域内に中国系の施設もある程度の数含まれていた模様で、戦前の日本町はチャイナタウンと連続した盛り場を形成していたと見られる。太平洋戦争中の中断期を経て戦後の日系人再定住期にサンノゼ日本町は再建されたが、施設数の上で戦前と同規模に達したのは1960年代以降と思われる。現在は、戦

前より施設数が増加し、中心2ブロックは小売店舗、特に日本食レストランが集中する盛り場として存続している。しかし、施設の半数強はとりたてて日系色を表出していない施設であり、意図的に創られたランドマークを除けば日系色はやや薄れたと言ってよい。空間的配置の上では多少の変化が見られた。すなわち、北六番通りと東ジャクソン通りのかぎ形配置が消えて東ジャクソン通りに店舗が集中する形の商業・業務地区になり中心がやや西にずれた形となった。総じて、施設数が100を超える時期はなかったと推定され、小規模な日系エスニック・タウンとして今日まで存続してきたと言える。

第2節　サンノゼ日本町におけるランドマーク創出の過程

　サンノゼ日本町は、日系という集団のエスニシティがその空間構成に現れ印象づけられる「エスニックな場所」と言える。このエスニシティは、商店など各種施設の名称や外観にも現れるが、街の通りや広場などの諸空間にもさまざまな形のエスニック・マーカーとして表出する。筆者がサンノゼ日本町を初めて訪れたとき、こうしたエスニシティを表現すると思われる各種のシンボルやランドマークが極めて豊富に目についたことが印象的であった。こうしたシンボル群は、どのようにして形成されたのであろうか。

　サンノゼ日本町が、商店街の維持・再構築によって日本人街として存続し得たことは「場所づくり」の大きな成果であったが、こうした「場所づくり」においてもう一つ大きな役割を果たしたのが、各種シンボル、ランドマークなどの創出を中心とする表象行為である。すでに述べたように、「場所づくり」は実体的な空間構造の生成・変容のみならず、意味が創造・想像され、それが場所に付与される過程を含む。そして、その意味が失われた（あるいは失われそうになった）とき、意味を回復・強化する過程も働く。この場所の意味の創造、想像、回復、強化を駆動する主要な作用因が表象にほかならない。換言すれば、場所の構築・再構築にとって不可欠であり、ある意味でもっとも枢要な

過程は、表象によって特定の地理的空間が記号的に差異化され、その差異が回復・強化される表象的過程と言える。場所の構築には、その地域（場所）を対象とした、あるいはそこに関係した表象が不可欠である。本書で問題とする表象は、すべてそうした地域（場所）に絡む表象、すなわち「地域表象」である。また、エスニックな場所の構築には、当然エスニックな志向性をもつ地域表象（以下、エスニック地域表象）が重要である。

　このエスニック地域表象は、表象主体と表象対象空間との関係に着目するとき、他者表象と自己表象とに分けられよう。前者は、当該「エスニックな場所」の域外の人々による表象行為であり、基本的に視聴覚メディアや活字メディアを通した当該場所についての「語り」の形式をとる。後者は、その域内に居住あるいは関係して活動する人々による当該場所についての表象行為であり、「語り」の形式のほかに、それを伴った具象的なシンボル創造の形をとることが多い。エスニックな「場所づくり」過程の分析・検討は多くこのエスニック地域表象、特に自己表象の性質とその展開過程の検討に当てられねばならない。

　エスニックな「場所づくり」を論じた地理学的研究は、序章でも見てきたように決して少ないと言うわけではない。そして、その多くで表象行為にも触れている。しかし、それら論考の多くは表象過程の経緯の記述に偏りがちで、エスニック表象媒体自体を具体的に調査・分析し、その記号内容を詳細に読み解くという姿勢を欠いているように思われる。そこで本節では、前節で確認したように19世紀末からの歴史を有し今日まで存続してきた日系のエスニック・タウンであるサンノゼ日本町を対象に、1）当該日本人街における近年のシンボル創造を中心としたエスニックな自己地域表象の媒体（記号表現）及びその提示経緯を分析・記述し、2）それらの表象が発するメッセージ（記号内容）を解読する。さらに、3）それら表象行為が進行する社会的及び文化・心理的な文脈を検討し、表象によって進展するエスニックな「場所づくり」の過程がサンノゼ日本町というエスニックな場所の現状や将来にとってもつ役割と意味を考察してみたい。

1. エスニックな自己表象の媒体とその提示過程

　エスニック都市空間（エスニック・タウン）におけるエスニックな性格を有する自己表象媒体には、これを広義に捉えるとき2つのカテゴリーがある。一つは、個別の施設、特に店舗などにおけるエスニシティを強調した看板や店頭のビラなどで、これらは個人的、非集合的な表象媒体と言える。もう一つは場所のエスニックな性格やアイデンティティをコミュニティ・レベルでシンボリックに表現する媒体で、これらは言わば集合（的）表象媒体である。本研究では、特に後者の集合的な自己表象媒体に対象を絞って、その種類と提示経緯を検討する。

1) 各種の表象媒体とその位置

　サンノゼ日本町は、前述したように1980年代後半から日本人街としての性格強化を図るいくつかのプロジェクトを実施し、豊富なシンボル群を創造してきた。それらのうち日本人街の性格表現として強いメッセージ性をもつ主要な集合表象媒体を挙げたものが表6であり、またそれらの位置を図7に示した。以下、それぞれの媒体の位置及び形状や特性を説明する。

表6　サンノゼ日本町における主要なエスニック表象媒体

媒　体	位　置	数	設置年次
日本町歴史説明ボード	5th & Jackson	4	1989 〜 1990年
日本町ゲートポール	5th & Jackson	1対	1989 〜 1990年
日本町ロゴマーク (1)	N. 6th St. 及び E. Taylor St.	22	1990年代前半
日本町ロゴマーク (2)	E. Taylor St.	2	1990年代前半
旗飾り（バナー）	各街路	55	最初のものは1990〜1991年
コミュニティ・イベント掲示板	5th & Jackson	1	1990年代前半（推定）
公民自由記念碑 (Civil Liberties Monument)	N. 5th St.	1	2005年
憩いの場 (Ikoi no Ba)	N. 5th St.	5	〜 2007年（10月）
一世の声 (The Issei Voices)	5th & Jackson	1	2008年（4月）
日系の灯 (The Nikkei Lantern)	5th & Jackson	1	2008年（4月）
一世の石 (The Issei Stone)	5th & Jackson	1	2008年（4月）
歴史の標 (Historic Markers)	5th & Jackson	17	2008年（4月）

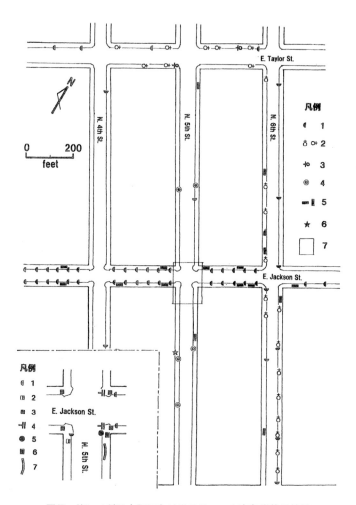

図7　サンノゼ日本町におけるエスニック表象媒体の位置

主図凡例　　　1：旗飾り（バナー），2：日本町ロゴマーク（1）（街灯下），
　　　　　　　3：日本町ロゴマーク（2）（ポール上），4：憩いの場，
　　　　　　　5：歴史の標，6：公民自由記念碑，7：左下拡大図の範囲
左下拡大図凡例　1：旗飾り（バナー），2：コミュニティ・イベント掲示板，
　　　　　　　3：日本町歴史説明ボード，4：日本町ゲートポール，5：日系の灯，
　　　　　　　6：一世の石，7：一世の声

日本町歴史説明ボード：日本町の最も中心的な地点と言える北五番通りと東ジャクソン通りの交差点（以下、5th & Jackson）の四隅にそれぞれ一つずつ置かれる（写真1）。その上面には、それぞれ「先駆者（Pioneers）」「定住者（Settlers）」「収容者（Internees）」「継承者（Heirs）」のタイトルがあり、その下にサンノゼ日本町とそれを取り巻く日系人の歴史が解説されている。どのボードも中央に解説のテクストがあり、関連する4枚の写真（キャプション付

写真1　「日本町歴史説明ボード」

日本町の歴史を解説するコンクリート製説明板，83cm × 100cm.
2010年2月、筆者撮影（以下、写真2～9も同）

き）が周囲に配置されるスタイルである。正式な呼称は日本町関係者も知らないようで、"5th & Jackson History Marker"、"Tablet" などと呼んでいるという。

日本町ゲートポール：これも 5th & Jackson を特徴づけるランドマークの一つで、東ジャクソン通りの両側に対になるよう建っている。2本の鉄骨柱の上には、緑色の三本の線の上にピンク色の花がデザインされた半円上のロゴマークがある。このモニュメントの正式な名称は地元の人も分からないとのことであるが、西側から見ると、東ジャクソン通りの日本町中心部に入っていく門の柱のようにも見えるので、ここでは仮に「日本町ゲートポール」と呼んでおく（写真2）。

日本町ロゴマーク (1) (2)：日本町ゲートポールの上部にあるもの（上

写真2　「日本町ゲートポール」

東ジャクソン通りの両側に立つ門柱状のランドマーク，高さ約8m.

述）と基本的に同じデザインのロゴマークであるが、こちらはコーナーがやや丸みを帯びた矩形の金属製の板であり、下に「JAPANTOWN」の文字が横書きで入っている。このロゴマークには2種類あり、一つは街灯下に吊り下げられたもの（写真3）、もう一つは東テイラー通りにある2基のポール上のものである。両者ともほぼ同じデザインであるが、前者は縦横55cmほど、後者はやや大きく（縦横66cmほど）、板の周囲に明るい紫色の枠があり、そのなかに「JAPANTOWN」の文字が置かれている。なお、このロゴマークは、5th & Jacksonの南西隅に設置されているイベント掲示板及び一部の街路（歩道）に置かれたトラッシュボックスにも使われている。

写真3　「日本町ロゴマーク」（街灯下）
北六番通りに14個、東テイラー通りに8個、計22個設置。

　旗飾り（バナー）：多くが専用ポールの上部に柱を挟んで2つの旗を並べて1基のバナーとしている（写真4）が、電柱の横に旗1つのもの

写真4　旗飾り（バナー）
日本町域内の各所をカラフルに飾る。東ジャクソン通りの38基を中心に計55基が設置。

もある。高い位置にあり、かなりの大きさ（対になっているものはそれぞれ縦140cm、横80cmほど、単独のものは縦190cm、横55cmほど）なので遠くからも目立つ。デザインは基本的なものが目下4種類、そのうち2つには上述のロゴマークと同じものが旗の中央に使われ、そこに「JAPANTOWN」「NIHONMACHI」などの文字を配して日本人街の存在を強調しており、他の

2つも桜、鶴、提灯など日本的なモチーフが使われている。

公民自由記念碑（Civil Liberties Monument）：北五番通りの「一世記念建物（Issei Memorial Building）」[12] の前の歩道脇庭園に設置されている。三面から構成され、各面は幅67cm〜80cm、上になるほど広くなっている。各面のテーマは、「初期の開拓者（一世の経験）」「強制収容」「文化的伝統のお祝い」と解釈され[13]、それぞれ人物群像のレリーフと文字テクストによって表現されている。類似の記念碑は、サンフランシスコ日本町とロサンゼルス・リトル

写真5　「公民自由記念碑」

高さ9フィート（274cm）の青銅製記念碑。

トーキョーにもあり、三体を成す記念碑群のうちの一つである（写真5）。

「**憩いの場（*Ikoi no Ba*）**」：北五番通りに5ヶ所、それぞれ日本町のなかでもシンボリックに重要な建物（施設）の前の歩道に設置されている。基本的にベンチ（腰掛けることが可能な構造物）を中心に構成された設備で、それぞれが異なったテーマをもつようにデザインされている[14]。そのうち、「農業」をテーマとする「憩いの場」は、日系の歴史博物館[15] の前に設置され、コンクリート製のバケツ状台の上に乗せた木製の長いベンチ2基から成る。文字テクストはなく、その象徴的意味はやや読み取りにくい。「強制収容所」は、一世記念建物の前にあり、5つのコンクリート製座台（40cm×150cm：各同じ大きさ）それぞれに2つずつ太平洋戦争時に日系人を収容したキャンプの名称が記されている。近くの電柱には、強制立ち退きを告げる告知版も再現されており、メッセージ性が明白な施設と言える。「コミュニティ」は、ウェズレイ合同メソディスト教会（Wesley United Methodist Church）の前に置かれたコンクリート製および木製サークル状（直径260cmほど）の構造物である（写真6）。写真に見るように文字テクストはなく、暗喩的に主題を表現していると言えよう。「祭りと家族」はサンノゼ仏教会別院（San Jose Buddhist Church

Betsuin）本堂の道路を挟んで向かい側に位置し、ベンチとしても利用できるコンクリート製の7つの異なる形・大きさの物体から成る。それぞれには、日本の祭りや家庭で使う道具、太鼓、下駄、扇子、箸などの絵が描かれた15cm四方のタイル板が10〜20個ほど貼り付けられており、「祭り」や「OBON」など文字も在って、比較的明確に主題が表象されている。最後の「日系の遺産」は、「祭りと家族」の向かい側、仏教会本堂の斜め前に在り、4つの粗く削った大きさの違う花崗岩の物体である。最大のものは上面120cm×190cm、高さ55cm、それぞれ腰掛けることが可能で一種のベンチとも言える。当初文字表記はなかったが、2010年12月段階の調査では「一期一会」など草書体の漢字が刻まれていた。しかし、全

写真6　「憩いの場（コミュニティ）」
2つの厚板製ベンチで，中央の円とその中の6本の線はオレンジ色。

写真7　「一世の声」
花崗岩製，幅43〜57cm，高さ51cm，長さ30フィート（9.14m），表・裏・上の3面にそれぞれ文字テクストが刻まれている。

体として主題の表現は曖昧であり、やや抽象的なランドマークと言えよう。

　「一世の声（The *Issei* Voices）」：5th & Jacksonの東南隅に置かれたややカーブした花崗岩の大きなモニュメントである（写真7）。前面には、「GAMAN」「ITADAKIMASU」「ENRYO」など8つの日本語の言葉がローマ字表記で記され、それぞれに英語の説明もついている。これらは、一世が大切にしていたと一般に解されている価値観を表現する用語と思われる。裏面には、水平の線が右と左、東と西、北と南など諸方向を自由につなぎ、現在を過去と未来に統一するシンボルである旨の碑文が記され、また「我慢」と「感謝」

の2つの文字（漢字）が刻まれている。上面は言わば「サンノゼ日本町の歴史年表」で、「1887　ハインレンヴィル創設」に始まり、「2002　サンノゼ日本町コミュニティ会議設立」に終わるコミュニティの主要出来事が英文で記される。全体に文字テクストが多く、メッセージ性の高い説明的なランドマークと言える。

「日系の灯（The *Nikkei* Lantern）」：これも 5th & Jackson の東南隅、「一世の声」のすぐコーナー寄りに建てられた高さ36フィートの「く」の字状に曲がった棒状の金属及びガラス製構築物で、夜になると中に明かりが灯るように作られている（写真8奥左）。文字テクストはほとんどなく、抽象度の高いランドマークで、そのメッセージは見る者が読み取る（感じとる）以外にないが、ランドマーク関係の内部資料[16]によれば、全体として「日系諸世代のオプティミズムと忍耐」を表象し、「く」の字状の曲がりは「歴史の暗い時期における日系アメリカ人の闘いと変化を活写する」とのことである。

「一世の石（The *Issei* Stone）」：やはり 5th & Jackson の東南隅に設置された高さ約230cm、断面74cm×93cm、重さ5トンものやや赤みがかった花崗岩のモニュメントである（写真8奥右）。関係パンフレット（注14、参照）によれば、この石はサンノゼの姉妹都市岡山から寄付されたもので、太平洋を越えて船で運ばれてきたものである。そのことが、かつて海を越えて渡ってきた日本人移民一世たちの困難な旅と闘いを象徴し、一世の日本町コミュニティへの貢献を顕彰しているという。しかし、文字テクストは全くなく、予備知識なしにそのメッセージを読み解くことは難しい。

写真8　「日系の灯」（奥左）と「一世の石」
　　　　（奥右）

手前は「一世の声」

「歴史の標（Historic Markers[17]）」：日本町の各処、歴史的に意義があると判断されたかつての店舗、施設の位置に設置されている花崗岩のベンチである（写真9）。上面には碁盤、将棋盤、すごろく盤、チェスボードなどのゲーム盤の模様が刻まれる。また、全てのベンチの端に、それぞれの場所に建っていた店舗、施設などの歴史的写真とその場所をよく覚えている人による解説またはエッセイの文字テクストが記される。人は、このベンチで休息しつつ日本町の歴史の一端を具体的に学び、そこに思いを馳せることができる。

写真9　「歴史の標」

花崗岩製，東ジャクソン通りに10ヶ所，北五番通りに2ヶ所，北六番通りに5ヶ所，設置。すべて同じ大きさで，高さ44cm，上面は62cm×185cm.

　以上のような集合表象媒体のほかに、個々の施設や店舗のさまざまなデザインや表示が日本町のエスニシティを表現する媒体としても機能することが在り得る。前述したようにこれらは個人的、非集合的表象媒体であるが、それらのなかで注目すべきは北五番通りに面したサンノゼ仏教会別院アネックス前の説明板やウェズレイ合同メソディスト教会前の説明板である。これらは、施設の歴史の説明が主内容であるが、施設自体サンノゼ日本町の歴史にとってシンボリックに重要な建造物であり、その意味で集合表象媒体に近い性質も有していると見ることができる。ほかに 5th & Jackson の西南隅に設置されている「コミュニティ・イベント掲示板」は基本的に実用的なものであるが、屋根の妻側側面に日本町ロゴマーク、掲示板の片側中央にバナーと同じデザインの紙が2枚貼られ、また日本町の主要なイベントを伝える掲示もあるので、日本町の存在を印象付ける集合表象媒体としても機能していると言える。

2) 表象媒体の提示過程

　表6に示した集合的エスニック表象媒体の設置・建設年次を見ると、1）1990年前後、及び2）2005年から2008年にかけて、の2つの時期に大きく分けられる。前者は1980年代から90年代初めにかけて実施されたサンノゼ市における一連の再活性化計画の一部である。日本町に関連した諸計画の正式な総称はないようであるが、ここでは便宜的に「サンノゼ日本町再活性化プロジェクト」と呼んでおきたい。後者の動きは、一般に「サンノゼ日本町ランドマーク・プロジェクト」と呼ばれている。以下、この2つのプロジェクトの進展状況とその背景、及び表象媒体の設置過程を具体的に見ていこう。

①サンノゼ日本町再活性化プロジェクト

　戦後のサンノゼ日本町を再活性化し、日本人街として存続を図っていこうとする動きは1980年代から活発化するが、そのごく初期の動きは1960年代に遡る。戦時期の中断から当時ようやく復活してきた東ジャクソン通りを中心とする日本町域の商店主たちは、この商業地区をもう一度盛んにするという関心を結集するため、60年代中頃（～後半）に一つの団体を組織した。これが、「ジャクソン－テイラー商工会（The Jackson-Taylor Business and Professional Association）」（以下、JTBPA）である（Sakamoto, 2004；Fukuda and Pearce, 2014, p.363）[18]。当初の活動はあまり活発でなかったと思われるが、70年代以降シリコンバレーの成長やサンフランシスコ大都市圏の拡大にサンノゼ市が呑み込まれていく環境変化のなかで、日本人街の保存とビジネス再活性化の動きを担う中心的なコミュニティ組織となっていく。なお、同組織はオーラル・ヒストリー収集、映画・ビデオ収録、文化活動などに力を注いだ模様である。

　こうしたコミュニティ側の活動に協調する動きを見せたのが、サンノゼ再開発公社（San Jose Redevelopment Agency、以下「公社」）である。公社は、1983年に市内の商業地区を対象とした「近隣商業地区プログラム（Neighborhood Business District Program）」を開始し、日本町域（ジャクソ

ン-テイラー地区）もそのターゲットの一つとして指定され、JTBPA がその対応組織として機能することになった[19]。さらに 1986 年に、「日本町商業地区計画（Nihonmachi Business District Plan）」の策定が開始され、1987年 3 月、同計画が市議会によって採択された[20]。これに連動して JTBPA は「日本町商工会（Japantown Business Association）」（以下、JBA）に改組され（Sakamoto, 2004）、以後の日本町の再活性化計画は公社とこの JBA の協力体制の下で進んでいくことになる。

　同計画の重要な性格の一つは、日本町域を単なる商業地区以上のものと規定している点である。ちなみに、計画書の冒頭では「地域の日系アメリカ人のコミュニティ生活の歴史的中心、居住の場所、礼拝の場所、伝統的食品の購入の場所、古い友達や親戚と食事する場所、文化的活動の場所」として、その歴史的・文化的意義を強調している（Sakamoto, 2004）。そのため同計画には、各施設のファサード整備、ショーウィンドー改善、駐車スペースの増強など商業施設のビジネス環境を改善するための施策、さらにユーティリティの地下埋設など一般的なストリートスケープの整備のほかに、前節で詳述した 5th & Jackson の「歴史説明ボード」「日本町ゲートポール」、日本町の各所を飾るバナー、そしてコミュニティイベント掲示板など日本町の歴史的・文化的アイデンティティを強化する表象的プロジェクトが含まれることになった（注 19）。

　なお、この表象的プロジェクトの精神を集約するものとして日本町を表すロゴマークの使用がある。1987 年、ジャクソン-テイラー商工会がこのロゴのデザインを公募し、三世の女性マツオカ（Pam Matsuoka）の作品が選ばれた。3 本の線にプラムの花を重ねた図柄は、かつて日系人たちが従事したサンタクララ平原の果樹農業労働をイメージしたという（写真 3）。このロゴマークは、同年 5 月「日本町ゲートポール」の頂上を飾ることになる（Fukuda and Pearse, 2014 , p.364）。さらに、このマークは前述したように北六番通り北の街灯下と東テイラー通りのポール上に現れるほか、バナー、コミュニティ掲示板、トラッシュボックス、さらに様々なビラや出版

物にも使用され、日本町の存在を視覚的に示す中心的な形象の一つとなってきた[21]。

　同計画は、フェーズⅠとフェーズⅡに分けられて1990年1月までに当初の予定を完了し、上述各種の日本町の存在を誇示する集合表象媒体が設置された。なお、日本町地区の再活性化計画、ビジネス地区計画、住宅戦略などは再開発公社が大きく関与するところとなり、公社はストリートスケープの改良と歴史的建物の修復・保全に重点を置いた施策をさらに進めていくことになる（Sakamoto, 2004）。

②サンノゼ日本町ランドマーク・プロジェクト

　このプロジェクトの一連の動きは、2001年10月にカリフォルニア州上院議員法案307号（SB307）が知事により承認されたことに始まる[22]。同法案は、上院議員ヴァスコンセロス（John Vasconcellos）によって書かれたもので、州内に残る3つの日本人街（ロサンゼルス・リトルトーキョー、サンフランシスコ日本町、サンノゼ日本町）の保存のため、一つの試験的プロジェクト（"California Japantown Preservation Pilot Program"）を立ち上げ、そのために資金を提供することを求めている[23]。資金は、ロサンゼルス市、サンフランシスコ市・郡、サンノゼ市にそれぞれ同額支給され、市・郡にはその使途に関してコミュニティ組織と相談することが求められた[24]。

　サンノゼ市において、この法案に対応するため組織されたのが「サンノゼ日本町コミュニティ会議（Japantown Community Congress of San Jose）」（以下、JCCsj）である。同組織は、最初アドホック委員会であったが、2002年にはサンノゼ日本町の主要な諸組織の代表14人からなる公式組織に再編され、以後日本町に関する諸問題を審議する包括的組織として機能することになる[25]。

　JCCsjが当初日本町再活性化の最も枢要な課題と考え集中して議論したのは、市施設が移転した後、長らく空き地となっていた旧コーポレイションヤードの再開発の問題であった（Sakamoto, 2004）。しかし、組織のもう

一つの関心は、SB307による資金の範囲内でより現実的に実行し得る表象的な再活性化計画を具体化することであった。まず、2002年3月12日には前述のパイロット・プロジェクトのファンドを申請する市マネジャーを承認するサンノゼ市議会からの決議文を採択し、コミュニティの参画を担保する一連のタウンミーティングの開催に踏み切った (Sakamoto, 2004)。そして、エスニシティを強化する具象的ないくつかのシンボル（ランドマーク）を創造する方向に結集し、その実現のためのサブ組織が2005年頃結成された。これが、「サンノゼ日本町ランドマーク委員会 (Landmark Committee of JCCsj)」（以下、ランドマーク委員会）である。

　ランドマーク委員会は、発足当初から極めて活発に活動した模様である。同委員会を主導したヤスタケ (Joseph Y. Yasutake) 氏によれば、週に一度集会を開いてブレイン・ストーミングを行ったという。どのようなランドマークが日本町の再活性化とアイデンティティの強化にふさわしいのか、コミュニティの側からアイデアをなるべく早い時期に出す必要に迫られていた。もう一つの問題は、会計事務をどのようにするかということであった[26]。同委員会のメンバーは全てボランティアの市民で、会計実務の遂行には問題があった。再開発公社との協議の結果、州からの予算は全て市が受け取り、そこから支出される形を取ることになった。また、公社は事業の推進にあたってさまざまな技術的支援を行う。公社とコミュニティとのこれまでの緊密な関係が、このような協力形態を可能にしたと言えよう。もう一つ当初にしておくべきことはランドマーク建設を設計・施行する建築家の選定で、検討の結果、ギラード (Chris Guillard) 氏率いる設計会社と契約した。同氏は、非日系の白人で、当初米国日系人や日本人街の歴史・文化についての十分な知識をもっていなかったが、日系コミュニティとの接触のなかで見識を深めていったと言う。

　SB307からの資金を活用して最初に創られた記念碑は、3つの日本人街に共通な「公民自由記念碑」（表6）で、これは1999年創設のカリフォルニア州公民自由公教育プログラムの計画から引き継がれたものでもある。サン

ノゼ日本町の場合は、コミュニティにとって重要な歴史的建物である「一世記念建物」の前に建設され、2005年10月22日に公的な披露祝賀を行った[27]。この記念碑は、3つの日本人街に共通するものだけに米国日系人の歴史を包括的に表象することに重点が置かれているが、サンノゼ日本町にとってさらに重要なテーマは、自分たちの「日本町の歴史」である。計画は、それをビジュアルに表現するかなりの大きさをもった建造物を日本町の中心である5th & Jacksonの一角（東南コーナー）に設置する方向に焦点化していった。それを実現したものが、前述した「一世の声」「日系の灯」「一世の石」の3つの記念碑である（表6）。これらは一世に捧げられたもので、5th & Jacksonの他の3つのコーナーが空いているのは、将来二世、三世、四世に捧げるランドマークを建造する余地を残すためと言う。これら記念碑の具体的な形態とレイアウトはギラードのデザインによるが、「一世の声」に刻まれた文言や「一世の灯」の曲折した形、さらに「一世の石」を日本からはるばる運ぶというアイディアは日系コミュニティのなかから出てきた。その意味でこれらのランドマークは、ホスト社会のマジョリティのメンバーである建築家の感性と日系コミュニティのエスニックなものに根差すアイデアとが結合したものと言えよう。

　「憩いの場」及び「歴史の標」のアイディアも、コミュニティの一連の会合から出た。「憩いの場」は、単なる休憩の設備ではなく、それぞれが日本町の歴史にとって最も象徴的な意味が強い公共的施設の前に置かれていることが重要である。その場所の選定を巡ってコミュニティの会合が何回ももたれたのである。「歴史の標」は、さらに具体的な街の歴史の証を残したいとの願望から計画された。ヤスタケ氏によれば、会合で選定された重要な場所のなかから最初32のサイトが選ばれ、現在まで17が完成した。残りの15も文字テクストとなる証言の収集が遅れているが、石のベンチそのものは準備されていると言う。このように、コミュニティの人々の歴史につながるという意志が、SB307による具体的な資金によって具象的な表象媒体の建設に結実したのである。

これらの諸プロジェクトは、2008年までに一応当初予算の範囲内のランドマーク建設が終了し、同年4月4日、公的な除幕式が行われた（Yasutake, 2008）。1990年代初頭の再活性化事業と併せて、2つのステージにおけるランドマーク・プロジェクトの実施により、サンノゼ日本町は多種のシンボル群に彩られた一大表象空間と化した感がある。

2. エスニック表象の伝えるメッセージ

　上述してきたサンノゼ日本町のシンボル（ランドマーク）群は何を伝えようとしているのだろうか。もちろん、これらが全体として「日本人街（日系エスニック・タウン）の存在とアイデンティティのシンボリックな確認」であることは間違いない。しかし、これらの諸媒体は全体の具体的な形象でもってシンボリックにそうした意味を表現するのみではなく、多くが言語的テクストや形態の細部のデザインでもってさらに詳細な意味を伝えようとしている。ここでは、それらのテクスト表現を分析することによって、同日本町のエスニック表象媒体が伝えるメッセージの構造を解読することを試みる。テクストの解読にもとより定まった方法はなく、表象される記号内容の方向性も多様であるが、筆者としては大きく以下の3つに分けて読み解きたい。

　一つは「アメリカにおける日系人の歴史」である。このメッセージはシンボル群全体を貫く最重要な記号内容で、3つのスケール・レベルを含んで表れる。まず、サンノゼ日本町そのものの歴史がいろいろな媒体で語られる。特に詳細なものは5th & Jackson の「一世の声」上面の年表形式テクストで、「1890年サンノゼ日本町生成」から「2002年 JCCsj 創設」まで100年以上に及ぶ同日本町の主要な出来事が示されている。こうしたサンノゼ日本町の歴史は、さらにその上の空間スケールであるサンタクララ平原の日系人史の一部として位置づけされる。ちなみに、5th & Jackson の「歴史説明ボード」の起点となる「先駆者」のテクスト冒頭には、「1890年代に、日系（アメリカの日本人）移動労働者たちは中国人によって切り開かれた道を辿ってサンタクララ

平原の畑や果樹園における季節雇用を求め始めた」（訳：筆者）と記され、こ
れら単身の農業労働者にサービスするため小日本町が形成されたことが強調
される。そして、こうしたサンノゼ日本町やサンタクララ平原の日系人史は、
当然アメリカ西海岸の日系人史の一部であることにも抜かりなく目配りがな
されている。

　このアメリカにおいて、初期には帰化不能外人として扱われた日系人の歴
史は決して平坦な連続的過程を辿ったものではない。とりわけ、太平洋戦争
中の日系人強制立ち退き・収容は際立った歴史の中の特異点であり、テクス
ト表現上特に強調される一つの大きなポイントとなっている。例えば、一世
記念建物前の「公民自由記念碑」の３面の一つは「強制収容」がテーマであり、
それに隣接した「想いの場」の主題も「強制収容所」である。また、４つある歴
史説明ボードの一つは「強制収容者（Internees）」と題され、このアメリカの
歴史における悲劇が淡々と語られる。なお、「日系の灯」の曲折は強制収容が
アメリカにおける日系人史に与えた深い影響を象徴するものとして意図され
ており、曲折の軸となる中央内側には戦時における日系人の強制立ち退きを
命じた「大統領命令9066」が布告された年月日「FEBRUARY 19 1942」が刻さ
れている。しかし、全体として表現は抑制的であり、政治的に強い抗議のメッ
セージは避けられている。

　２つ目のメッセージは、「日系一世の貢献と一世的価値観」である。このこ
とを明示的に示すシンボルが、一世に捧げられた 5th & Jackson 東南隅のラ
ンドマーク群であろう。アメリカの日系人にとって、一世の意味は明確であ
る。一世の最初の移民がなければ、アメリカの日系人の歴史、そしてサンノ
ゼ日本町の歴史は始まらなかった。移民一世たちが、太平洋を渡ってアメリ
カに渡航し、人生の活路を切り開こうとした行為は、「勇敢な」という形容詞
で語られる。ランドマーク群の創設は、こうした一世の貢献に対するその後
の世代からの感謝の証なのである。一世たちは、また多くの教訓を二世世代
以降に残した。「一世の声」の表の面に刻まれた「がまん、いただきます、ごち
そうさま、しかたがない、いっしょうけんめい、もったいなことしないの、え

んりょ（すべてローマ字表記）」などの文言は、今に伝えられる一世的価値観を表しており、これらは明治の日本から移住地アメリカにもち込まれた文化移転の産物と解釈される。また、このことは現在この地に生きている人々も一世を通して日本、あるいは日本文化につながっているということを意味する。ただ、ここでの日本文化は現実の日本文化ではなく、あくまで日系人から捉えた「日本文化」であり、仏教会前の「憩いの場：祭りと家族」に描かれた「祭り、下駄、扇子、太鼓、お盆」などのキーワードで表現されるべき日本文化である。こうした懐かしい明治の日本文化と現在のアメリカの日系社会は、一世を通してシンボリックにつながっているのである。

　3番目のメッセージは、「他のエスニック集団との共存」である。サンノゼ日本町のサイトは、最初ハインレンヴィルと呼ばれるチャイナタウンに隣接したところであったことは、多くの表象的テクストにおいて明示されている。例えば、「一世の声」上面に刻まれた日本町関係の年表の冒頭は、日本町生成に先立つ「1887年、ハインレンヴィル・チャイナタウン創設」である。「歴史説明ボード」の「先駆者」では、前述したように冒頭に「中国人によって切り開かれた道を辿って」日系人たちがこの地に登場したとあり、日本町はサンノゼの「既存のチャイナタウンに隣接して」形成されたと説明されている。また、17基完成している「歴史の標」のうち、3つは他のエスニック集団に関係した記念物、すなわち、2つは中国系レストラン（Wings Chinese Restaurant と Ken Ying Low）、1つはフィリピン系の下宿屋（Gran Oriente Filipino Masonic Lodge）を記念したものである。これらのことは、日系人の歴史がマルチエスニック社会アメリカの歴史の一部であることを忘れていないというメッセージ、そして他の移民集団、エスニック集団が存在してこそ日系人社会も存立できるという建前を日系人が堅持しているというメッセージなのではないだろうか。

3. 「場所づくり」進展の文脈とその意義

　以上、サンノゼ日本町におけるエスニックな集合的自己表象の媒体とその提示経緯を記述し、諸媒体のテクスト表現が示すメッセージを解読してきた。ここではさらに、こうした特色をもつ当該地区のエスニックな表象行為が実践される社会的及び文化・心理的な文脈を検討し、それがサンノゼ日本町というエスニックな場所に対してもつ役割と意義を考察する。

　サンノゼ日本町における具象的シンボル創造を中心とするエスニックな表象過程は、どのような文脈的背景の下に進展したのであろうか。まず、表象行為の主体の性質に目を向けてみよう。最大の主体は、現地に居住する日系人コミュニティである。もちろん、居住者は日系人のみではないし、ランドマーク建設の推進母体には非日系人も参画している。また再開発公社など行政側の組織も助言・支援を中心としてこの表象過程に関与した。しかし、シンボル創造を主導し、その行動への意思決定の中心的主体となったのは、現地の二世、三世を中心とする日系人たちであったことは間違いない。この日系人コミュニティは、移民によって生成したエスニック・マイノリティ集団であり、旧稿でも述べた（杉浦、1998、pp.905-906）ように、「帰化不能外人」という扱いの下で差別と排斥に耐えてコミュニティを築いた移民一世の苦闘、「日系」という出自故の戦時強制収容体験、戦後の日本人街再建などの特殊な体験をもつ「歴史と苦しみの共有」を基礎とした集団（竹沢、1994、pp.217-226）でもある。このような主体の基本的な性質が、運動に高い凝集性と動員性を付与し、エスニックな意味を有する豊富なシンボル創造を可能にしたと考えたい。

　しかしながら、表象過程が進行するサンノゼ日本町という場所の社会的文脈そのものは、日系人集中地区が戦後復興できず消失してしまったカリフォルニアの多くの都市や日本人街が著しく荒廃して大規模な再開発を引き起こしたサンフランシスコやロサンゼルスに比して、相対的に穏やかであったと言うことができる。サンノゼ市においては、排日の嵐が吹き荒れた戦前のカリフォルニアにあって日系人コミュニティや日本人街に対する風当たりは比

較的穏やかであった。そのことは、戦時の日系人強制立ち退き・収容に当たって、サンノゼ市民の一部が日系人の財産の保全に尽力した[28]ことにも表れている。これが背景の一つとなって戦後の日系人再定住の歩みと日本人街の再建は、サンフランシスコ日本町などに比し相対的に早かったと言われる（加藤、1961、p.440）。また、戦後の都市計画の遂行に当たってサンノゼ市の再開発公社はスラムクリアランスなどの強制的手法をとらず、日本町の再活性化事業に際しても助言と協力を中心としたスタンスを崩していない。こうした市当局とコミュニティとの相対的に協調的なガバナンスの在り方が、エスニック表象の性質を政治的な強い抵抗性を欠く文化的次元のものに留め、他のエスニック集団の存在と貢献にも配慮するという特性の背景になったのではなかろうか。

　このようなシンボル創造を中心としたエスニックな「場所づくり」過程が、サンノゼ日本町というエスニック都市空間の現状と将来にとってもつ役割と意義はどのようなものであろうか。前述したようにこれらシンボル群が日本町の存在をアピールし、この空間に投影されたエスニシティを再確認しつつそのアイデンティティを高める効果をもつことは言うまでもない。そしてさらに、日本町という有徴な空間の範囲と構造を目に見える形で示すというより具体的な役割を果たしていることも重要である。サンノゼ日本町の範囲は人によって取り方が異なっていたが、東ジャクソン通りと東テイラー通りを含んで一定範囲にバナーが設置された（図7）ことで共通理解が形成されたと言えるのではないか。また、5th & Jackson に集中したランドマーク群は、日本町の構造的中心を確固たるものとして人々に印象付けた。このような都市過程が可能になった背景には、当該地理空間がかつて日本人街であったという歴史的事実があり、そこで活動する行為主体（アクター）が日系というエスニックな負荷を有していたためにほかならない。こうして再確認され再強化された空間のエスニシティは、アメリカの都市空間を貫く同化の大きな流れのなかにあって、再開発など次に来る都市過程のパラメータとして機能し、エスニシティの再生産に寄与するものと思われる。

最後に、当該地域が日本人街という「エスニックな場所」として存続し得た理由を考えてみたい。周知のように、戦後カリフォルニアの多くの日本人街が解体・消失していくなかで、サンフランシスコ日本町とロサンゼルス・リトルトーキョーは、外部資本を取り込んだ大規模な再開発事業を実施することで新しいタイプのエスニック・ビジネスタウンとして再生した。では、サンノゼ日本町は何故このような大規模な再開発を経ないで日本人街として存続し得たのであろうか。筆者は、この地域の調査の過程で現地の研究者やコミュニティの活動家たち[29]にこの問題を幾度か訊ねてみたことがある。そこで得られた意見を参照しつつ、現時点で考えられる要因（可能性）を整理すると次のようなことが挙げられる。一つは、日本町あるいは日系社会を取り巻く外的状況に関わる要因である。前述したように、戦後におけるサンノゼ日本町の再建はサンフランシスコなどに比して早かったと見られる。サンノゼにおいては、強制立ち退き中の日系人の財産の保全に協力した白人の法律家や実業家などがいた模様で、日系人と周囲の人々との関係は比較的良好であった（注28、参照）ことがその一因と推定される。そして、ロサンゼルスやサンフランシスコに比してアフリカ系など労働者の戦時中の流入が少なかったサンノゼは、戦後都市計画のダイナミズムが小さく、ときにエスニック・タウンを一掃し、ときに新たな再開発のきっかけとなる大きな都市計画がなかった（杉浦、2011b、p.138）。サンノゼ再開発公社による諸施策がようやく活発化しはじめた1980年代において、ビジネス活動の振興を目指す「近隣商業地区プログラム」（1983年発足）のターゲットの一つとして日本町域が選ばれたが、公社はコミュニティ組織との共同を重視するガバナンス方針を採り、日本町の既存の特性を生かした再活性化策を基本とした。もう一つは日本町あるいは日系社会の内部の状況に関わる要因である。サンノゼ日系社会は戦前より日系市民協会（JACL）など政治的活動が盛んな伝統があり、戦後もノーマン・ミネタ（Norman Mineta）氏など中央の政治に参画する政治的指導者を輩出した。彼らのリーダーシップの下にコミュニティのまとまりが強く、諸組織が協同して日本町の存続と再活性化に尽力したという色彩が強い。ちな

みに、先述した 2000 年代の「日本町ランドマーク・プロジェクト」において
は日本町の諸組織を束ねるアンブレラ組織「サンノゼ日本町コミュニティ会
議（JCCsj）」が結成され、サンフランシスコやロサンゼルスの場合のようなコ
ミュニティ内での立場や世代による対立は顕在化していない。このような協
調的なガバナンスの下で、前述したような日系エスニシティを強調するシン
ボル創出が行われたことも、日本人街としての存続に力を与えたことは間違
いない。この問題にもとより端的な答えを提示することは困難であるが、上
記諸要因が複合的に働いてサンノゼ日本町という日系エスニック・タウンの
存続につながったと考えたい。

注

1) 住所録類を使用してエスニック・タウンの施設構成の変容を具体的に分析した論
   考としては南川（2001）のリトルトーキョーを扱った研究がある。また、佐々木・
   下村（1994）も、住所録類を資料としてバンクーバーの日本人街における日本人商
   店の数・種類構成・立地変化を分析している。ただ、この両者とも地理学分野から
   の研究ではなく、地図を使用した空間的パターンの提示という側面には欠けてい
   る。地理学者による研究としては飯田（2010；2011）によるホノルルの日本人街の
   研究が挙げられる。ここでは、住所録類による分析のほか、日本人街の状況を表す
   地図類が引用される。なお、上記各研究はいずれも第二次世界大戦前に焦点が置
   かれている。筆者もシアトルにおいて住所録類を使用して日系施設の構成と分布
   の変化を分析したが、広域の都市地域を対象としたため日本人街域内部のパター
   ンには特に注意を払っていない（杉浦、1996）。
2) U.S. House, Congress, Committee on Immigration and Naturalization: *Japanese
   Immigration Hearings before the Committee on Immigration and Naturalization,
   House of Representatives, 66th Congress,* Washington Government Printing
   Office, 1921（Arno Press, 1978, pp.1109-1122）
3) San Jose Japantown 1910-1935: Map compiled by Dr. Tokio Ishikawa, 1996, and
   Notes to the Guide Map（私家版の印刷資料と思われる）
4) 同プロジェクトのウェブページ（www.japantownatlas.com）から利用可能なほか、
   筆者はピース氏より直接そのハードコピーを入手している。

5) カレイ社の報告では、ハインレンヴィル・チャイナタウンが初期の日本人独身者たちに「差別の怖れなしに」利用できるレストランなど多くの利点を提供していたことが指摘されている (Carey & Co. Inc., 2004, p.14)。

6) 東ジャクソン通りを中心に北は東テイラー通りの北側、南は東エンパイア通り (E. Empire St.) へ至るブロックの中ほど、西は北三番通り (N. Third St.) へ至るブロックの中ほど、東は東七番通りまでを便宜的に「日本町域内」とした (図1 ～ 6 に示した範囲)。

7) 前述したイシカワ医師の回想には「和歌山からの人々はしばしば南海屋に泊まり…熊本や福岡からの移民は通常九州屋に泊まる」との証言がある (Fukuda and Pearce, 2014, p.31)。

8) 同資料は敷地を占有した施設の記憶に基づく記述なので、同じ建物内に存在した小さい施設を記載していない可能性もあると推測している。

9) ハインレンヴィル・チャイナタウンの消失過程については Yu (2012, pp.108-110) や Carey & Co. Inc. (2004, p.16) によって概略を知ることができる。それによると1931年ハインレンの死後、彼の子供たちは経済恐慌のため家賃を集めることができず不動産税が未払いになりハインレン社は倒産、ハインレンヴィルの建物はサンフランシスコの銀行に譲渡され取り壊された。中国人たちは移転を余儀なくされ、一部は日本人街の方に移動して商売を続けたが、多くはサンノゼを去り、同市のチャイナタウンは1930年代末にはほぼ解体した。その背景には、「中国人排斥法」(1982年) を通過させた反中国人運動下でのサンタクララ平原における中国人人口の長期的な減少がある。

10) カレイ社による報告書では、*New World-Sun Year Book* (1939) を資料として、サンノゼ日本町は1940年までに「約93のビジネスと組織」を有するに至ったと述べている (Carey & Co. Inc. 2004, p.18)。資料によってなぜ数字が大きく異なるのか、この資料を入手していないので断定的なことは言えないが、日本町の範囲、ビジネス・組織として数えた対象などに相違があると予想される。

11) 営業施設のエスニシティは本来、所有者、経営者、従業者、顧客のエスニックな背景や参入しているネットワークの種類、扱う商品の性質などから総合的に判断しなければならないが、個々の施設についてこれらを詳しく調べることは困難である。筆者は従来、表出エスニシティ、すなわち施設名、看板やビラなど文字景観、商品の種類、業種など外から観察できる特徴によって便宜的に施設のエスニック系列を判断している。表出エスニシティは、施設が主な対象としている顧客のエスニシティ、どのようなエスニック系列の施設として見られたいかという施設の

意識を表していると思われる。

12) 1910年築のもと桑原医院の建物で、1983年に修復され「サンノゼ市歴史ランドマーク」に指定された。サンノゼ日本町のなかでも最もシンボリックに意義の高い建築物のひとつと言えよう。

13) 文字テクストの内容及びサンノゼ日本町コミュニティ会議（JCCsj）のウェブページ資料による。

14) 日本町で一般的に手に入るランドマーク関係のパンフレット（"San Jose Japantown Landmarks"）によれば、それぞれのテーマは「農業」「強制収容所」「コミュニティ」「祭りと家族」「日系の遺産」である。これらのテーマは、表象媒体の形態や付随するテクストからある程度推測可能であるが、明示的に表現されているわけではない。

15) 1987年に「一世記念建物」に展示室を設置したのに始まり、2000年にはその2軒南の現在地に移動、2002年から「サンノゼ日系アメリカ人博物館（Japanese American Museum of San Jose）」と改名した。建物は2006年から新館建設のため取り壊され、現在新しい建物で再開に漕ぎ着けた（*Nichibei Times*、2007年3月22日記事「サンノゼ日系博物館拡張へ」）。

16) "Japantown Landmarks May 4, 2008: The Preservation of Japanese Heritage and the Heritage of Japantown San Jose"による。著者名などの記載はなく、サンノゼ日本町コミュニティ会議（JCCsj）の内部資料と思われる。

17) "History Markers"という表記の資料（注16）もある。

18) サカモト（Sakamoto, 2004）は、その文献の一部で同組織の名称を "The Jackson-Taylor Professional and Business Association" と記述しているが、本書ではフクダら（Fukuda and Pearce, 2014）の記述に従う。

19) *Revitalization Strategy, San Jose Japantown*, City of San Jose, et al.（年次不詳）。

20) なお、同計画の呼称は資料によって少しずつ異なるが、「ジャクソン−テイラー（日本町）近隣商業地区プログラム、Jackson-Taylor (Japantown) Neighborhood Business District Program」が正式呼称と思われる。

21) 前掲19）。なお、このロゴマークが北六番通り及び東テイラー通りに設置された経緯ははっきりしていない。JBAの事務局長サカモト（Kathleen M. Sakamoto）氏によれば、これらは一連の日本町商業地区計画とは別個のプロジェクトによるもので、北六番通りのものは民間プロジェクトのミライドービレッジ再開発（1990年代後半）に伴った可能性があり、再開発公社も関わったため共通のデザインが使用されたのではないかという。

22) Sakamoto, K.: San Jose ad hoc committee 2002, SB307 (会議資料、年次不詳) による。

23) Benton, J.L. et al.: Chapters 2001, Regular Session, Chapters 856-892 (Chapter 879: Senate Bill No.307) 及び Lieser (2001) による。

24) 法案はもともと総額200万ドルの資金を要求していたが、最終的には100万ドルを等分し、それぞれの市・郡に33万ドル強の資金が拠出された。

25) Sakamoto (2004) 及び J.Y. ヤスタケ氏 (JCCsj 初代会長) からの聞き取りによる。

26) 以下のランドマーク・プロジェクト実施の経緯は、主としてヤスタケ氏からの聞き取りによる。

27) JCCsj のウェッブページ「PRESS RELEASE」の記載による (http://www.japantownsanjose.org/press release、2010/10/17)

28) 例えば、法律家ペックハム (Benjamin Peckham) は、戦中仏教会の建物を含む日系人の土地財産を管理し、実業家クラミー (John Crummy) は日系メソディスト教会の管財人を務めた (Carey & Co. Inc., 2004, pp.18-19)

29) サンタクララ大学のフジタ (Stephan Fugita) 教授、サンノゼ日本町コミュニティ会議で活動していたノリモト (Tamon Norimoto) 氏からは、特に具体的な意見をいただいた。

第2章

パブリックアート政策による「場所づくり」
——ロサンゼルス・リトルトーキョー

リトルトーキョー（Little Tokyo）は、19世紀の末以降から発達し現在も存続しているカリフォルニア州ロサンゼルスの歴史的日本人街である。同地区は、1970年から大規模な長期的再開発事業の対象となり建造環境を大きく変容させてきたが、2012年度（2013年2月）で同事業は完了となった。筆者がリトルトーキョーを初めて訪れたのは、1981年5月のことである。前著（杉浦、2011a）でも記したが、そのときフレズノで農村開発の国際シンポジウムがあり、筆者は初めて渡米の機会を得た。その帰り道、ロサンゼルスのUCLA研究図書館で文献集めをしたついでに、多くの旅行者の例にもれず著名な日本人街のリトルトーキョーにも立ち寄ってみた。その当時もう再開発が進み、日本人街の様子はかなり変容していたが、まだアラン・ホテルやサトー・ホテルといった戦前からの古い旅館が残存・営業し、昔の面影を伝えていた。そのときは、農村部の日系移民への興味が芽生えていたものの、都市の日系エンクレーブを調査することは思いもよらず、何の記録も残さなかったことを後になって後悔したものである。実際にリトルトーキョーで調査らしいことをはじめたのは1993年になってからで、その後1996年まで毎年のように現地調査のため足を運び、再開発をテーマに最初の論文を発表したのが1998年だった（杉浦、1998）。リトルトーキョーはまさに賑やかな盛り場で、農村ばかり調べてきた筆者にとっては刺激的な調査体験でもあった。もっとも、現代アメリカ都市、ロサンゼルスにありながら火の見櫓や二宮金次郎の立像などもある一種不思議な雰囲気で、どうにもその文化的本質を的確に表現できない思いもずっといだいてきた。その後、しばらくリトルトーキョーでの調査機会を得なかったが、再調査に踏み切ったのが2010年の冬であり、その後2回ほどの調査を加えて論文にまとめたのが2015年のことであった（「はじめに」で述べた初出論文④）。再開発事業が終了した時点において、改めてこのエスニックな場所の変容過程とその性質を総括しようとしたのである。最初の論文で扱うことができなかったパブリックアートの創出という表象的側面を重視することで、その文化的本質に少しでも迫ることができれば幸いである。具体的には、まず1）再開発の進展下での施設（建物）の新設・改修など都

市空間の形態と機能の実体的変化を確認した上で、2) パブリックアートやバナー、ロゴマークなど表象媒体と表象的行為の実施経緯を検討して、当該都市空間における「場所づくり」過程の性質とその成果を考察する。

　リトルトーキョーは、日本でもよく知られたアメリカの代表的な日本人街であるので、言及している文献・著作の数はかなりの数に上ると思われる。以下、地理学からの、あるいは地理的視点を有したものを中心に目についた主要なものを挙げると、まず小林(1970)が1960年代のリトルトーキョーの姿を描写し、またカラベニック(1972)はほぼ同じ時期のことを扱いながら同地区の戦後の性格と役割の変容、その後の展望に重点を置いた。再開発に特に力点を置いた研究としては横山(1990)がロサンゼルスの都心再開発を概観するなかでリトルトーキョーにも触れた。地図表現を重視した地理学的な研究としてはウォレン(William Halford Warren)がUCLA (Geography)に提出した修士論文(Warren, 1985)が代表的であろう。この論文でウォレンは、ロサンゼルス郡の日系人コミュニティの展開を論じるなかで、ソーテル(Sawtelle)、クレンショー (Crenshaw)、ガデナ (Gardena)、モントレーパーク(Montrey Park)とともにリトルトーキョーにも1章(Ⅶ)をあて、その歴史的展開、景観の特色、社会的機能などを詳述している。また、彼はリトルトーキョーを含む上記5つの日系人コミュニティについて、それぞれその性格を表現する主題地図(リトルトーキョーについてはビジネス分布図)を提示した論文を発表した(Warren, 1986-87)。また、また七戸は行政学の視点からリトルトーキョー再開発を通して同地の日系アメリカ人コミュニティが変容する姿を描いた修士論文(英文)を提出している(Shichinohe, 1994)。リトルトーキョーの歴史や変容を扱った研究としては、まずその初期(1900年代〜1920年代)の形成過程、特にその経済的編成に着目した南川(2001)が注目される。また、現地に長く居住した五明洋(2008)による『リトル東京—ロサンゼルスに花開いた日本文化』は、インサイダーによる同地の歴史物語と言える。現地の著作としては、Murase (1983)もリトルトーキョーの歴史をその生成から1980年代まで扱っているが、書の多くは写真であり、写真集といった色彩が強い。なお、

米谷他（1987）による『リトル・トウキョー100年』は、このMurase（1983）を翻訳・加筆・修正した日本語版とでも言うべき日本での刊行物である。アルカディア出版の「アメリカのイメージ」シリーズにはリトルトーキョー歴史協会（Little Tokyo Historical Society）によるリトルトーキョーに焦点をあてた一書があり、多くの歴史的写真が解説付きで収録されている（Little Tokyo Historical Society, 2010）。少し違った視点をもつものとして注目すべきはHayden（1995）で、やはりリトルトーキョーの再開発と変化を扱ってはいるが、多くの建物の改廃のなかにあって、保存修景やパブリックアート、博物館の建設などが「都市の記憶」を取り戻す装置となっていることを強調している。本書の問題意識と重なっているところがあり、興味深い。

第1節　再開発事業と建物新築・修復による建造環境の変容

1. 再開発の開始と進展―1994年まで―

　リトルトーキョーは、ロサンゼルスの都心（ダウンタウン）の一角に在り、市庁舎や市警察本部など官庁地区の東に隣接する一区域である（図8）。現在、地区内には小売業店舗やサービス業のオフィスが270ほど集積し（2014年現在）、そのうちの4割ほどが日系のエスニック色を色濃く打ち出している。それにより同地区は、サンフランシスコ日本町、サンノゼ日本町とともにカリフォルニア州に現存する3つの日本人街の一つと目される。

　このリトルトーキョーは、太平洋戦争中の日系人強制立ち退きにより一時日本人街としての姿を消したが、戦後の再定住過程によって1950年代にはほぼ復旧した。この地区の戦後の歩みは、再開発事業の展開を除いては語れない。第二次大戦後、多くのアメリカ都市（特に大都市圏の中心都市）において、エスニック・マイノリティ人口の比率が高い都心周辺地区は建造環境の老朽化・荒廃に悩み、その解決のため都市再開発が模索された。当時のリトル

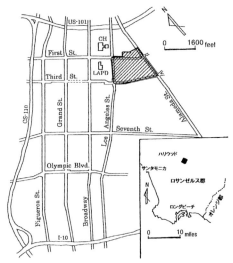

図8　リトルトーキョーの位置

斜線部：リトルトーキョー再開発区域，
CH：ロサンゼルス市庁舎，LAPD：ロサン
ゼルス市警察本部，US-101：フェデラル
ハイウェイ101号線（サンタアナ・フリー
ウェイ），CS-110：カリフォルニア州ハ
イウェイ110号線（ハーバー・フリーウェ
イ），I-10：インターステーツ・ハイウェイ
10号線（サンタモニカ・フリーウェイ）
右下図内黒描部：ロサンゼルス・ダウンタ
ウン（主図の範囲，概略）

トーキョーの建物は、多くが19世紀末から20世紀初めに建てられたもので
あり、1960年代前半には痛みの兆候が目立ってきた（Murase, 1983, p.20）。ま
た、この地区の日系居住者は高齢化し、二世、三世世代は居住が郊外化して、
日系コミュニティとして衰退が懸念された。このような状況を受け、市の行
政地区拡大のターゲットとしてリトルトーキョーの地域が狙われたことを直
接の引き金とし、1960年代から再開発の可能性が検討され、1970年2月にリ
トルトーキョー再開発事業が正式に発足した（Shichinohe, 1994, p.19；横山、
1990、p.491）。
　このリトルトーキョーの再開発を主導したのは、州再開発法によって
設立されたロサンゼルス市コミュニティ再開発公社（The Community
Redevelopment Agency of the City of Los Angeles、以下CRA）である。再
開発区域は、ロサンゼルス通り（Los Angeles St.）とアラメダ通り（Alameda
St.）間の東一番通り（E. First St.）、東二番通り（E. Second St.）、東三番通り
（E. Third St.）を中心とした8ブロック、約67エーカーの範囲（図9）で、CRA
はマスタープランを策定するほか、開発業者や建物の所有者などが企画する
区域内の個々の再開発プロジェクトに承認を与え、技術的な支援を行う。ま

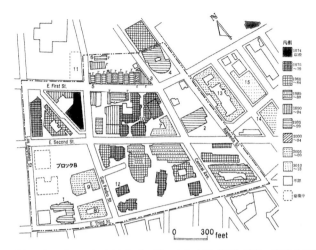

図9　リトルトーキョーにおけるプロジェクト完了（建物新築・修復完了）年次

二点鎖線内の範囲：再開発区域（図10、図11も同）
ｒ：修復（他は新築）、1：カーサヘイワ、2：オフィスディーポ、3：JANM本館、
4：JANM新館、5：小東京交番、6：旧ユニオン教会ビル、7：ヒカリ、8：テラマ
チ、9：サクラ・クロッシング、10：JVP、11：トリウミ・プラザ、12：日米会館、
13：サヴォイ、14：ムラ、15：アーティザン・オン・セカンド
記号の重複は、新築または修復後、再び主要な修復があったことを示す。
建物の輪郭は、一部概略。

た1969年5月には、再開発計画の方向性を決定し、CRA、市、コミュニティ
間の調整を行う組織としてリトルトーキョー開発諮問委員会（Little Tokyo
Community Development Advisory Committee、以下、LTCDAC）が結成さ
れた（CRA, 1970）。

　再開発事業は種々のプロジェクトから構成されるが、それらは大きく以下
のようなカテゴリーに分けられる：A. 建物新築プロジェクト；①住宅用建
物開発プロジェクト（住・商混合タイプを含む）、②商業用建物開発プロジェ
クト、③文化・コミュニティ施設用建物開発プロジェクト、B. 建物修復プ
ロジェクト、C. 公共空間改善プロジェクト（パブリックアート創設を含む）。
本節では建造環境の変容に決定的な影響を与えるA、Bカテゴリーのプロ
ジェクトを中心に扱い、Cについては次節で詳述する。

再開発の 1994 年までの進展については前稿（杉浦、1998）で報告したのでここでは詳細は省くが、その年までに 28 の建物新築・修復プロジェクトが完了し、住宅（アパート）6 棟 614 戸（うち 485 戸が中・低所得者用）、ホテル 2 棟、商業用オフィス・スペース約 24 万平方フィート、小売商業スペース約 31 万平方フィート、文化・宗教・コミュニティ施設約 8 万 8 千平方フィート（日系アメリカ人歴史博物館は除く）が新設ないし修復された。この間、こうした再開発による「場所づくり」過程は必ずしも順調に進行したわけではない。特に、初期の大型プロジェクト、「東西開発法人（EWDC）」による高級ホテル（ニューオータニ・ホテル・アンド・ガーデン）およびショッピングモール（ウェラーコート）の開発には住民の立ち退きが強要されることから、若い世代を中心に反対運動が巻き起こり、年配層がこれを憂慮して世代間の対立が生じた（杉浦、1998、pp.897-898）。その後もさまざまな経緯を経て開発の方向性にも揺れがあったが、これらの再開発によってリトルトーキョーは、域内建物が保存・修復された東一番通り北側歴史地区を除き、かつての古い小規模建物が一掃され、新たな装いの現代的建造環境に大きく生まれ変わったのである（杉浦、1998、pp.900-901）。

2. 再開発事業その後の展開—1995 〜 2014 年—

CRA が 1994 年 11 月に採択したその後の 5 年間計画において、再開発の目標が改めて再確認された。その主要なものを挙げると、1) 荒廃・老朽化拡大の除去と防止及びプロジェクト域の保全、修復、更新と再開発、2) 構造的に水準以下である建物の除去、3) 袋小路、斜めの道、不整形の敷地など環境的不備の除去、4) ユニークな商業・文化複合体の開発、5) 中・低所得者、高齢者用住宅開発のための新しい敷地の創出、6) 建築と都市デザインへのハイレベルな関心を反映した環境の達成、などである[1]。再開発事業も初期の大規模開発のブームが去り、商・住・文化のよりバランスのとれたきめの細かい開発が必要となってきていることが読み取れる。以下、4 つの時期（1995-99 年期、

2000-04 年期、2005-09 年期、2010-13 年期）に分けて、主要な建物新築・修復プロジェクトの進展概要を述べる（図 9）。

1) 1995-99 年期

　住宅、特に中・低所得者が利用しやすい住宅（affordable housing）の十分な確保は、再開発にあたってコミュニティ側が強調してきた目標で、この期の実施計画でも全体で 1,000 ユニットのこの種住宅の必要性が謳われている[2]。この時期のもっとも主要な開発は、東三番通り（ロサンゼルス通りとサンペドロ通り San Pedro St. 間）の北側に面した敷地（「ブロック 8」）に企画された 100 ユニットの中・低所得者用賃貸住宅開発プロジェクト、「カーサヘイワ（Casa Heiwa）」で、1996 年 10 月に完工した（図 9）。CRA は、プロジェクトの敷地として所有地を非営利団体に譲渡し、600 万ドル以上のローンも提供した。地上 6 階建てビルの 2 階以上は住宅（アパート）であり、1 階に小売・オフィススペース（6 ユニット）が用意されている[3]。95-99 年計画に記載されたもう一つの住宅施設（住・商混合）開発は、「サンシャイン・パシフィック・センター（Sunshine Pacific Center）」で、セントラル街（Central Ave.）と東二番通り北東コーナーに予定された 18 万 5 千平方フィートの商業スペースをもつ 300 ユニットの分譲住宅（コンドミニアム）計画である。この時期、CRA は OPA（Owner Participation Agreements）の管理と建設のモニターをする予定であった[4]。しかし、経済情勢悪化のため当初予定の建設は実施されずに敷地が販売に供され、最終的にビジネス機器・用品店「オフィスディーポ」や大手コーヒーショップ・チェーン「スターバックス」などが入る低層の商業ビルが建設された（図 9）。

　この時期進んだもう一つの大規模新築プロジェクトとしては、「日系アメリカ人歴史博物館（Japanese American National Museum、以下 JANM）」のフェーズ II 開発が挙げられる。JANM は、南カリフォルニアの日系団体の活動から生まれた民間非営利の博物館組織で、本館用に東一番通り北側歴史地区の東端に在ったもとの西本願寺ビルを市からリースし、1992 年 5 月に展示

を開始した(杉浦、1998、p.900)。その後、第二期の拡張を模索し、1994年10月にはセントラル街を挟んだ向かい側の市有地をリースして、1997年2月から新パビリオン建設を開始、99年1月に完工した[5]。これによって同博物館は、アメリカのエスニック博物館のなかでも有数の規模と内容をもつ施設の一つとなった。リトルトーキョーの「場所づくり」のなかでも、とりわけ象徴性の強い成果と言えよう。なお、その後博物館の主要な展示は新館の方に移行している。

　古い建物を修復して機能を再生・転用させる再開発も、この時期から本格的に進展した。修復プロジェクトの多くは、東一番通り北側(サンペドロ通りとセントラル街の間)地区に集中する。同地区にはもともと13の建物があった(現在14)が、これらは一つの例外を除いて1935年以前に建てられたもので、他の区域のクリアランス型再開発が進むにつれ、同地区は再開発以前のリトルトーキョーの姿を留める唯一の場所として象徴性が高まり、保存を求める声が強くなっていった。その結果、1986年8月、これらの建物が国の歴史地区登録制度に歴史的記念物(National Historic Landmark)として指定され、ファサード保存を中心として修復されることになる(CRA、1990、p.9;杉浦、1998、pp.899-900)。修復工事は、基本的に建物ないしビジネスのオーナーの責任で行われるが、CRAがさまざまな助言・指導を行い、また必要な資金の助成及びローンを提供する。1997年4月には、この制度の再整備が行われ、内装及び外装のために25,000ドルまでの助成金を申請できるほか、連邦の制度などを活用した各種のローンも整備された[6]。

　以下、この時期の同地区修復の主要な成果を挙げると、まず防犯協会が入居する「小東京交番(Little Tokyo Koban)」の改修が1996年に完了した。これは、耐震対策予算を使って市が行ったものである[7]。「ユニオン教会ビル(Union Church Bldg.)」の修復も、リトルトーキョーの代表的な日系教会の建物(1925年築)の修復であるだけに、この歴史地区にとって重要な意義をもつ。同教会は、リトルトーキョー再開発にあたっていち早く1976年に域内移動して拡充を果たし、旧建物はその後ロサンゼルス市が所有していた。CRA

と市議会は、この古い建物の活用のため計52万ドルの予算を承認し、1996年から修復、耐震工事を開始、1997年に完工した[8]。現在（2014年）、芸術関係の3つの団体が入居するオフィス・ビル「ユニオン芸術センター（Union Center for the Arts）」として利用されている。その他、カワサキ・ビル（Kawasaki Bldg.）、アカシ・ビル（Akashi Bldg.）、フリーマン・ビル（Freeman Bldg.）、ペレス・アンド・ワン・ビル（Peres and Wang Bldg.）などが、1999年までに修復され、その後もファサード改善プログラムが断続的に続けられてきた[9]。

2) 2000-04年期

　この時期の関心は、市場レートに重点をおいた住宅建設に移行する。まず、東二番通りとセントラル街に面した一角に「ヒカリ（Hikari）」住・商混合プロジェクトが企画された。2003年11月にCRAが土地の譲渡と開発計画を承認、計画の初期段階では "Second and Central Housing" と呼ばれた。128の賃貸ユニット住居部分のうち、102ユニットは市場レート、26ユニットは廉価タイプである。1階に12,500平方フィートの商業スペースが配される。CRAは資金ギャップを埋めるため、建築に320万ドル、土地取得に108万ドルのローンを提供した[10]。2004年から建設工事が開始されたが、この期間内には完工していない。

　また、前述の「カーサヘイワ」（1996年建築）の敷地の他は広い更地が残った「ブロック8」を対象としてさまざまな計画が模索されたが、この時期完工に至ったプロジェクトはない。前の時期（1995-99年）に立てられた「ブロック8廉価住宅（Block 8 Affordable Housing）」の大規模な計画はもち越され、最終的にこの時期内にプランがまとまったプロジェクトは、「テラマチ高齢者住宅（Teramachi Senior Housing）」と「サクラビレッジ（Sakura Village）」である。前者は、市場レートのシニア市民向け分譲住宅建設プロジェクトで、地上6階建て、127ユニットの住宅に6,600平方フィートの1階小売スペースを含む。CRAは、2002年8月に、そのための土地利用変更を承認した[11]が、建設工事は次期に延ばされた。後者は、75〜100ユニットの廉価アパートにコ

ミュニティの体育館、小売施設などを含む複合計画であった。CRA のスタッフは、デベロパーと協力し、開発プラン策定と敷地の確保に努めた[12]。

　修復プロジェクトでは、東一番通り北側歴史地区で、具体的な成果が見られた。「遠東楼ビル（Far East Bldg.）」は、もとは 1896 年築の単身者用ホテル（クイーンホテル）であったが、1980 年代後半における最初の修復工事の後、ノースリッジ地震（1994 年）で損害を受け、再度の修復と耐震工事を行い、2004 年 1 月に完工した[13]。16 ユニットの低所得者用賃貸住宅のほか、コンピュータ教室や中国料理店が入居している。

3) 2005-09 年期

　前の時期から継続してきたプロジェクトの建設がいくつか完了した。まず、2004 年から建設が開始され 2007 年度に完工した「ヒカリ」住・商混合ビル[14] は、リトルトーキョーの中心的な部分における新築ビルとして注目された。2014 年 9 月現在、レストラン・カフェ 4 軒、その他小売店 2 軒が 1 階部分に入居して、この地区の盛り場としての機能を強化しているが、1 軒を除いて日系のエスニシティを表出した施設ではない。前述した「ブロック 8」における「テラマチ」高齢者用コンドミニアムは 2007 年 7 月に完工、1 階の商業用スペースには現在（2014 年 9 月）非日系の美容院と医療施設が入居している。やはり「ブロック 8」の「サクラビレッジ」計画は「サクラクロッシング・アパート（Sakura Crossing Apartments）」と名称を変え、最終的に 230 ユニットの賃貸アパート（184 ユニットが市場レート、46 ユニットが廉価タイプ）及び小売スペース 7,000 平方フィートを含む地上 6 階建て住・商複合施設が、2009 年 6 月サンペドロ通りに面して完工した[15]（図 9）。商業用スペースに当初進出した日本食レストラン 1 が撤退し、現在（2014 年 9 月時点）入居しているレストラン 1、ネイルサロン 1 は日系色を表出していない。

　修復事業としては、ジャパニーズ・ビレッジ・プラザ（Japanese Village Plaza、以下 JVP）の近年の改修が重要である。JVP は、日系人中心のパートナーシップによって 1978 年に開発された総合ショッピング・モールであり、

リトルトーキョーのなかでももっとも繁華な商業施設の一つであったが、2007年に民間投資会社アメリカン・コマーシャル・エクイティ社に買収された。同社は過去特に日系とのつながりはなかったが、このモールがもつエスニックな性格を維持することをコミュニティに約束し、日本的デザインの基礎を保ちつつ環境の美化を中心とした修復を2009〜10年に実施した。このモールの一大シンボルであった木造の櫓は老朽化が目立ったため、鉄骨でオリジナルの図面通りに新築復元された[16]。

4) 2010-13年期

　リトルトーキョー再開発期間は2010年2月までの予定であったが、前期終了時点でも多くの課題が残り、再開発期間が2013年2月に延長されて最後の4年期が設定された[17]。この時期、まとまった開発可能性として残ったのが「ブロック8」の北側半分の土地で、前の時期から引き継いだ住・商複合施設の計画がデベロパー「リレイテッド社」など民間ベースで進められ、一時は4棟の住商混合ビルと大規模なパブリックパーキングの建設計画が立てられた。しかし、その後経済情勢の変化から当初の計画は変更され、敷地も何回か転売された[18]。最終的に敷地はアバロンベイ社とサラ・アンド・レジス社が購入し、2棟の市場レート賃貸アパートや地下にパブリックパーキングをもつ6階建て住居ビルの建設が進められている[19]が、再開発事業期間終了後の2014年9月現在でも工事はまだ完了していない。CRAは、申請された計画のレビューと認可を行い、可能なローンの提供等支援を行っている。

　その他、CRAはこの時期、建物ファサード改善、老朽化した日米会館（JACCC）の改修、東一番通りとサンペドロ通りの北西角の公園「トリウミ・プラザ」の整備など、再開発区域全体のグレードを上げるための細かい施策に取り組んだ。なお、前述したように再開発事業期間は2013年2月で終了し、CRAは州財政引き締め政策の下、解散を余儀なくされた。

3. 再開発事業の成果—リトルトーキョーの現状—

　以上述べてきた再開発事業、特に建物新築・修復プロジェクトによって変容したリトルトーキョーの建造環境の現状を、建物レベルと施設レベルの変化に着目しつつ、まとめておこう。

　2014年現在、リトルトーキョー再開発区域内には53の建物が存在する（図10）。用途別に見ると、ホテルを含む商業用建物が30棟と最も多く、以下住居用建物9棟（うち3棟が純住居用、6棟が1階部に商業用スペースを含む混合利用）、文化／公共施設用建物6棟、寺院・教会3棟、駐車ビル3棟（うち2棟が一部に商業用スペースを含む）、現状不使用（取り壊し予定）2棟となる。なお、再開発区域に隣接ないし近傍して、日系寺院・教会4、日系色の強い大型

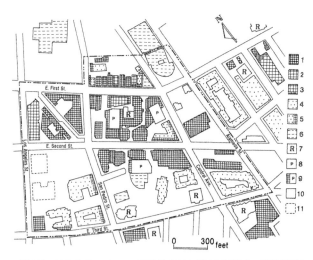

図10　リトルトーキョーの現状（2014年9月現在，建物用途）

1：商業用施設（小売業店舗，サービス業オフィス），2：ホテル，3：ホテル／一部商業用施設，4：住宅，5：住宅／一部商業用施設，6：コミュニティ／文化／公共施設，7：宗教施設（寺院／教会），8：パブリック・パーキング，9：パブリック・パーキング／一部商業用施設，10：倉庫または不使用，11：建築中
用途別分類は主たる用途に基づいて分類しており，一部に他種用途の小施設を含む場合もある。

表7　リトルトーキョー施設構成（2014年9月現在）

業種	日系	韓国系	その他の アジア系[1]	その他の エスニック系	非エスニッ ク系	計
レストラン	44	5	6	3	7	65
バー／カフェ	5				17	22
スーパーマーケット	2				1	3
食品／グロサリー	5				2	7
衣服／ブティック	6				12	18
ギフト／雑貨／小物	11				7	18
娯楽	4				2	6
その他の小売	12	1			15	28
小売業施設計	89	6	6	3	63	167
銀行／金融					6	6
会計／法律／保険	6				14	20
医療	7	1	1		4	13
旅行／不動産	5				2	7
美容／理髪／洗濯	2		1		9	12
ホテル	3				1	4
文化（営利）	5				4	9
その他のサービス業			1		12	13
サービス業施設計	28	1	3		52	84
卸売					3	3
製造／修理／建築など	1				4	5
非営利（文化／宗教）	9				4	13
総計	127	7	9	3	126	272

2014年9月10日現地調査による。各種企業・団体の事務所を除く。ほかに内容不詳（未確認）施設9
1) アジア系複合を含む

商業用建物1（旧ヤオハンプラザ、現リトルトーキョーガレリア）があり、実質的にリトルトーキョーの機能を強化している。

　施設レベルで見ると、2014年9月初めの筆者による現地調査では、住居や各種企業・団体の内部用事務所などを除いて「リトルトーキョー内」[20]には少なくとも272の各種施設が上記建物内に入居しているのが確認された（表7）。このうちの大部分は営業施設で、小売業店舗167、サービス業等オフィス84を数える。戦前全盛期のリトルトーキョーに比して施設数ではかなり下回るが、銀行、スーパーマーケット等大型施設もあり、規模・機能的にはより繁華

な一大商業・業務地区が形成されたと見てよい。表出しているエスニック系列別に施設構成を見ると、日系のエスニシティをはっきり目に見える形で表している施設は半数に及ばず、特にサービス業施設では比率が低くなる（以下、表7）。代わって現在のリトルトーキョーにおいて数の上で優勢になってきたのが目立ったエスニック色を出さない施設で、特にサービス業施設では6割に達する。しかし、日系以外のエスニシティを明確に表出している施設は比較的少なく、また非エスニック系のサービス業施設の多くは外から見えにくい2階部などに在るので、景観に表れたエスニック色に着目する限り、日本人街という性格は堅持していると見るべきであろう。

　このようなリトルトーキョーの現状をもたらした変容過程の背景を整理すると、まず再開発区域内53棟のうち14棟は東一番通り北側歴史地区内にあって、ほとんど（13棟）が1930年以前建築された建物を修復したものである。それ以外の建物のほとんどは、クリアランス型再開発により新築されたもので、特に1975〜84年に建築されたものが多い。1995年以降に建築されたものは5棟のみで、リトルトーキョーの建造環境の大枠は1994年以前の再開発過程によりほぼ形づくられていたと言えよう（図9）。

　では、本稿で詳述した1995年以降の再開発による「場所づくり」で、リトルトーキョーの機能はどのように変容したのであろうか。まず、いくつかの規模の大きい住居用建物の建設によって住宅機能が強化されたことが挙げられる。リトルトーキョー再開発地区には、前述した「カーサヘイワ」「ヒカリ」「テラマチ」「サクラクロッシング」の新築及び「遠東楼ビル」の修復により、全体で609ユニットの住宅が加わった。このうち市場レートでの賃貸・分譲が460ユニットと、全体の約75パーセントを占めるが、これは中・低所得者用が約80パーセントを占めた94年以前の再開発と大きく性格を異にする。以前の開発と合わせると、地区内に1200ユニットもの住宅が整備されたことになる。なお、再開発区域に隣接する地区において、「サヴォイ（Savoy）」（303ユニット）、「ムラ（Mura）」（190ユニット）、「アーティザン・オン・セカンド（Artisan on Second）」（118ユニット）などの市場レートの分譲集合住宅が建

設され、かつて倉庫や小規模工場が目立ったリトルトーキョー内外はロサンゼルス都心地区内でも指折りの住宅機能を備えた地区に変身した。市場レートの住宅が増えたことは、必然的に居住者の社会経済的階層を上昇させており、いわゆるジェントリフィケーションが顕著な地区であることを示す。

　それに比し商業用スペースの増強は緩やかである。純商業用ビルの新築としては、前述したようにサンシャイン・パシフィック・センター計画が頓挫した敷地に建てられたオフィスディーポなどが入居する低層建物のみである。また、修復プロジェクトの成果としては、旧ユニオン教会ビルが商業用オフィス・ビルとして再生した。ほかには、新築された住宅用ビルの1階部分に商業用スペースが設けられたが、面積的にあまり大きな部分ではない。すなわち、商業空間としてのリトルトーキョーの骨格は、1994年以前の再開発でほぼ完成していたと言えよう。

第2節　パブリックアート創出等表象的行為の進展とその成果

　本節では、「場所づくり」過程のもう一つの相である表象的行為の進展に焦点をあてる。都市再開発事業は、建物の新築・修復プロジェクトのほか、道路拡幅、歩道整備、パブリックアートないしランドマークの設置、バナー設置、標識の整備、街路樹の植栽など、さまざまな公共空間改善を含む。そのなかで、パブリックアートの創出はCRAがなみなみならぬ力を入れて推進した施策であり、リトルトーキョーを優れて個性的な都市空間に変容させた動因の一つでもある。1994年までのリトルトーキョー再開発を扱った筆者の前稿（杉浦、1998）においては、こうした側面の記述にほとんど重きを置かなかったので、本節ではパブリックアート創出を中心とした表象的行為の展開とその成果（作品、表象媒体）を検討する。

1. パブリックアート政策の方針と展開

　表8は、「リトルトーキョー内」における主要なパブリックアートの一覧を表示したものであり、図11でそれらの位置を示した。2014年9月現在、筆者の現地観察、CRA資料、及び関連ウェブページから判断される主要なパブリックアートはリトルトーキョー内に28存在する。表に見るように、これらは彫刻、レリーフ、造形物、壁画など典型的なパブリックアートのほかに庭園を含む。なおほかに、景観のなかでランドマークとなり得るロゴマーク16ヶ所、バナー19ヶ所、詩・歌・句碑2、記念碑1、案内表示物5、主要敷地装飾4を確認した。

　これらパブリックアートやランドマークは、リトルトーキョーの再開発のなかでどのように位置付けされているのであろうか。2005年11月に発表

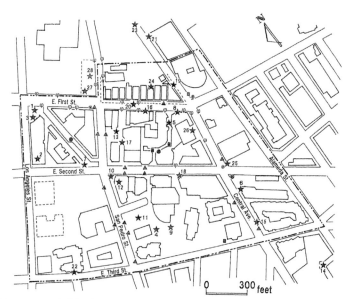

★ パブリックアート　● 詩碑・歌碑・句碑, 記念碑　■ 敷地装飾 等　▲ ロゴマーク　φ バナー　◉ 案内表示物

図11　リトルトーキョーにおける表象媒体の位置

パブリックアートの番号は表8と対応。

表8 リトルトーキョーにおけるパブリックアート一覧（2014年9月現在）

番号 (図11と 対応)	設置 年次	作者 （アーティスト ないし企画者）	作品タイトル	内容 （材料・手法・サイズなど）	主題
1	1977?	New Otani Hotel & Garden		円形（径23ft.ほど）、コンクリート製	不祥
2	1977	New Otani Hotel & Garden	Garden in the Sky	日本庭園	日本文化
3	1977	Gan Iwashiro	Untitled	数個の岩（大理石）の彫刻	不祥
4	1979	Takeo Uesugi	Garden of the Clear Stream (James Irvine Garden)	日本庭園	日本文化
5	1979	Michael Cullen Todd	*Ten, Chi, Jin*	スチール造形	自然と人
6	1980	Kazuho Mattews	*Sen Bana No Saki*	日本の家紋のコラージュ（1 × 15ft.ほど）	日本の先祖とのつながり
7	1981	Shinkichi Tajiri	Friendship Knot	ファイバーグラス製の塔、18ft.高	2つの文化の結びつき
8	1981	Jerry Matsukuma	*Senzo*	タイル上の写真コラージュ、9ft.幅、20ft.高	日系人の歴史（強制収容、労働者など）
9	1981	Woods Daby	Dover	鉄骨、丸太などで構成された造形物、11ft.高	相反するものの平和的結合
10	1983	Junichiro Hannyo	Ninomiya Kinjiro	ブロンズ製人物立像	日本の伝統的価値観（年配者への尊敬）
11	1983	Isamu Noguchi	To the *Issei*	花崗岩の彫刻、重さ40t	リトルトーキョー創設者への尊敬と賛辞
12	1984	Natalie Krol	*Origami* Horse	ステンレス製馬の立像、7ft.高、9ft.長	<u>日本文化とのつながり</u>
13	1985	Seiji Kunishima	Stone Rise	花崗岩を組み合わせたモニュメント（10t石2個＋より小さい石7個）	自然界と人口環境の対照
14	1985	Marlee Wilcomb	*Nikkei* Vaterans Monument	コンクリート土台上のブロンズ製塔	日系退役軍人への尊敬（希望、平和、人生）
15	1986	Tony Sheets	*Issei No Yume*	ブロンズのレリーフ像（9ft.高ほど）	アメリカに向かう移民船上の日本人家族
16	1986	Susumu Shingu	Aurola	ステンレス・スチール製矩形パネル（10×10インチ）、16個のモビール	風のエネルギー、新しいリトルトーキョーのイメージ

番号 (図11と 対応)	設置 年次	作者 (アーティスト ないし企画者)	作品タイトル	内容 (材料·手法·サイズなど)	主題
17	1989	Michihiro Kosuge	Towers of Peace, Prosperity and Hope	ステンレス·スチール及びブロンズ製の3本の塔、24〜48ft.高	仏教寺院の尖塔、灯籠、ダウンタウンの高層ビル(伝統と近代)
18	1991	Peter Lodato	Silver Tower	金属製オベリスク状の塔、25ft.高	ラマ教の保護者マハカーラの力と激しさ
19	1993	Nobuho Nagasawa	Toyo Miyatake's Camera	写真機のブロンズ製レプリカ(実物の3倍)	<u>リトルトーキョーの歴史の1コマ</u>
20	1996	Sheila Levrant de Bretteville ほか	思い出の小東京 (Remembering Old Little Tokyo)	カラー舗道上のテクストとエッチング(約990ft.のタイムラインを形成)	リトルトーキョーの歴史、戦前の店舗
21	1996	Patrick Bambrough ほか	Bike Racks	金属製バイク架柱	不祥(現代芸術)
22	1998	Nancy Uyemura	Harmony	扇状玄関壁上の写真コラージュ	家族、コミュニティ、平和
23	1999	Roger Yanagita	Go for the Broke	半円形(40ft.径)の黒花崗岩のモニュメント	第二次大戦中の日系人部隊
24	2001	Yami M. Duarte and Norma Montoya	Mural dedicated to Rev. Phil Aguilar, Set Free Ministries	壁画(3×4.5mほど)	聖人像
25	2002	Raman G. Velazco	Chiune Sugihara Memorial	ブロンズ人物像、ほぼ等身大	<u>ユダヤ系と日系とのつながり</u>
26	2005	Tony Osumi, Sergio Diaz, and Jorge Diaz	Home is Little Tokyo	壁画、40×16ft.	リトルトーキョーのコミュニティ、住民、歴史、再開発、現状など
27	2006		(日本町ランドマーク)	3面のブロンズ・レリーフ像、9ft.高	アメリカへの移住、強制収容
28	2011	John O'Brien	Emcopassing Aiso	メタルシリンダーの埋め込み灯りとベクトル状レリーフ	<u>この場所の相対的位置</u>

ほかに、ロゴマーク16、バナー19、詩・歌・句碑2、記念碑1、案内表示物5、主要敷地装飾4
資料：現地調査およびCRA内部資料・関係ウェブ資料、サイズの括弧内表記は、筆者の目測・歩測による推定値、主題は基本的に文献・ウェブ資料に基づくが、下線をつけたものは造形や文字テクストから筆者が解釈したもの。

された「リトルトーキョーの計画デザイン・ガイドライン」のなかでは、パブリックアート及びランドマークに関する方針が以下のように謳われている[21]。そこではまず「コミュニティがアイデンティティと特性をもつためには、それによって知られるような独自の記憶に残る場所とランドマークが必要である」という基本的認識の下に、①既存のパブリックアートと特徴の保存及び新しいパブリックアートのプロジェクトへの組み込み、②特別な性格や個人、ネイバーフッドの特性を記憶する機会の特定と優先、③地図によるランドマークの位置とそこへのルートの明示、④景観のなかに方向、移動、到着のセンスを創り出す要素を入れ込む、などの指針が示された。ここでは、パブリックアートの創出や関連する標識物の設置などによって、リトルトーキョーという「場所」を特別なものにし、それを人々が享受できるようにするという明確な意図が語られている。

　リトルトーキョーにおけるパブリックアートの創出は、再開発のごく初期から胎動している。そのきっかけは、ホテル・ニューオータニの開発に際して、CRAがデベロッパーに開発コストの0.5％を景観整備またはパブリックアートに充てるよう要請したことによる。これを受けて、同ホテルのデベロッパー「東西開発法人（EWDC）」は、1977年に最初のパブリックアートをホテル内に設置した。また同年、リトルトーキョー再開発に際してパブリックアートを充実する努力をCRA、デベロッパー、コミュニティと協力して遂行する非営利法人「リトルトーキョー芸術の友（The Friends of Little Tokyo Arts；FOLTA）」が組織された。1985年には、ダウンタウンの全域で、開発に際してパブリックアートや景観整備に開発費の一定の割合を充当する「パブリックアート・パーセント政策」が定式化し、リトルトーキョーにおいてもアート創出への機運が一層高まることになる。1991年には、LTCDACによって「パブリックアート・タスクフォース（Public Art Task Force；PATF）」が結成され、再開発事業と明確に結びついた組織によって芸術政策が進められることになった[22]。

2. パブリックアート事業の成果

　以下、主要ないくつかのパブリックアート作品の創作経緯やその特徴・主題を見ることにしよう。

　「空中庭園（Garden in the Sky）」：ホテル・ニューオータニの開発（1977 年）に際して、前述した CRA の芸術要請に応じ同ホテルのテラスに設けられた半エーカーほどの庭園。よく知られた東京のホテル・ニューオータニ庭園をモデルとしており、水流、滝、四つ目垣、灯籠など、伝統的な周遊型日本庭園の要素を備えている。日本あるいは日本文化とのつながりを強調するモチーフは明確である。なお、同ホテルには敷地装飾やロビー内調刻など同庭園に触発された芸術要素がいくつか見られる[23]。

　「友情の結び目（Friendship Knot）」：初期開発の一つである商業ビル、ウェラーコートの南入口付近に設置（1981 年）された 18 フィート高のファイバーグラス製の塔。もともとは作者（Shinkichi Tajiri）のオランダの自宅に在った作品を FOLTA とウェラーコートのデベロパー EWDC が共同で購入し、この場所にもってきたものである。2 つの太い縄が結びあっているような造形であり、「2 つの文化の結びつき」を象徴していると解釈される[24]。

　「二宮金次郎像」：東二番通りに面したミツイ・マニュファクチャラーズ銀行（Mitsui Manufacturers Bank）ビルの角に設置（1983 年）された二宮金次郎少年の像である（写真10）。同ビルのデベロパー（イトー・ナルミ・タイラ開発）が日本の鋳物工場に相談し、ここがアーティスト（Junichiro Hannyo）を雇って、このブロンズ人物像を制作させた。現代の日本からの訪問者の目にはいささか奇異に映るが、一世パイオニアに捧げるテーマとして

写真10　Junichiro Hannyo 作「二宮金次郎像」

2014 年9月、筆者撮影

日系の企画者が選んだものであり、日本文化の重要な要素である年配者への尊敬を表すという[25)]。この作品は、それがオリジナルな芸術作品であるかどうかを巡って論争が生じ、ロサンゼルス郡美術館（Los Angeles County Art Museum）によって一種のレプリカであると判断された。そのため、デベロパーはCRAと市の芸術要請を果たすため、もう一つの作品を準備した。これが銀行ビル内ロビーに置かれているクロール（Natalie Kroll）作のステンレス製立像「オリガミ馬（*Origami* Horse）」である[26)]。

「一世へ（To the *Issei*）」：現地の日系諸団体の事務所などが入居する日米会館（Japanese American Cultural Community Center；JACCC）前の広場（JACCC Plaza）中央に設置（1983年）された巨大な玄武岩の彫刻。同会館はEWDCの大型開発で取り壊されたサンビルディングに変わる現地コミュニティの中心的な施設であるだけに、その付設広場には象徴的なアート作品が望まれ、日系を代表する造形芸術家ノグチ（Isamu Noguchi）が作品を含めた広場全体の設計を担当することになった。荒々しい手彫りの玄武岩は素朴で力強く、日本の芸術伝統を反映してリトルトーキョーのパイオニア達を顕彰しているとされる[27)]が、抽象的な造形だけにそのメッセージは読み取りにくい。

「一世の夢（*Issei no Yume*）」：分譲コンドミニアム、トーキョーヴィラ（1985年開発）の玄関前に設置（1986年）されたブロンズ製レリーフ像、高さ9フィート（写真11）。トーキョーヴィラの開発者ホンダ（Bob Honda）のアイディアで、アメリカに向かう移民船上での日本人家族（ホンダ家）を描いている。作者（Tony Sheets）は、特に当時の衣装の表現にこだわり、ホンダの娘と協同して古いファッション雑誌を参照したという[28)]。ホンダ個人の想いとコミュニティの歴史へのつながりを感じさせる

写真11　Tony Sheets作「一世の夢」

2013年8月、筆者撮影

作品と言えよう。

「オーロラ（Aurora）」：東一番通りに面したミヤコホテル（もとホテルトーキョー）の玄関外側に設置（1986年）された16枚のステンレススチール・パネルから成るモービル作品。ホテルを設計した建築家高瀬隼彦が作者シングウ（Susumu Shingu）と協力してホテルからの歓迎の意を表す作品を制作した。作者によれば「風のエネルギーを目に見えるようにした」とのことで、再開発後の新しいリトルトーキョーのイメージを表象しているという[29]。

写真12　Michihiro Kosuge 作
「平和の塔」
2014年9月、筆者撮影

「平和の塔（Tower of Peace）」：リトルトーキョー・モール（商業＋駐車ビル）からサンペドロ通りに抜ける通路に設置（1989年）されたブロンズとステンレスを使用した24～48フィートの高さの異なる3本のタワー状の彫刻（写真12）。塔の台は、もとは旗を掲揚するための台で、ビルのオーナーがこれにフィットする彫刻の制作を作者（Michihiro Kosuge）に依頼した。作者によれば、見る人がこの作品からさまざまな感情をいだくことを期待しており、基本テーマはダウンタウンのスカイスクレーパー（権力のタワー）であるが、仏教寺院の尖塔や灯籠もイメージできるという[30]。現代のリトルトーキョーという都市空間の背景に古い日本文化があるということを象徴的に表した作品と言えよう。

「思い出の小東京（Remembering Old Little Tokyo）」：1996年、UCLAの大学院生スツタレイ（Susan Sztaray）の提案（Hayden, 1995, pp.220-221）により、CRAが企画・設置したカラー歩道上の表示芸術。アーティストはブラットビル（Sheila Levrant de Bretteville）ほか2名が協力している[31]。サンペドロ通りから東一番通り北側を巡りセントラル街に至るライン（図11では破線で表示）に沿って、かつてその場所に立地した日系店舗の名や個人的言説が刻まれ、処々にかごやカバンなど包み類の絵（エッチング）も描かれる。

スツタレイによれば、効果的なパブリックアートは生き残ったビジネスへの注意を喚起し、この街区を統合して、それが体現する商業的、政治的歴史を表象するという（Hayden, 1995, pp.220-221）。リトルトーキョーの歴史や過去の姿を想起させる説明的な表象作品と言えよう。歴史地区の街路改善プロジェクトの一環でもある。

写真13　壁画「我が家はリトルトーキョー」
2014年9月、筆者撮影

「我が家はリトルトーキョー（Home is Little Tokyo）」：FOLTAの企画によりセントラル街に面したJVP駐車ビルの外壁に設置（2005年）された40×16フィートの大きな壁画（写真13）。デザインのプロセスに、500人ものボランティアのコミュニティ・メンバー

写真14　リトルトーキョーのロゴマーク
2014年9月、筆者撮影

が参加した。資金はCRAのサポートに加え、幅広い個人・団体が拠出している。壁画のなかでは、特別な「場所」としてのリトルトーキョーが強調され、再開発の状況やリトルトーキョーでの生活などのほかに、戦後移民からのリクエストで富士山や桜の花が描かれ、またラティーノのレストラン労働者の姿も描かれている[32]。すなわち、この壁画は「リトルトーキョーという歴史的コミュニティが、日本人移住者や、他のエスニック集団との共存のもとで成立している様子を象徴している」（南川、2007、p.46）のである。

　こうした明示的なパブリックアート作品のほか、リトルトーキョーではさまざまな表象的事物が考案され、このエスニック・タウンの景観を彩ってい

る。特に東一番通りに多いカラフルなバナー（飾り旗）は、2003年から発足した「業務改善地区（Business Improvement District）」に伴って設置されたという[33]。また、地区内処々の電柱に取り付けられたロゴマークは、CRAの最後の年次（2012年）の表象的事業の成果である。コミュニティの会合でアイディアを募り、招き猫、こけし、達磨の3つのデザインが選ばれた（写真14）。記念碑として目立つのは、ウェラーコートの前、オニヅカ通り（E.S.Onizuka St.）に立つスペースシャトルのモデルで、殉難した日系宇宙飛行士エリソン・オニヅカ（Ellison S. Onizuka）氏を記念して1990年に設置された。これは、非営利組織「オニヅカ記念委員会」により主導された民間プロジェクトの成果であり[34]、CRAの芸術政策によるものではない。なお、東二番通りの9ヶ所の横断歩道には紫色の扇の模様が描かれているが、これは2010年頃のロサンゼルス市の予算で行った街路改善事業の一つであるという[35]。こうした多種多様な表象媒体により、リトルトーキョーという都市空間は、人々がさまざまな意味を感じ取ることができる一大表象空間と化しているのである。

3. 表象的過程の特質と背景

　以上のようなリトルトーキョーにおけるパブリックアート創出などの表象的過程は、全体としてどのような特質と背景をもっていたのであろうか。ここでは、前章で論じたサンノゼ日本町の場合との比較を視野に入れて考察してみよう。

　まず、エスニック・タウンとしての存在を表示し、移民故国やその文化とのつながりを強調する案内表示物、ロゴマーク、バナーなどのエスニックな志向性をもった指示表象が多く含まれる点は、サンノゼ日本町を含め多くのエスニック・タウンで見られる状況と類似している。しかしながらリトルトーキョーの一つの特色は、芸術を意識した作品、すなわちパブリックアートもきわめて狭い空間のなかに密度濃く存在していることであろう。この点は、ランドマークないしモニュメント的な造形が主であるサンノゼ日本町の場合

とかなり表象の在り方が異なる。すなわち、「パブリックアート空間」とでも言うべきものが、リトルトーキョーで創出されているのである。これは、ロサンゼルスのダウンタウン全体の芸術表象を志向する傾向、すなわちテーマ性をもった都市空間を創出する方針と同調していると言える。

　このリトルトーキョーにおけるパブリックアート創出事業の一つの特色は、CRA が主導する再開発プロジェクトの中に組み込まれて、1970 年代後半から継続的に実施されてきたことである。前述したように、CRA は再開発の各プロジェクトに開発費の一定割合をパブリックアート等表象的要素に割り当てる「パブリックアート・パーセント政策」を打ち出した。この点、表象的事業が1990 年前後の市の再活性化事業及び 2005 年から 2008 年にかけての特別プロジェクトの 2 つの時期に集中していたサンノゼ日本町とは異なる状況である。

　リトルトーキョーにおける表象的行為のテーマやメッセージは多様である。初期（〜 80 年代前半）は、日系人のアイデンティティや日本文化とのつながりを強調するテーマが多かったが、後には「自然と人工」「平和」「人生」「家族」などより一般的なテーマ表象も混じってくるのが特色である。これに対し、サンノゼ日本町の場合、表象されるメッセージは、日本町の歴史、日系一世の貢献と価値観などのテーマに集中している感が強い。

　このことには、表象行為の主体の性格、さらにその背景となるコミュニティ状況の違いも関係してくる。リトルトーキョーのパブリックアート創造は、CRA の主導下で進められ、FOLTA や PATF などの調整組織が結成されたが、一つひとつのアート作品の創造には多くの日系コミュニティ組織、日系・非日系の個人、デベロッパーなどの意図が絡み、その状況は作品ごとに変わる。それに対して、サンノゼ日本町の場合には、初期（1990 年前後）はサンノゼ再開発公社と「日本町商工会（JBA）」との共同事業による再活性化計画、後期（2005 〜 08 年）は日本町のアンブレラ組織である「サンノゼ日本町コミュニティ会議（JCCsj）」下のサブ組織「サンノゼ日本町ランドマーク委員会」による「サンノゼ日本町ランドマーク・プロジェクト」によって、ランドマークやモニュメントの創造が統一的に進められた。

このような諸状況の違いは、両者の日本人街としての性格の相違やそれらが置かれたアメリカ国内での位置づけの違いが背景となっているように思われる。サンノゼ日本町は比較的規模の小さい日本人街であり、外部資本の導入による大規模な再開発は行われなかった。したがって、エスニック表象の性格もどちらかと言えば自分たちの歴史やアイデンティティを強調するローカルな性格が強かったと言える。それに比して、リトルトーキョーはかつて日系移民の最大の居住地であった南カリフォルニアのなかでも代表的な日本人街であり、戦後の再開発は日本資本を導入した大規模なものであった。こうした都市過程に呼応して、戦後に移民した日本人（いわゆる「新一世」）の数も多い。したがって、表象的行為の性格もただローカルなものというより、アメリカにおける日系エスニック集団の存在と歴史を強調するナショナルな性格や、国境を越えて日本とのつながりを主張するトランスナショナルな性格、さらに普遍的な価値を主張する脱ナショナルな性格なども併せもっていると言うべきであろう。リトルトーキョーの表象的過程は、こうしたマルチスケール的、複合的な思潮のせめぎ合いのなかで、「場所」の意味を創出・再創出してきたのである。

　以上、本章ではリトルトーキョーという日系エスニック・タウンの「場所づくり」過程を、再開発の進展化での施設・店舗の新設・修復によるフィジカルな変容とパブリックアートなど表象的行為による意味の強化の２つの側面から捉えることを試みた。リトルトーキョーは、第二次世界大戦後、建造環境の荒廃・老朽化が進みエスニック・タウンとしての存続が危ぶまれたが、1970年代から始まった長期の再開発という「場所づくり」過程により現代的な都市空間に生まれ変わった。その成果は、初期に懸念された大規模商業開発に偏した機能強化に留まらず、1994年までの段階で商業・業務、住宅、コミュニティ施設のバランスのとれた「場所づくり」が実現した。1995年以降、再開発事業の進展は相対的に停滞したが、残された敷地「ブロック8」を中心に大型の住宅施設開発が実現し、ロサンゼルスのダウンタウンのなかでも屈指の

居住機能を併せもつ商業・業務地区（盛り場）として成長してきた。その際、リトルトーキョーのもう一つの大きな変容は、再開発下でさまざまな種類の表象的過程が進行し、10ブロックにも満たない狭い範囲に30近くものパブリックアートを含む多くのランドマークやモニュメントが創出されたことである。これによってリトルトーキョーは、一大表象空間と化してエスニックな都市空間としての意味を強化し、またきわめて個性的な「特別な場所」という性格を獲得した。かつての日本人街としての景観こそ、ごく限られた地区（「東一番通り北側歴史地区」）を除いて姿を消したが、新しく再生した日系エスニック都市空間の姿が確かにここには在る。一連の「場所づくり」過程の大きな成果と言えよう。

注

1) CRA : Little Tokyo Redevelopment Project, Five-year Implementation Plan（Adopted: November 17, 1994, Amended: May 4, 1995）、p.2による。なお、以下使用する各時期のCRA再開発実施計画書やメモ資料はCRAから提供されたプリント原稿（Draft）を使用した。

2) 前掲1) p.1.

3) ①CRA : Little Tokyo Redevelopment Project, Five-year Implementation Plan, Progress Report（May 15, 1997）, ②CRA: Memorandum（Oct. 5, 2000）による。

4) 前掲1) 及び前掲3) ②による。

5) CRA : Little Tokyo Redevelopment Project, Five-year Implementation Plan, FY2000-FY2004による。

6) 前掲3) ①.

7) 前掲5).

8) 前掲3) ①及び②.

9) 前掲5).

10) CRA : Little Tokyo Redevelopment Project Area, Five-year Implementation Plan, FY2005-FY2009による。

11) 前掲10).

12) 前掲10).

13）前掲10）.

14）CRA : Little Tokyo Redevelopment Project Area, Implementation Plan, FY2010-FY2013 による。

15）前掲14）.

16）『羅府新報』2011年1月1日記事「発展続ける小東京」による。

17）前掲14）.

18）前掲16）.

19）リトルトーキョー・コミュニティ協議会（LTCC）などで長く中心的な活動をされた岡本雅夫氏からの聞き取りによる。

20）ここでは、再開発区域8ブロック及びその東南に接続する「リトルトーキョーガレリア」（旧「ヤオハンプラザ」）が立地する1ブロックを便宜的に「リトルトーキョー内」とした。

21）Little Tokyo Community Council and Mayor's Little Tokyo Community Development Advisory Committee: Little Tokyo Planning & Design Guidelines. Prepared by the Little Tokyo Planning and Design Guidelines Joint Task Force, Nov. 2005, p.28（CRA 提供の Draft による）

22）ウェブ資料 "Little Tokyo, Historical Background", http://www.publicartinla.com/Downtown/Little_Tokyo/little_tokyo.html（2013.12.31 閲覧）

23）ウェブ資料 "Garden in the Sky, Background Information", http://www.publicartinla.com/Downtown/Little_Tokyo/gardensky.html（2014.1.25 閲覧）

24）CRA/LA: Little Tokyo Public Art Walking Tour、10/12/2008（CRA 主催リトルトーキョー徒歩ツァーの資料）

25）前掲24）.

26）ウェブ資料"Ninomiya Kinjiro, Background Information", http://www.publicartinla.com/Downtown/Little_Tokyo/kinjiro.html（2014.5.3 閲覧）

27）前掲24）.

28）前掲24）.

29）前掲24）.

30）前掲24）.

31）前掲24）.

32）前掲24）.

33）以下は、岡本雅夫氏からの聞き取りによる。

34）ウェブ資料 "Astronaut Ellison S. Onizuka Memorial, Background Information", http://www.publicartinla.com/Downtown/Little_Tokyo/onizuka.html（2013.12.31 閲覧）

35）岡本雅夫氏からの聞き取りによる。

第 3 章

エスニックテーマタウンの「場所づくり」(1)
──ワシントン州レブンワース

アメリカ合衆国の観光都市において、旧世界とのつながりやその伝統を強調するケースが1960年代頃から増えてきたと言われる（Schnell, 2003, p.44）。ドイツ系を強調するミシガン州フランケンムース（Frankenmuth）、オランダ系のアイオワ州ペラ（Pella）、スイス系のウィスコンシン州ニューグラルス（New Glarus）、スウェーデン系のカンザス州リンズボルグ（Lindsborg）、デンマーク系のカリフォルニア州ソルバング（Solvang）、そしてババリア（ドイツ、バイエルン）系のワシントン州レブンワース（Leavenworth）などが、その代表的な事例と言える。これらは概ね農村地域のなかの小都市であり、それらの中心部では、ヨーロッパの特定の国の伝統的様式に倣った建築による街並みづくりやその伝統文化を強調する祭りなどの諸行事が行われる。街の盛り場ではその国の民族料理を出すレストランやその国の雰囲気を感じさせる小物類を売るギフトショップが集中し、多くの観光客を惹きつけている。言わば、ナショナル・オリジンに由来するエスニシティを強調することによって観光化している街、特定のエスニシティが販売／消費されている街と言える。このようなタイプの観光都市を仮に「エスニックテーマ型ツーリストタウン（エスニックテーマタウン）」と言っておこう。本章は、それらのうちから特にワシントン州レブンワースを取り上げ、その歴史とそこで展開した諸現象をテーマ型ツーリストタウンとしての「場所づくり」の進展という視点から検討し、その特性と成果を考察することを試みたものである。

　ここで対象とするレブンワースは、ババリア（ドイツ）系のエスニシティを表出することで独自の「場所の意味」を獲得している「エスニックな場所」であり、その観光都市としての生成過程はまさに「場所づくり」の過程にほかならない。特定のテーマを強調して観光化を志向する街や地域の事例は日本においてもよく見られ、観光研究や観光地理学からの言及も多い[1]。しかしながら、アメリカのテーマ型観光都市について十分な研究集積があるとは言えず、特にエスニックテーマ型のそれへの関心は薄かったと言ってよい。アメリカのこの種の観光都市に注目することは、日本においても以下の理由で大きな意義があると考える。1) この国（アメリカ）のポストモダンな文化や社会

の在り方、特に変容するエスニシティの性質の理解に資する。2)観光(ツーリズム)とエスニシティとの関係の考察に格好な事例を提供する。3) 文化論的展開の影響を受けた日本の観光地理学(神田、2012、pp.2-3)にとって、場所の構築過程の本質やそこで表出する文化のオーセンティシティ (authenticity)の考察につながる貴重な視点を見出し得る。

　レブンワースは、アメリカ北西部ワシントン州シェラン郡(Chelan County)に位置するカスケード山脈中の一小都市である。シアトル大都市圏からは約100マイル、フェデラルハイウェイ2号線を車で移動して2時間ほどの距離にある (図12)。人口は2,000人足らず (2010年現在、1,965人[2]) で

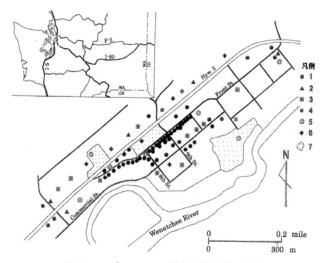

図12　レブンワースの位置と中心部の概況

　凡例　1：小売商業用店舗，2：サービス業オフィス，
　　　　3：宿泊施設 (ホテル，モーテルなど)，4：自動車関連施設，
　　　　5：コミュニティ施設・文化施設，6：行政・公共施設 (含病院)，
　　　　7：公園　(1 〜 6の施設の図示は建物単位，資料：筆者による2014年
　　　　9月の現地調査，一部観光用地図類で補充)
　左上図　星印 (☆)：レブンワース，S：シアトル，
　　　　I-5：インターステーツハイウェイ5号線，I-90：同90号線，
　　　　F-2：フェデラルハイウェイ2号線，WA：ワシントン州，
　　　　OR：オレゴン州，ID：アイダホ州

あるが、年間の観光客入込数は推定130万人にも達する。これら観光客を惹きつけているものは何と言っても中心部のババリア（バイエルン）風の街並みで、特にフロント通り（Front St.）とコマーシャル通り（Commercial St.）の商業用建物のファサードは例外なくババリア風の外観に徹している（図12、

写真15　フロント通りの景観
2014年9月、筆者撮影

写真15）。まさに「ババリアン・ビレッジ（the Bavarian Village）」の呼称にふさわしい都市景観と言える。観光客は、街に20軒もあるホテル、モーテル、B&Bに泊まり上記中心部のレストラン（多くはドイツ料理を出す）での食事や店での買い物を楽しみ、また周辺の山々や湖でハイキング、水泳、カヌー、クロスカントリースキーなどに興ずる。まさに、カスケード山中でも代表的な一大観光地であり、周辺観光の基地となるリゾート地であると言える。

　筆者はアメリカにおける研究滞在の基地としてシアトルを選ぶことが多く、その際しばしばカスケード山脈を越えてコロンビア川流域にも足を延ばした。直接研究対象とはしなくとも、東に行くほど降水量が少なく植生も変化していく様子やリンゴ果樹園やブドウ園などもある土地利用の在り方はとても興味深かった。山越えには特に景色のよい2号線を通ることも多く、その際このレブンワースの特異な街並みはいやでも目に入っていた。しかし、この町を調査対象にしようと考えて訪れたのは、2014年夏（9月）が初めてである。夏のカスケード山中は乾期で、涼しくどこまでも空は青く街並みは美しい。ごく短期間ではあったが快適なロッジに滞在し、ツーリストとしての体験を味わったほか、関係資料を収集し、現地で都市景観の観察やビジネス構成の確認も行った。このときは、ほんの当たりをつける意味での訪問、言わば予備調査のつもりで、いずれ再訪してより本格的な調査をする予定であった。しかし、先延ばししているうちに体調を崩す時期があり、またパンデミッ

クのときに突入してしまった。悔いは残るが、以下に述べるような文献を最大限活かして、この町の「場所づくり」の歩みをできるだけ具体的に記述したいと思う。

このレブンワースを取り上げた現地の著作としては、まずテッド・プライス（Ted Price）著『奇跡の町―レブンワースにおけるアメリカ・ババリア村の創造』[3]（Price, 1997）が挙げられる。著者のプライスは、この都市のババリア風街並みの創出に指導的な役割を果たした人物の一人で、この書は言わばインサイダーの目から見た「場所づくり」の歴史であり、景観創出にまつわる多くの具体的なエピソードを含んで資料的な価値が高い。ほかには、『レブンワース―挿絵入り歴史』（Pediment Publishing, 2005）や「アメリカのイメージ」シリーズの一つ『レブンワース』（Kinney-Holck and the Upper Valley Museum at Leavenworth, 2011）があるが、これらはいずれも写真集的色彩の強い書である。ほかに、観光関係の案内書（Pitcher, 1997 など）やウェブ資料が参考になる。学術的な著作としては、スウォープ（Caroline T. Swope）のアメリカの小都市中心部におけるドイツ・テーマによる街並み創出の状況とその意味を論じた博士学位論文があり、レブンワースとジョージア州ヘレン（Helen）が事例として取り上げられている（Swope, 2003）。また、地理学者フレンケル（Stephan Frenkel）らはジオグラフィカル・レビュー誌に「ババリアン・レブンワースとテーマタウンのシンボリックな経済」と題する論考を発表したが、これはレブンワースを独自のツーリスト景観を有する発明されたテーマタウンとして捉え、その構築の物的・象徴的な過程を検討したものである（Frenkel and Walton, 2000）。本稿においては、これら諸文献を記述に際しての資料及び論点考察の参照として使用した。

第1節　レブンワースにおける「ババリア化」の開始と展開

1.「ババリア化」以前のレブンワース

　レブンワースの歴史は、19世紀末に遡る。当時、一帯はウェナチ（Wenatchi）、チヌーク（Chinook）、ヤキマ（Yakima）など先住諸民族が狩猟や漁撈で生活している土地であったが、19世紀後半には白人の猟師、探鉱者などが入り込みパイオニア的定住者が増加していく。これを背景にオカノガン投資会社のレブンワース（Charles Leavenworth）がグレートノーザン鉄道の予定路線近くに町割りを施した。これが、今日レブンワースとして知られる町の始まりである。鉄道は1893年に開通し、レブンワースにはその事務所と停車場が置かれた。1903年には、ラム－デーヴィス木材会社が設立され、ウェナチェー川（Wenatchee River）に貯木場を設けた。1906年までに、この会社は伐採と製材所のため250人以上の労働者を雇用した。また、一帯にリンゴとナシの木が植樹され町の経済に農業部門が追加された。そして、1906年には人口1,000人ほどに達し、市制が施行されることになる（Kinney-Holck and the Upper Valley Museum at Leavenworth, 2011, pp.7-8）。

　しかし、その後のこの町の歩みには困難な状況がつきまとう。1910年代に入り、冬の雪害に悩むグレートノーザン鉄道の軌道はレブンワースから離れたところにルートを変更し、停車場も移動せざるを得なくなった。また、製材所は1916年に経営が変わり1926年には永久に閉鎖となる（Kinney-Holck and the Upper Valley Museum at Leavenworth, 2011, p.8）。1930年代までにレブンワースの人口は減少し、町は急速に大恐慌期に突入して、ビジネスの閉鎖も相次いだ（Frenkel and Walton, 2000, p.563）。

　この状況は第二次世界大戦後も基本的には変わらない。1950年代に入ると、世紀転換期頃に建てられた建物はすっかり老朽化し、ダウンタウンの建造環境がさらに悪化した。製材業、内水面漁業、果樹農業などの産業基盤は衰

退ないし停滞し、市の財政は悪化して学校なども予算不足になり、市人口は
さらなる流出を招くという悪循環に陥った。ただ、釣り、キャンプ、ボートな
ど野外活動が戦後ポピュラーになったことは山々に囲まれたレブンワースに
とっては朗報であった（Frenkel and Walton, 2000, p.563）。従来の資源型経済
の限界が露呈するなかで、このツーリズム振興の機運をどう活かすかがこの
町にとっての大きな課題として登場するのである。

　こうした文脈のなかで、1962 年にレブンワースの立地環境や建物をどう
有利に使うのかについての公開会議が開かれた。ほとんどの議論はモーテ
ルやレストランを巡って展開したが、一つの提案が「街を 1890 年代風（"Gay
Nineties" town）に改装する」ことを示唆し、何も実現しなかったが「テーマ
化」（一つのテーマに沿って設計する）という斬新な「場所づくり」のアイデ
アについて考えさせるきっかけになったという（Frenkel and Walton, 2000,
p.563）。

2.「ババリア化」への歩み

　レブンワースが「ババリア化」に向かう流れのなかで最も大きな役割を果た
したキーパーソンとしては、まずシアトルの 2 人の実業家テッド・プライスと
ロバート・ロジャーズ（Robert Rodgers [4]）が挙げられる。彼らは、1957 年頃に
カスケード山中に来て小屋（キャビン）を借りて生活するようになり、この地
に魅せられていった（Price, 1997, pp.14-15）。そして、ハイウェイ 2 号線沿い、
レブンワースから 15 マイルほど西（北）に在った喫茶店（カフェレストラン）
を購入し「りすの木（The Squirrel Tree）」と命名、それにスイス－ババリア
風の改装を施して、1960 年に開業した（Kinney-Holck and the Upper Valley
Museum at Leavenworth, 2011, p.9 ; Price, 1997, p.18）。 この「ババリア風」
デザインのアイデアはもともとロジャースが出したものである。彼は 1945 ～
46 年にミュンヘンに滞在し、バアリアとレブンワース周辺の地形的類似から
バアリア建築のスタイルがシェラン郡に溶け込むであろうと感じて、彼らの

カフェレストランにハーフティンバー風外観、広い切妻屋根、花の装飾を加えることを望んだ。しかし、プライスはドイツ的テーマが大戦後のアメリカでは敬遠されると考え、「スイス」として宣伝することを提案した。ババリアとスイスとの建築文化の現実の違いは、彼らにはあまり重要でなかったという (Swope, 2003, pp.57-58)。また、1961年にはその隣にアルプスの山小屋風の小さなホテル (Chalet Hotel と命名) を建てた (Swope, 2003, p.59)。このカフェレストランとホテルの外観は旅行者から好評を博したが、単独の施設のみでは効果が限られていると感じた彼らは、やがて近傍にあるレブンワースのダウンタウンの街並みを大規模にババリア風 (ないしアルプス風) に改装するアイデアに辿りついた (Price, 1997, pp.37-38)。彼らは、このテーマタウンの考えをレブンワースの町の人々に熱心に説いたが、初期にはアウトサイダーである彼らに積極的に賛同する者はほとんどいなかったという (Price, 1997, pp.40-43)。

　1962年後半になると、一つの重要な動きが始まる。町の商工会議所のメンバーなどビジネス・リーダーたちが、町の再活性化についての助言を求めるためワシントン大学のコミュニティ開発部門 (Bureau of Community Development; BCD) に接触したのである。その結果、BCD の助言の下に「すべての人のためのレブンワース改善 (Leavenworth Improvement for Everyone; LIFE)」と題する2年間の自地域研究プロジェクトが立ち上がり、各テーマ別の委員会が設置された (Frenkel and Walton, 2000, p.564)。当初ツーリズムに関する委員会が含まれていなかったが、前述したテッド・プライスなどの提言を受け少し遅れて設置された (Price, 1997, p.37)。委員会の議論の焦点はほとんどが周辺の山々におけるアウトドア・レクレーションに関するものであったが、プロセスの終わり近くになってレブンワースの街自体が問題となり、「(街づくりにあたって) この町がある特定のテーマを採用する」という提案が出された (Frenkel and Walton, 2000, p.564)。テーマとして「スイス」「アルプス」「西部」の3つの可能性が議論されたが、レブンワースの歴史に由来するテーマには誰も言及しなかったという。当然、この過程に委

員会の共同議長でもあったプライスが大きく関わったと思われ、プライス自身も 1964 年 6 月 15 日の会議ではレブンワースをアルプス風テーマタウンとして改修していくことは可能であるというコンセンサスに達したと記述している（Price, 1997, p.39）。しかし、委員会の最終レポートにはなぜかこの口頭の合意が十分反映されなかったという（Swope, 2003, p.65.）。

　1965 年になって、状況に進展をもたらす 2 つほどのきっかけが生じた。一つは、1 月のプライスとロジャースによるカリフォルニア州ソルバングへの訪問である。ソルバングについては次の章で詳述するが、ここはもともとデンマーク系移民のコロニー（集団入植地）として 1911 年に創設された町である。ただ、初期の建物の多くは通常のアメリカ様式（アーリーアメリカン）であった。しかし、第二次世界大戦が終わる頃には人々のルーツであるデンマークへの関心が高まり、店や自宅をデンマーク様式で建築する事例が増え、町は「デンマーク村（Danish village）」の様相を呈するに至った（Larsen, 2006）。彼らは、このソルバングに強い感銘を受けた模様で、プライスは著書のなかで次のように語っている：

　　　「旧世界の街のレプリカとしてソルバングはオーセンティックに見え、しかも非常にうまくいっていた。我々は見たものに、特にデンマークテーマが創りだすチャーミングな雰囲気に感銘を受けた。我々は非常に多くのツーリストと繁栄する観光経済を見た」（Price, 1997, pp.46-47、筆者訳）。

　彼らはこの町で、街づくりに寄与した人々と会い、「デンマーク化」を始めたきっかけ、改装のコスト、財源などについて聞いた。また、レブンワースの人々に見せるため多くの写真を撮り絵葉書を購入した。そして、何よりも大きかったのは「我々は正しい軌道にあったと知った」ことであったという（Price, 1997, p.47）。すなわち、彼らは街づくりにテーマ化のアイデアを導入することに、そしてそれが可能であることに確信をもったに違いない。

　もう一つの突破口は、その後すぐ 1965 年春に起こった。火災で損害を受けた古いホテル（Chickamin Hotel）を購入して内装を修理していたピーターソ

ン（La Verne Vincent Peterson）が、建物の外装をリモデルすることを希望していることを聞いたプライスとロジャースは、ソルバングのスライドを持参して彼女と会合をもった。そして、スイス－ババリア風に改装するアイデアを説得し、彼女も感銘を受けて同意したのである。プライスは、これを「ババリア・テーマが（初めて）現実に受け止められた瞬間であった」と記述している。この会合に同席した（と思われる）ワトソン夫妻（Owen and Pauline Watson）やヘレット（Vern Herrett）も、彼ら所有の建物を同様な方向で改装することに同意したと言う（Price, 1997, pp.50-52；Swope, 2003, pp.68-69）。

　その後、同年6月には町の建物のテーマに基づく改装の是非を話し合うため、プライスらを含んで不動産所有者20人ほどの会合が開かれ、ババリア風にリモデルしたレブンワースの建物の予想スケッチ、ソルバングの写真、古いドイツの町のポスターなどを資料に議論が交わされた。改装の方向性は「アルパイン・テーマ」ということで提案され、多くの出席者が同意してそれぞれの所有する店舗をこのテーマに従って改装していくという「プロジェクト・アルパイン（Project Alpine）」の協定が結ばれた。地元新聞レブンワース・エコー紙（*Leavenworth Echo*）は、1965年7月17日の記事で、「レブンワース、アルパインに向かう（Leavenworth Goes Alpine）」の見出しの下に、この会合とその結論を伝えたのである。この計画は不動産所有者間の一種の紳士協定であったが、すぐその実現を目指すレブンワース商工会議所の新しい委員会が認められ、市議会も支持を与えた（Price, 1997, pp.53-54；Frenkel and Walton, 2000, p.565）。

　実際の改装は、前述のピーターソンのホテル（「エーデルワイス（The Edelweiss）」と改名）から始まった。このホテルは町の中心部（フロント通りと九番通り 9th St. のコーナー）にあり、ハイウェイ2号線からもよく見えて、後の改装のモデルとなりテーマを宣伝するのにも絶好の立地にあった（Price, 1997, P.54）。言わば、改装された建物自体が、レブンワースの将来を示す強力なシンボルとなり得るということであろう。1965年秋にはホテル・エーデルワイスを含む最初の6つの建物が改装中であり（Swope, 2003, p.73）、1966年

には各施設の開所に漕ぎ着けた（Frenkel and Walton, 2000, p.565）。開所後、ホテル・エーデルワイスは「エーデルワイス・レストラン」をオープンしたが、これは当地における最初の本格的なババリア料理レストランであった。また、すぐ2番目のグループの改装も始まり、1960年代後半にはこの町の新しい方向性とユニークな街づくり実践をしている町としての外部からの認知も定着したと言える。そのことは、1968年にレブンワースが「オールアメリカンシティ・コンテスト」（ナショナル・シビック・リーグとルックマガジンがスポンサー）で受賞したことにも表れている（Swope, 2003, pp.77-78）。

　このババリア化初期における改装建物に付随する表象媒体の生成、あるいは建物以外の各種シンボル群の創出については、詳しい情報をあまり入手していない。しかし、プライスの著作からは、プライスとロジャース所有のタンネンバウム・ビルディングの屋根の妻側にグロッケンシュピールをつけたこと、建物改装に助力したドイツ人建築家ウルブリッヒト（Heinz Ulbricht）がシアトルから連れてきたドイツ人画家にエーデルワイス・ホテルやヘレット所有の2つの建物に壁画を描かせたことが記されている。また、タンネンバウム・ビルディングの標識（サイン）を手掛けた木彫師には、街の入口に設置する「歓迎レブンワース」のドイツ語の標識を注文したという（Price, 1997, pp.75-76）。さらに1968年には、プライスらがヨーロッパからもち帰った写真や資料を参考にしてウルブリッヒトがデザインしたバンドスタンドが完成した（Price, 1997, pp.98-99）。これらは、「ドイツ系」を表示するシンボル群の一部として解釈されよう。

3.「ババリア化」過程における葛藤とその成熟

　レブンワースのババリア化は、決して順調に進行したわけではなく、その発想自体に冷たい意見もあった。「プロジェクト・アルパイン」が発表されたとき、LIFEのコンサルタント、ワシントン大学建築学科のスタッフの一人ウルフ（Mike Wolfe）は、ババリア化のアイデアを聞いて次のように述べてい

る。「あなた方はそれをできない。あなた方はドイツの町ではない。ドイツ・テーマを取ることは不正直である。あなた方は、おもちゃ時計の街（cuckoo clock town）で終わってしまうだろう」（Price, 1997, p.55；Swope, 2003, p.69）。初期のいくつかの改修が終了した頃でさえ、ババリア（アルプス）・テーマには懐疑的な意見が強かった。それにもかかわらず町の人々に徐々に浸透していった理由としてスウォープは以下のことを挙げている。まず近傍にあるプライスらが経営するアルプス様式のカフェレストラン「りすの木」の成功、最初の改装（ホテル・エーデルワイス）の影響、プライスらによるソルバングの恒常的なプロモーション、そしてアイデアをマーケットするプライスの経験と能力である（Swope, 2003, p.69）。

　プロジェクト・アルパインの実施に際しては、いくつかの実際的な問題があった。一つは資金の問題である。推進者たちは、州や連邦に財政的支援を求めなかった（以下、Price, 1997, p.56）。レブンワース市は当時貧しくプランナーを雇う余裕もなかった。市議会のメンバーも多くは強い関心がなく、プライスらは全て独力でプロジェクトを推進する必要があったのである。もう一つは改装のデザインのため、専門家を確保することである。この問題は幸運にもごく初期に偶発的に解決した。大きかったのは、レブンワースの動きを知ったソルバングの主要デザイナーの一人ピーターソン（Earl Peterson）が助力を申し出たことである。彼は、プライス、ワトソンらプロジェクトの主要メンバーと会合をもち、改装のデザインと建築要素について、屋根を強調すべきこと、窓は多くの小さいガラスで構成すること、旧ヨーロッパ様式の木彫の標識（サイン）を装着することなど、細かい案を提出した。会合の参加者が驚いたことは、改装を望む者すべてに無料でデザインを提供すると彼が述べたことであるという（Price, 1997, pp.56-58）。ピーターソンはレブンワースに永住しなかったが、初期のいくつかの改修について重要なデザインを手がけた（Swope, 2003, pp.71-72）。また、ウルブリッヒトはじめ何人かのドイツ人建築家がレブンワースに来て、ドイツ的なデザインの確立に寄与した。だが、最大の課題はどのような建築様式の改修がアルパイン（ババリア）・テー

マとして望ましいかについての十分なコンセンサスが出来ていなかったことである。建物の改修をコントロールする法的な枠組みは欠如しており、ロジャースがガイドラインとして提案した「オーセンティック・ババリアン」という概念はあまりにも曖昧なものであった（Swope, 2003, p.78）。

　レブンワースの「ババリア化」が精緻化し、成熟した過程となる歩みは1970年代から始まった。最初のデザイン評価評議会は1970年に創設され（Frenkel and Walton, 2000, p.571）、同年7月にはコミュニティ・デザイン・ガイドラインが定められた。加えて、すべての標識が材料と色彩においてババリア・テーマと同調していることを求める法律が制定され、既存の標識は1年以内にこのコードに準拠するよう改修されなければならないとされた（Swope, 2003, p.79）[5]。さらに1976年には、デザイン評価評議会の仕事を引き継いだ市計画委員会がダウンタウンの建物のため、一連のババリア化ガイドラインを書き、2年後に公式なデザイン評価プロセスとして施行された（Frenkel and Walton, 2000, p.571）。これに従い、店舗の所有者は一般的なアルプスまたはババリアの様式で改修するよう求められたが、多くの改修の結果はプライスやロジャースらこのテーマの推進者の期待を十分満たすものではなかったようである[6]。しかし、ツーリストの目にはある程度の逸脱はレブンワースのイメージを大きく崩すような問題ではなく、1978年頃には週末1万人もの訪問者を迎えていたという（Swope, 2003, p.80）。

　1980年代に入ると、レブンワースのツーリズム経済は一層拡大し、それに刺激され外部からの進出者が店舗を建築するケースが増えた。しかし、これら新しい店舗の建築の多くはババリア化を求める市のコードに十分適合したものではなかったようである。1990年代初めまでには、多くの店が非ドイツ系の商品を売り始め、建物もますます本来の理念から外れるものが多くなった（Frenkel and Walton, 2000, p.571）。このことは1993年のレブンワース・デザイン評価選考委員会の表明に表れている。「ドイツ風の装飾にもかかわらず町の商業用建物の10％しか真のババリアのスタイルで蓋われていない。残りはせいぜいドイツやスイスの他の地域の様式か、悪ければヨーロッパ風で

さえない」[7]。

　こうした状況に対抗し、地元の新聞はより強いオーセンティシティの強化を議員たちに働きかけ、商工会議所は建築する人々にサンプルの写真やスタイルブックを提供したが、これらの効果は限定的であった。根本的な問題は関係する委員会の権限が弱く建築コードが曖昧であったことにあるという認識が高まり、真のババリア様式の確立に向けて新しい体制とガイドラインを模索する動きが1990年代に入り加速する（Frenkel and Walton, 2000, p.571）。その結果、より自立したデザイン評価評議会（Design Review Board）が1995年に従来の計画委員会から分離して設置され、ボードメンバーにはバアリアでの滞在経験とババリアデザイン要素の十分な知識が求められた[8]。そして、1996年には、新しい委員会「プロジェクト・バイエルン」が設置され、「レブンワースの再ババリア化」が謳われたのである（Frenkel and Walton, 2000, p.573）。

　街並みの建築に関しては、従来より厳しいデザイン・ガイドラインを求める声が続き、1996年、より厳密な建築ガイドラインが市のコード（municipal code）に取り入れられ（Frenkel and Walton, 2000, p.572）、2001年にはさらに新しいガイドラインが発効した（Swope, 2003, p.109）。これらのガイドラインはこれまでのものよりずっと厳密で、建物のボリューム感、窓割り、外の装飾、標識（サイン）など広い範囲をカバーしている。重要なことはまずモデルとなるべき「ババリア」の範囲が定義されたことで、「旧世界ババリア（Old World Bavaria）」の境界が「チェコ国境沿いのババリアの森からオーストリア国境のガルミッシュ–パルテンキルヒェン（Garmisch-Partenkirchen）、そしてオーストリア国境に沿って東にベルヒテスガーデン（Berchtesgaden）とパッサウ（Passau）まで」と明確にされた。これは、それまで「旧世界ババリア」ではない他のドイツ地域のデザインまで取り入れてきたという反省に基づいている（Frenkel and Walton, 2003, p.572）。なお、アルパインなどの名の下にスイスやオーストリアの地域は含まない。また、デザインの焦点は、古いババリアの農家（Bauernhaus）で、広い切妻屋根の妻側を通りに向け、しっ

くい壁、装飾的な木のアクセントをもつ建築である。ガイドライン文書では、受け入れられる建築様式のイラスト、写真が示される（Swope, 2003, p.106）。標識類については、曲った木板、入念に細工された鉄製サインが推奨され、ネオンサインや紙製のサインは排除されている（Swope, 2003, p.108）。

写真16　豪華なハンギングバスケット
2014年9月、筆者撮影

　建物の規制に加えて、プロジェクト・バイエルン委員会は、市民へ公開書状を送り、「ババリア－アルプスタウンの外観と雰囲気を再創造するため」、花とリボンを飾る柱の設置（写真16）、毎週金曜日の地元の人によるドイツ風衣服の着用、古着のババリア衣服の販売、オーセンティックなババリア料理のレシピの出版などを提案し、ババリアのいくつかの町との姉妹都市連携を推進した（Frenkel and Walton, 2000, p.573）。ここでは、テーマ性をもった「場所づくり」にとってシンボリックな形象の創出の重要性とともに、建築様式や景観というハード面のみの整備ではなく人々の行動や意識などソフト面でのババリア化にも注意が向けられていると言えよう。レブンワースのババリア化は新しい成熟段階を迎えたのである。

第2節　「場所づくり」の特質と成果

　レブンワースは、以上述べてきたように「バアリア化」という理念に沿って人為的に創られたテーマ型のツーリストタウンという性格が強いが、その「場所づくり」の特質と成果をどのように捉えたらよいのであろうか。
　その場所づくりの歩みは、この街が陥った深刻な危機から始まる。レブン

ワースは、カスケード山中に位置する製材業と果樹農業中心の山間中心小都市であったが、戦後1950年代には、このような資源依存型の小都市の例に漏れず、産業基盤の弱化、市財政の悪化、人口のさらなる流出を招いていた。1960年代から市の再活性化が真剣に模索され始め、その過程で街の人々が目をつけたのが観光化という地方小都市がもちうる新たな可能性である。その推進のため浮かび上がってきたのが、ドイツ（ババリア）風あるいはアルプス風にダウンタウンの街並みを改造する「ババリア化」のアイデアにほかならない。いわゆる「テーマ化」による場所づくりである。この試みは、主導した2人のキーパーソンと少数の協力者によって開始された。最初はなかなか受け入れられなかったが、眼に見える成果が出始めるにつれ協力する街の人々が増え始めた。その後さまざまな紆余曲折や葛藤もあったが、1970年代には建物改装のためのデザイン・レビュー・ガイドラインも制定され、2001年のガイドライン厳格化に至る。言わば、民間の動きに始まり、やがて公的なセクターを巻き込んで大きな「場所づくり」の動きとなっていったと要約できよう。今日ではレブンワースのダウンタウンの建物のほとんどがババリア的建築要素をもつユニークな街並みが実現している。創りだされたものとは言え、凝ったデザインの家々が山々に抱かれ、青い空に映える都市景観は美しい。これは「場所づくり」の大きな成果と言えよう。

　この「場所づくり」の基本的な過程は、商店、ホテルなど町の中心部の既存建物をある特定のテーマに沿って改装することであり、新築する場合も同様な性質のデザインを適用することであった。この過程は、建物という実体的な建造環境の主要要素の改変であるが、それ自体そのテーマを表現するという記号性、表象性を色濃く有していると言えよう。すなわち、ここでは本稿で言うところの実体的過程と表象的過程が分かち難く結びついているのである。

　人々を惹きつけるレブンワースの魅力は、ババリア風建築という他のアメリカの街にはないビジュアルな差異のみではない。フレンケルらは、その一つをレブンワースの特異な消費空間の在り方に求めている（Frenkel and

Walton, 2000, pp.574-575)。そこではまず、多くの場合、買い物がツーリズムの経験のもっとも重要な部分であることに注意を喚起する。例えば、カントリー音楽の都ミズーリ州ブランソン (Branson) でさえライブより街での買い物が人々を惹きつけており、ラスベガスでは最も主要な活動を買い物と答えた旅行者 (67%) がギャンブルと答えた旅行者 (18%) を圧倒的に上回ったことをある調査が報告しているという。そしてレブンワースでは、ババリア風街並みの最も主要な部分はレストランや各種店舗が入る商業用建物であり、そこでは「買い食べ遊ぶ新奇な環境」が用意されていることが重要であるとする。そこでは究極のテーマ化されたショッピング地区が用意されており、そのアイデアはディズニーランドから学んだという。そして、消費されるのはショッピングの環境自体であり、それが「すべての販売をとりまくシンボリックな経済の決定的な部分」であると結論している。

　この見解は、レブンワースという場所のもつ本質の一面を鋭く捉えていると筆者は思う。しかしながら、考察は抽象的な次元に留まっており、同町の消費空間のもつ実体については具体的な分析がない。そこで、2014年9月時点での筆者の現地調査によって、その部分を補っておこう。それによると、コマーシャル通りやフロント通りを中心に小売業店舗124、サービス業施設31が集中している。業種を見ると、特に小売業の比率が高いのが特徴であり、レストラン、バー／カフェ、ギフトショップ、ワイン（試飲・販売）、ギャラリー、アンティークなどで小売施設の7割を占めて、そのほとんどがツーリストを主要な対象としたファッション性の高い店である（表9）。通常の食料品店や衣料品店はほとんどなく、アメリカの他の街に普通に見られるチェーン店がまったくないのも特徴的と言える。レストランではソーセージやザウアークラフトなどのドイツ料理が生ビールとともに提供され、ギフトショップの目玉の売り物は現地から輸入されたババリアないしドイツ風の装飾品や小物である。すなわち、ここではアメリカ人のツーリストが実際に海外に行くことなしに本場と類似した（と彼らが思える）消費体験を楽しむことができるのである。

ただ、フレンケルらの論考（Frenkel and Walton, 2000）では、キーワードである「シンボリックな経済」の性質について十分な説明はない。レブンワースの消費環境は何を象徴するのか、そこにどのような記号内容が内在しているのか、これらは実態を踏まえて解釈する必要がある。構築された中心部の街並み自体が「ババリア」を指示している（少なくともそう意図されている）ことは間違いない。しかしながら、レストランで提供される料理やギフトショップで売られている商品はババリア独自というよりドイツで一般的に見られるものであり、ドイツ以外のヨーロッパ諸国の商品も多い。また、目抜き通りでひときわ目立つワインの試飲・販売店で

表9　レブンワース中心部の施設構成（2014年9月現在）

業種	施設数
レストラン	34
バー／カフェ	6
食料品（ソーセージ、菓子、パンなど）	10
ギフト	26
ブティック・衣料品・布・帽子	16
ワイン（試飲・販売）・酒類	13
宝石・貴金属	2
美術品（ギャラリー）・アンティーク	7
その他の小売店	10
小売業施設計	124
宿泊（ホテル・ペンションなど）	20
銀行（ＡＴＭ）	3
不動産	1
複写	1
美容・タトゥー	2
病院・医療関係	2
自動車関連（ガソリンスタンドなど）	2
サービス業施設計	31
ホール・会場	2
博物館	2
公共施設	4
その他の社会サービス	3
総計	166

資料：筆者の現地調査を基本とし、観光用地図類で補充

は、地元コロンビアバレー産のワインも強調される。すなわち、ここでの記号内容は「ババリア―ドイツ―ヨーロッパ」にカスケードの高原都市のローカリズムが加わる複合的なものであり、焦点は必ずしも定まっていない。しかし、いずれもアメリカの他の都市では味わえないショッピングの楽しみが得られることに主眼があると言える。すなわち、フレンケルらが「差異を伴うショッピング」と呼ぶ現象がそこに現れている（Frenkel and Walton, 2000, p.575）。そしてフレンケルらは「レブンワースのようなテーマタウンを概念化

するもっとも有効な方法は、その消費要素のタームにおいてであり」、このような「テーマタウンは、高次に入念に練られたアウトドアモールとしてもっともよく理解され得る」(Frenkel and Walton, 2000, p.580) として、この見解のテーマタウン一般への適用を志向している。このように差別化された消費体験の創出が街並み空間の形成とともになされることが、レブンワースを含むテーマ型ツーリストタウンの「場所づくり」の大きな成果であるとともに、その本質であると考えたい。

　しかし、その「場所づくり」が生みだすものは「光」だけとは限らない。このようなある意味特異な消費環境のなかに暮らすことは、地元住民にとっては負担ともなる。スウォープが観察したように、日常生活に必要な買い物は他の町に行かねばならず、若者が遊ぶところもない。10代の若者たちは、マクドナルドをもち、より"アメリカン"なティーンエージの好むライフスタイルを提供し得るウェナチェー (Wenatchee) で時間と金を費やすという (Swope, 2003, p.82)。何より重要なことは街の人々が本来のコミュニティのセンスと自律性を失ったと感じている (Frenkel and Walton, 2000, p.578) ことで、ツーリズム志向の経済がもつ「影」の側面も強く現れていると言えよう。

注

1) 例えば岩手県遠野市は、柳田国男『遠野物語』そして「民話のふるさと」を基軸に観光まちづくりを進めた事例としてよく知られている (川森、2001；2003)。また、鳥取県境港市は、同市出身の漫画家水木しげるの作中に登場するキャラクターを使用したシンボル創出を、観光まちづくりの柱にしている。

2) "Leavenworth, Washington", Wikipedia (http://en.wikipedia.org/wiki/Leavenworth, Washington) (2014年7月26日閲覧)

3) 以下、本書での書名の日本語訳は筆者による。

4) Bob Rodgers と記載する資料もある。

5) プライスによれば、標識等の規制が法律 (条例) となったのは、1971年はじめであるという (Price, 1997, p.101)。

6) 例えばプライスらは、条例通過後建った最初の主要な商業施設ビルのバルコニー

と妻側の端がガイドラインで許された4フィートのオーバーハングを超えて拡大されたことに失望したという（Swope, 2003, p.79）。

7) 地元紙レブンワース・エコーの記事を基にフレンケルら（Frenkel and Walton, 2000, p.571）が記述。

8) Swope（2003, pp.85-86）によれば、この種の要求は異常で、このレベルの排他性は前例がないという。

第4章

エスニックテーマタウンの「場所づくり」(2)
——カリフォルニア州ソルバング

ここでは、前章で扱ったレブンワースにおける「場所づくり」のモデルとなったソルバング（Solvang）に目を向けてみよう。ソルバングはカリフォルニア州サンタバーバラ郡、サンタイネス平野（Santa Ynez Valley）に位置する観光小都市である。同州サンタバーバラ（Santa Barbara）から U.S. ハイウェイ 101 号線を北に約 30 分ほどのドライブ、ルート 246 号線を東に入ってすぐ、この美しい町がある（図13）。市制を施行したのは 1985 年 5 月 1 日、現在の人口は 5 千人ほど（2010 年：5,245 人）だが、観光客入込数は年間 100 万人（ある資料では 160 万人）を超えるという。

　筆者は、2015 年 9 月に現地を訪れ、短期間ではあるが関連文献・資料を収集するとともに若干の聞き取りと都市景観の特色を観察した。ソルバングについてはほとんど知識がなかったが、前年（2014 年）にレブンワースに行きこの町との深い関係を知って、いずれ訪問しようと思っていたのである。宿泊したのはミッションドライブ（Mission Drive）とアリサル道路（Alisal Road）のコーナーにあるデンマーク風デザインの心地よいロッジで、到着した日そこからアリサル道路を南に眺めた景色は忘れられない。レブンワース以上にどこか非現実的なテーマパークを思わせる街路景観に、この場所をどう表現したらよいのだろうかと自問したことを覚えている。

　このソルバングの観光資源として昔から知られているものに、まずスペイン時代の伝道所（ミッション・サンタイネス Mission Santa Ynés）がある。同伝道所は、サンタイネス平野の先住

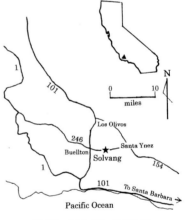

図13　ソルバングの位置

101：フェデラルハイウェイ 101 号線、
1：州ハイウェイ 1 号線
246：州ハイウェイ 246 号線、154：同154 号線
右上図内　黒描三角印：ソルバング
"Solvang: Business & Relocation Guide, 2014・2015" 中の図（p.2）から加工

図14　ソルバングの概況

一点鎖線内：ビレッジエリア
246：州ハイウェイ246号線.
A.V.：アターダーグビレッジ（旧アターダーグカレッジのサイト）
H.C.A.P.：ハンス・クリスチャン・アンデルセン公園
★：ソルバング・フェスティバル劇場
"*Solvang, California・2015 Visitors Guide*" 中の図から加工
ビレッジエリアの範囲は, City of Solvang (1988): Solvang General Plan, Community Design Element 中の図による。

民への伝道とサンタバーバラやロンポック（Lompoc）の先行ミッションとの連絡を目的にして1804年に建設された（Olmstead and Olmstead, 1995, p.2）。今日まで、建物はよく改修、保存され、博物館や美しい庭園をもち、訪問者にも満足を与える。しかし、今日の観光客をこの町に惹きつけている

写真17　ソルバングのストリートスケープの一例

2015年9月、筆者撮影

最大の要因は、市中心部におけるデンマーク風建築様式の建物群の存在である。特に、アリサル道路やコペンハーゲンドライブ（Copenhagen Drive）には急傾斜の屋根をもつハーフティンバー様式の（外観をもつ）カラフルな店舗が集中している（図14）（写真17）。また、この町ではデンマーク風に演出されたさまざまな行事が催され、特に毎年9月の「デンマークの日（Danish Days）」には国内外から多くの人々が来訪する。すなわち、ソルバングは町全体で「デンマーク」というテーマを演出している町であり、前述したレブンワースと

同様な性格を有するエスニックテーマ型の観光都市（エスニックテーマタウン）と言うことができる。どのような経緯で、このような個性をもつ場所が構築されたのであろうか。

　ソルバングに関する既出の文献を、網羅的ではないが以下に紹介する。最も重要なものは、次の2つの学位論文であろう。一つは、ペダーセン（Paul H. Pedersen）がカリフォルニア州立大学フラートン校に提出した修士論文で、ソルバングの歩んできた歴史や教育機関や教会など社会的装置の成立経緯などを分析・考察したものである（Pedersen, 1995）。もう一つは、ラーセン（Hanne P. Larsen）によるカリフォルニア大学バークレイ校の博士論文で、ソルバングの景観（ランドスケープ）のもつ意味を、ノスタルジア、ヘリテージ、ハイパーリアリティ、模像（simulacrum）、ヘテロトピアスなどポストモダン的概念装置を適用しつつ考察している（Larsen, 2006）。現地で販売されている書籍では、写真を多用したアルバム的なものが多い。例えば、バートン（Mike Barton）の『ソルバング』と題する書物は、見事なカラー写真でソルバングの建築美、景観美を伝える一種の観光案内である（Barton, 2013）。クラッグ（Curt Cragg）による「ポストカード歴史シリーズ」中の『ソルバング』はモノクロの写真集で、多くの古い写真から同町の歴史を再構成する狙いをもった書物と思われる（Cragg, 2008）。ほかに、市や商工会議所などが出しているビジネス案内なども同町の歴史や現状についての有益な情報を提供している（それらのうち、筆者は『ソルバング、ビジネス・移住ガイド（*Solvang, Business & Relocation Guide*)』の 2014・2015 年版を入手）。日本語の文献は、管見の限りきわめて少ないようで、筆者は波形克彦（2005）による短いエッセイとウィキペディアの日本語版（「ソルバング」）しか入手していない。

　本章では、この特色ある観光小都市、ソルバングの 1) 歴史的進展の概略とデンマークテーマによる観光化を中心とした「場所づくり」過程の経緯、及び 2) その都市計画と都市景観の特色を検討し、3) その魅力と「場所づくり」の特質や成果を、前章で見たレブンワース（ババリア風テーマタウン）との比較も交えつつ、考察してみたい。調査自体は不十分なものであり、収集した資料も

網羅したとは言えないが、主要文献の助けを借りつつ上記目的に沿って記述する。

第1節　ソルバングの歴史とデンマーク化の進展

1. ソルバングの生成と初期の「場所づくり」

　ソルバングの集落形成以前のサンタイネス平野は、チュマッシュ（Chumash）などの採集狩猟経済の集団が古くからの先住民であった。そこに、スペイン人のミッション団が来住して1804年にサンタイネス伝道所を設立した。伝道所の施設のほかに、農作物を処理する施設などを建てた模様である（Olmstead and Olmstead, 1995, p.8）。

　ソルバングの生成は、ノルデントフト（Benedict Nordentoft）牧師ら3人のデンマーク人（the Danes）到来にはじまる。彼らはアメリカのデンマーク人移民社会でよく知られた人物で、西海岸に移民入植地（コロニー）を建設する計画をもっていた。そして、サンタイネス平野で大きな土地（9,000エーカー以上）が売りに出されていることを知り、1911年1月に来訪、この土地がコロニーと民俗学校（folk school）のため望んでいた質をもつと判断し、土地購入の契約を完了した。土地は、2,000エーカーの平地と残りは丘陵や谷で、価格は7万5千ドルであった（Pedersen, 1995, p.37）。コロニーの中心となる町の建設は、先行の町ロスオリボス（Los Olivos）から5.5マイルのところ、サンタイネス伝道所の北西のサイトに企画され、1911年9月までに測量と道路建設が完工した。1軒の店と図書館、臨時的な家屋などが建てられた模様である。コロニーはソルバングと命名されたが、これは「日当たりのよい牧場（sunny meadow）」の意味であるという（Pedersen, 1995, p.40）。

　このようにデンマーク系移民の町として出発したソルバングを支えた初期の基本理念は、ラーセンによればデンマークからもたらされた宗教的、情緒

的価値観、「民俗（folk）」概念を中心とした 19 世紀デンマークのグルントビジアン（Grundtvigian）運動の精神であったという。その実現を担保する 3 つの仕組み（institutions）が民俗学校（folk school）、教会、コミュニティホールであり、これらはすぐソルバングで実施され、初期の「場所づくり」の柱となった。このうち、民俗学校は民俗高等学校（Folk High School）として 1911 年に開校し、1914 年にはアターダーグ・カレッジ（Atterdag College）と称した。同カレッジは、デンマーク的な生活様式を保存しつつ新しい土地の様式も学ぶ施設であり、加えて下宿屋、体育館、コミュニティの社会的センターとしても機能した。教会組織（congregation）は 1912 年に結成され、ベサニア・ルター教会（Bethania Lutheran Church）として活動、1930 年代半ばまではデンマーク語で礼拝を行っていた。また、コミュニティホールはデーニア・ホール（Dania Hall）と称し、1913 年に建築されている（Larsen, 2006, pp.21-23；Orozco, 2011, p.20）。

　こうした最初期に建てられた建物は、残された写真を見る限りいずれもデンマーク様式の建築ではなかったようである。最も目立つ建物のアターダーグ・カレッジは、急傾斜屋根の 3 つの破風を前面に見せた 3 階建て、木造横板張りの当時のアメリカン様式の建築であった（Cragg, 2008, p.18, p.23）。1914 年頃の商店街、メイン通り（Main St.）の写真を見ると、未舗装の土の道路に店の全面を立ち上げた看板をもつ平屋の建物が数軒示され、デンマーク風の要素は皆無のようである（Cragg, 2008, p.9）。町は急速に成長し、1915 年までに郵便局、銀行、グラマースクールなどが建った（Pedersen, 1995, pp.42-43）。また、1915 年には、ノルデントフト牧師の求めでパナマ太平洋国際万博において展示された編み竹製の竪琴が届き、アターダーグ・カレッジ近くの丘に建てられた。ソルバングの初期の「場所づくり」におけるランドマークと言うべきであろう（Pedersen, 1995, pp.44）。

　1920 年代中頃になると、ソルバングの通りの景観は少し変化し、初期のルーラル・ウェスターン的な外観から、スペイン風建築のスタイルが増えはじめる。メイン通り（Main St.）は、この時期スペイン風のアーケードを採用

し、1950年代半ばまではデンマーク・モチーフに変えられずに残ったという。しかし、1927年にはベサニア・ルター教会の会衆が、14世紀デンマークの教会をモデルにデザインした本格的な教会堂の建築に着手した。これが、ソルバングに建てられた最初のデンマーク様式建築となったのである（Pedersen, 1995, p.46）。

　しかし、1920年代から1930年代のソルバングは、全体としてデンマーク的な要素が後退する時期にあったと言える。流入するデンマーク移民の数は徐々に少なくなっていく。アターダーグの民俗学校的な教育、すなわちデンマークのヘリテージ、言語、文化を習得することは次第に若者を惹きつけなくなり、彼らはより職業に直結した教育を求めるようになる（Pedersen, 1995, p.44, p.47）。アターダーグは、ついに1937年、民俗学校としての役割を終了する。ペダーセンは、この結果をアターダーグの共同体的イデオロギーがアメリカのイデオロギーに対抗できなかったことの表れと解釈している（Pedersen, 1995, p.48）。1930年代には、日常の生活においても、アメリカ的な様式が急速に採用されていった。また、教会の礼拝は、月1回は英語で行われるようになった（Pedersen, 1995, p.47）。ただ、こうした流れは決して直線的に進行するものではない。ダンス、音楽、料理などの面では、デンマークの伝統を生きて保持していたようである[1]。1931年には集落の誕生を記念する祝賀が6月5日に開催された。デンマークの憲法記念日に一致するということで、この日が選ばれたのである。これが、冒頭でも述べたソルバングの重要な年中行事「デンマークの日」の始まりであり、今日では9月の第3週末に催される大きなツーリスト・イベントに進化した（Pedersen, 1995, pp.47-48）。「デンマークの日」という祝祭の生成は、エスニシティの表出が日常的なものからシンボリックな次元のものに変化した表れとも言えよう。また、1939年に建設されたソルバング小学校は、白い壁と赤い屋根をもつ教会と似た建築様式の建物であった。この教会と学校は、ソルバングにおけるデンマーク的外観の先駆ではあるが、ペダーセンは、これらは「オーセンティックにデンマーク的」であり、後のツーリストを惹きつけるための「デンマーク化」とは質が異なると

解釈している (Pedersen, 1995, p.49)。

　第二次世界大戦中のソルバングは、従来とは異なる性質と役割をもつことになる。すなわち、ナチス占領下のデンマークを逃れた多くのデンマーク人の目的地となり、またナチスが手を触れることができない「自由デンマーク」の飛び地としてシンボリックな意味を帯びるにいたったのである (Pedersen, 1995, p.50)。このことが戦後のソルバングの歩みとどう関係するのかについてはペダーセンも明言していない。しかし、ソルバングの人々に故国との文化的結びつきを改めて実感させ、その意義を考えさせた契機の一つとなったことは想像してよいのではないだろうか。

2. デンマーク化の進展と観光「場所づくり」

　ソルバングを「デンマーク化」するというアイデアそのものは、1930年代に遡る。トンプソン (Eric Thompson) が教会牧師としてこの町に来住し、アターダーグを救う方法を示唆したのみならず、藁葺き屋根をもつハーフティンバーの家屋群でもって町を「デンマーク村 (a Danish village)」に転換するというラジカルなアイデアを説いた。しかし、人々はあまり興味を示さず、彼の構想は想像の域にとどまったという (Larsen, 2006, pp.24-25)。

　今日見るところのソルバングへの変容は、ソレンセン (Ferdinand Sørensen) のデンマーク訪問を契機として始まった。彼は、デンマークの田舎の建築に感銘を受け、1945年ソルバングへ帰った後、デンマーク様式で自宅およびアパートとして機能する風車を建てはじめた。「モルバッケン (Møllebacken、丘の上の水車小屋の意)」と呼ばれた彼の家と風車は、すぐ評判となり写真家たちの撮影の対象ともなったという。もう一人のキーパーソンは、パースケ (Ray Paaske) である。彼は、戦後ソルバングに戻り「この小さなファームタウンにツーリストを惹きつける可能性」を感じ、デンマーク様式建築の商業施設をつくるアイデアを思いついて、ソレンセンに彼の家と似たスタイルでそれをデザインすることを求めた。すぐ、ほかの商人たちも

パースケに従いはじめ、一つのブロックがデンマーク様式の建築で充たされた。ソルバングへの訪問者はまだ少なかったが、見事なストリート景観は彼らを魅了したという（Pedersen, 1995, p.51; Larsen, 2006, pp.23-24）。

　デンマーク化による観光化へのターニングポイントとして、もう一つ重要な出来事があった。1946年、週刊雑誌サタデイ・イブニング・ポストからの一人の記者ジェニングズ（Dean Jennings）が「デンマーク村」とでも言うべきこの町の物語を書くため来訪した。記事は、翌47年1月18日号に載り、たちまち国中の注目を集めた（Pedersen, 1995, p.52）。この記事は、地域の歴史のみならず、そこに生きてきたデンマークの習俗や食文化を記述しており、特に観光宣伝を意図したものではなかったにもかかわらず、同様な効果をもった。ソルバングの人々は、そのときの週末の訪問者の増加に驚いたという（Larsen, 2006, pp.vi-vii）。町の内外の人々は、この記事によってソルバングが「発見された」と受け止めたようである。近隣の人による地元新聞社編集長への手紙には次のようにある：

　　「あなた方の生活の田舎的静かさは失われた。取り消しようもなく、あなた方は発見された」（Larsen, 2006, p.viii、筆者訳）

　外部からのメディア的表象、それによる外部の人々の気づきが観光「場所づくり」にもつインパクトの大きさを、この間の経緯が物語っていると言えよう。

　1950年代は、ソルバングにおけるデンマーク化による「場所づくり」が、本格的に進行したときである。商店街であるメイン通り（後のコペンハーゲン・ドライブ）の景観は、以前はスペイン風のデザインを基調としていたが、この年代の終わりにはすっかりデンマーク・モチーフのものに変容した。ツーリストたちは、非デンマーク的な店より、デンマーク色を出している店での買い物を好んだという。ツーリストの増加につれ、ギフトショップ、デンマーク輸入品店が増加し、多くのデンマーク式ベーカリーが出現した（Pedersen, 1995, p.52）。また、風車の数も多くなったが、これはデンマーク色の演出を強化するためであろう。

こうした外観や機能の面での「デンマーク化」とは裏腹に、町の人口や文化の根幹的なところでは、むしろ脱デンマーク化が進行したことは見逃がせない。1950年代後半、近くの空軍基地が宇宙時代にドアを開いた頃、非デンマーク系人の流入が増加した。基地の契約期間が終了した人々は、多くソルバングやそのほかのサンタイネス平野の町で引退したのである。こうした状況に鑑みて、ベサニア教会は1951年から毎週の礼拝をデンマーク語のほか英語でも行うことを決定した。また、ツーリスト志向の「デンマーク化」が、町の全ての人々を喜ばせたわけではなさそうである。多くの人はソルバングの小さな町としての趣は失われたと感じ、商人たちのなかにも、町の中心部の新しいアイデンティティを受け入れられず、町の郊外やほかの町へ店を移した人も出てきた (Pedersen, 1995, p.53)。

　しかし、1960年代、70年代には、町の表面的な「デンマーク化」はますます進行する。外観がデンマーク風の建築は、新しい建物が古い建物を置き換えるにつれ増加した。すなわち、新しいデンマーク風建物の新築の一方、古い建物もそれに合わせデンマーク様式にリモデルしたのである (Pedersen, 1995, p.55)。また、町とデンマークとの結びつきも強化された。1960年代は、町への2度目のデンマーク王室からの訪問で幕を開ける (Pedersen, 1995, p.54)。デンマークからのジャーナリストもこの町に興味をもった。1965年に訪れた一人のジャーナリストは、次のようなコメントを残す：

　　「ソルバングは、極端なデンマーク風 (too Danish) になることができた
　　——それは多分ツーリストが求めるところのもの。ソルバングはマジック
　　ランドへの変容を始めた。ソルバングはすぐデンマークよりデンマーク
　　らしく見えるという評判を得るであろう」(Pedersen, 1995, p.55、筆者
　　訳)。

　このコメントには、このデンマーク人ジャーナリストがもった多少の違和感や戸惑いが窺えるとともに、ソルバングの変容がもつ表面性の本質が的確に表現されているように思える。

　急速にツーリストタウンへの変容と成長を遂げるソルバングではあった

が、いくつかの葛藤や予期しない喪失もあった。1960年代に直面した最大の問題は、パブリック駐車場問題である。ただ一つしかない駐車ロットは、ツーリストの増加に追いつかず、終日空きがない状態であった。提案された2つの駐車ロット建設のプロジェクトは、54万ドルの予算を必要とし、町の人々を賛否で2分した。商人たちの多くは必要性を感じていたが、2つの新しい「アスファルト・ジャングル」がビレッジの雰囲気を損なうと感じた人々もいたようである。1965年11月、このプロジェクトは承認され、論争は終止符を打った（Pedersen, 1995, p.55）。1968年、火災がソルバング・ホテルを焼失させた。このホテルは1911年築のソルバングで最初の永久建物であっただけに、この町の開拓期を語るランドマークが失われたことになる（Pedersen, 1995, p.56）。また、1970年3月、残っていたアターダーグ・カレッジの建物が取り壊された。同カレッジは、デンマーク系移民の町ソルバングのかつての共同体精神を体現する施設であり、その建物はそうした過去のリマインダーであったが、それが失われたわけである。ペダーセンは、アターダーグ・カレッジの「逝去」は、ソルバングが「過去へのドアを閉じたサイン」であると総括している。すなわち、この土地を創ってきた町の歴史の駆動者が、アターダーグに象徴される古いデンマークの精神から表面的「デンマーク化」によるツーリズム推進に交代したことを示しているのである（Pedersen, 1995, pp.56-57）。

　その後もソルバングの変容と成長は続く。一つの方向は、単なるデンマーク風テーマの買い物の街という性格に留まらず、都市としての機能の多元化を目指す動きである。1974年には、公演芸術のための野外劇場（「ソルバング・フェスティバル劇場」）ができた。サンタマリアにベースをもつ「公演芸術太平洋芸術学校（PCPA）」がソルバングに設置したものである。これにより、すでに確立していたこの町の芸術家コロニーの活動が、より多彩なものになったことは間違いない（Pedersen, 1995, p.57）。この間も、町の中心部では「デンマーク化」が進む。1976年には、デンマーク王室から3回目の訪問があり、新しい建物やホテルが加わるにつれ、町はデンマーク的な見かけにおいて成長を続けた。1980年代には、ソルバングのツーリスト産業がマルチミリオンド

ルの産業に成長し、毎年300万もの訪問者を迎えるにいたる（Pedersen, 1995, p.58）。この時期の動向を、ペダーセンは「デンマーク性を維持しようとする」志向と「デンマーク性の仕掛けから離れて機能しようとする」もがきの2つのベクトルの相克として総括している（Pedersen, 1995, p.58）。

　1980年代は、上に述べた方向性の一つ、デンマーク化において重要な転換点を迎えた時期でもあった。それまでのデンマーク風外観をもつ建築の成長と促進は、単一の条例やデザイン評価プロセスを欠く店のオーナー間の戦術的合意の結果であった。ラーセンは、これを駆動する力を、1991年発表のクリステンセン（T. Kristensen）ほかの論考を参照して、理想化された「デンマーク村」に向けてビジネス・コミュニティを保つ啓発された自己興味と社会的圧力として解釈している。そして、現地の商工会議所はこの町の「デンマーク風外観」が有機的な発展として何か自然に生じたという物語を好むという。ラーセンは、これをオーセンティシティを強調しその背後にある商業的貪欲さを隠そうとする望みであると理解している（Larsen, 2006, p.29）。しかし1985年、ソルバングは市としてインコーポレートし、建物評価・規制のための建築審査評議会（Board of Architectural Review；BAR）をもつことになった。評議会は、市議会によって指名された住民グループから成り、毎月第4火曜日に集まってどの新しいプロジェクトや標識（signage）についても評価する。そのガイドラインや彼らの責任については、市のゾーニング条例に記載されることになった（Larsen, 2006, pp.29-30）。また、1988年4月にはBARのデザイン・ガイドラインが採択されている（City of Solvang, 1988, p.20）。こうした大きな転換の詳しい経緯やそこにいたるまでの葛藤については、残念ながら十分な情報を入手していない。なお、1990年代（と思われる）には、町の外からのデベロッパーがソルバングに工場直販店（factory outlet store）を導入したという（Pedersen, 1995, p.58）。このアウトレットの出店に関しても大きな論争があったようであるが、詳細は把握していない[2]。いずれにしても、ソルバングのデンマーク化による「場所づくり」は、さまざまな葛藤をかかえつつ制度化という新しい局面を迎え、成熟段階に入っていったものと思われる。

第2節　都市景観と都市計画の特色

　本節では、1988年に採択された「ソルバング一般計画—コミュニティ・デザイン要素」(City of Solvang, 1988) に基づいて、ソルバングの都市景観の状況、さらに都市計画とそれによる景観規制の概要を見ていこう。同計画書の内容は、それまでの「場所づくり」の成果を記述・反映しているとともに、その後の「場所づくり」の方向性を規定する取り決めでもある。

　この計画書では、基本的な地域区分としてソルバング市域を中心部（ビレッジエリア）と周辺地区（外部エリア）に分け、既存の状態を分析・評価するとともに、将来の方向性にも言及している（図14）。ビレッジエリアは、市の活動の主要な中心で、ツーリスト向けの施設や店舗が集中しているゾーンである（p.5）。この地域では、市は各施設間の歩行連絡及び建物の背面のカフェやパブリックスペースとしての改装 (face lifting) を推奨しているという。外部エリアは、ビレッジエリアを取り巻く地域で、ビレッジの北のエリアはプリシマ丘陵を開発した住宅地域、東に隣接してすぐサンタイネス伝道所、その向こうは農地と水路、南は基本的に戸建て住宅地とサンタイネス川河川敷、そして西にはハンス・クリスチャン・アンデルセン公園がある（pp.5-6）。すなわち、全体として住宅地、農地、オープンスペース、森林などの混合地帯と言える。

　景観の状況は、両エリアで大きく異なる。ビレッジエリアでは、伝統的なデンマーク／北欧デザインが適用されている。基本的に木軸組みハーフティンバーの外観で、屋根には木、タイル、銅、さらに藁が使われる[3]。こうした形態は、18世紀デンマーク建築の様式で、こうした建築の広範な使用が、ソルバングのアイデンティティとビジュアルな特性の確立に貢献する基本的な特性である。したがって、このエリアではデンマーク・テーマを維持することが最優先の配慮であり、そのための特別な建築ガイドラインを確立することが要求される（p.6）。外部エリアは、独特な建築スタイルを有していない。ほと

んどの住宅地は、伝統的なランチスタイルまたは初期カリフォルニア建築で開発されている。このことは、市がこの時点でビレッジエリアと残りの地域の建築的違いの利点を生かす機会をもったということでもある。すなわち、デンマーク化はビレッジエリア内で焦点化されるべきで、ほかの地域ではそことの強いコントラストを創りだすためデンマーク／北欧テーマの建築は推奨されないということである（pp.6-7）。

　計画書では、建築のみにとどまらず全体としての景観整備（ランドスケーピング）にも気を配っている。これはこの町の建造環境を自然環境に結び付けるためにも重要である。また、統一されたランドスケーピングの使用は、ビレッジエリアの建築特性を補い、「旧世界のコミュニティ」としてのイメージを強化し得るという。しかしこの時点では、街路樹や花壇などビレッジエリアのランドスケーピングは存在するものの、一貫したテーマに基づいて展開していないとし、その一般的フレームワークの確立を推奨する（p.7）。ビレッジエリアの外のランドスケーピングは、丘陵地の植生と個々の地主による植栽から成っている。ここでも、統一されたランドスケープと建築のテーマの確立がソルバングのルーラル・アイデンティティを強化し、ビレッジエリアと周辺地域との魅力的な関係の提供を可能にすると指摘している（p.7）。

　景観のなかでも街路景観（ストリートスケープ）は、町の全体的特性にとって枢要なイメージ要素として位置づけられている（写真 17）。その整備は、歩行者志向の商店街にとって特に重要である。ここでは、歩道の幅の確保、建物ファサードと歩道の調和、ストリートファニチャの整備、水飲み場やベンチなどのアメニティ整備、ユーティリティ・ラインの埋設、各種標識のデザインの調和などが主要な目標要素として挙げられる。こうしたストリートスケープの強化は、ビレッジエリアと周囲とのより大きい分化を提供することにもつながるのである（pp.7-8）。また、市議会はこの時点で、ビレッジエリアではどの歩道の取り換えまたは付加も煉瓦の材質でなければならないという施策を採択した。この工事は、市と不動産所有者との協同によって資金調達し、サンタイネス伝道所の改良プロジェクトの一部として完工したという（p.8）。

計画書では、またランドマークや焦点（focal point）となる景観要素にも言及する。これらは訪問者がオリエンテーションの目的のため使うことができる参照点を提供するだけでなく、しばしばこのコミュニティ自体を同定しシンボライズする機能をもつ。そうした特性をもつ存在として、サンタイネス伝道所、ベサニア教会、バーコルム・ベーカリー（Birkholm's Bakery）、コペンハーゲン・ドライブの青い風車、アリサル道路の東の風車などを挙げている（pp.8-9）。これらは、最初に既存のものとしてあった伝道所を除いて、いずれもソルバングの「場所づくり」の過程で創りだされた重要なシンボル的形象にほかならない。

　計画書の後半は、その後のソルバングの目指すべき都市計画の具体的な目標と政策が列記される（pp.12-18）。基本精神は、この町の「ビジュアルでアクティブなアイデンティティを強化する」（p.12）ことであり、項目の多くは上述した大きな方向性を具体化したものとなる。より重要なことは、それに続いて「コミュニティ・デザイン計画」が詳述されていることで、既存の状況に則った上で、その後のこの町が目指すべきデザイン計画の方向性が具体的に語られる（pp.19-30）。まず、基本的な概念として、ビレッジエリアのデンマーク的特性の保存・強化と周辺エリアのルーラルな特性の維持が挙げられる。そして建物のみではなく、ランドスケーピング、オープンスペース、インフラストラクチャーとのビジュアルな統合の必要性が強調される（p.19）。次に、ソルバングのコミュニティ・デザインが3つの基本的なテーマを含むことが明示される。すなわち、①ビレッジエリアのデンマーク／北欧デザイン・テーマ：ソルバングにユニークなアイデンティティを提供し、高次のツーリズムを促す「旧世界」魅力を促進するデザイン、②ビレッジの外側に位置するソルバングの地域：ランチスタイルとアーリー・カリフォルニア・ミッション様式：ソルバングの初期の歴史やサンタイネス平野におけるルーラルなその位置を反映、③周辺地域（the fringe）：農業地域、オープンスペースからアーバンへの移行がテーマ、よりルーラルな開発スタンダード、広い空間的関係と自然景観へのバッファが必要（p.19）。

建築のデザインについては、ビレッジエリアと外部エリアに分けて、市議会が採択したBARデザインガイドライン（1988）を修正したものが示される。以下、ごく主要な事項のみ紹介する。

　1）ビレッジエリア（pp.20-24）：すべての新しい建築と改装は、デンマークまたは近くの北欧諸国で見られる歴史的な土地固有のデンマーク的なデザインによるものとする。すべての正面外側は、伝統的テーマに組み込まれたものとする（材料において同調的で、スタイルにおいて一貫している）。屋根は急傾斜のものとする。その材料のタイプと色は市による審査と承認にしたがう。スレートまたはサッシ屋根は受容可、瓦屋根も許される。一階半または2階半の建物が推奨される。照明、ゲート、外側の窓、材料と色の使用、植木鉢などの細部は、伝統的なオーセンティシティに相関して配慮されなければならない。窓はペンキ塗りの窓枠（pane）で区分されなければならず、また厚い壁の外観を維持するため引っ込めてセットされるべきである。建物はできるだけ道路近くに位置するものとする。裏道（アレー）が可能なところでは、主要道路から駐車エリアへのアクセスは推奨されない。駐車場は、建物の前に位置していけない。

　2）外部エリア（pp.24-26）：デンマーク／北欧デザインテーマは、許されない。スペインまたは初期カリフォルニア様式及びランチ様式から由来する伝統が好ましい。建物の外装は、材料の適合性と様式の同調性を示さなければならない。建物は近隣と調和的な関係をもつべきである。その際、スケールのセンス、屋根ライン、色、テクスチャー、材料が重要なファクターとなる。丘陵地の斜面の場合、サイトは眺めを保存・強化するよう計画されなければならない。

　なお、ランドスケーピングについてもビレッジエリアと外部エリアについて多くの事項が指摘され、特に建物との、あるいはさまざまな要素間の同調性が強調されている（pp.26-30）。

　このように、この計画書はまさにこの町にとっての「場所づくり」の思想を総合的に述べたものとなっている。その思想が現在どの程度実現しているの

かを現地において詳細に確認することはできなかったが、その後の展開に大きな影響を与え「デンマークよりデンマーク的」と言われるユニークな都市景観を実現する大きな力となったことは間違いないと思われる。

第3節　「場所づくり」の特質と成果

　ソルバングは以上見てきたように、中心部の「デンマーク化」を基本テーマとして観光志向の「場所づくり」過程を歩んできた。その意味で「ババリア化」という理念に沿って創られたレブンワースと同様、エスニックテーマ型のツーリストタウンという性格をもつ。ここでは、レブンワースと比較しつつ、その「場所づくり」の特質と成果を考えてみたい。

　ソルバングは、デンマーク移民の入植地（コロニー）として出発した。初期の集落を支えた精神は、デンマークから引き継いだ宗教的、民俗的な共同体道徳であり、その「場所づくり」の努力は民俗学校、教会、コミュニティホールの設立と運営に向けられた。もともとドイツ（ババリア）の人的要素をもたなかったレブンワースとは町の成立の状況が違うと言えよう。ソルバングの第二次世界大戦前の町の景観は、教会と小学校の建築を除いては特にデンマーク的な要素をもたなかったようである。しかし、訪問時に故国の建築の見事さを実感した個人の自宅建築をきっかけに、商業施設建築にもデンマーク要素を取り込もうという動きが生じ、一部の地域で「デンマーク化」が生じた。特徴的なことは、そのことをある週刊雑誌が生き生きとしたルポ記事として報じたことで、全国的にソルバングが「発見され」、一気に訪問者数が増加したことである。すなわち、外からのメディア的表象がこの町のその後の「デンマーク化」の強力なきっかけとなったのである。このことは、2人の実業家の発想と説得によって「ババリア化」に踏み切ったレブンワースの場合とは少し違う状況と言えよう。

　しかし、その後のエスニックテーマ化の進展と観光化の過程は、かなり似

通っている。基本的な「場所づくり」の要件は、店舗を中心とした建物の新築や改装にあたって外観にデンマーク様式を採用することである。こうした建築上の一種の規制はかなり長い間、公的なガイドラインや強制力などはなしに店舗の所有者など当事者間の合意によって進められてきた。1980年代になってようやく町（市）に建築評価評議会が設けられ、建築ガイドラインも定められた。この動きは、「ババリア化」を進めたレブンワースとよく似た過程と言えよう。ただし、テーマ化そのものに踏み切った時期はソルバングが早く、テーマ化の制度的裏付けを模索しはじめた時期はレブンワースでやや早かった。このような過程を経て創られた実体的建造環境の要素自体、レブンワースと同様強い記号性、象徴性を帯びていることは言うまでもない。

　こうした「場所づくり」の成果は、特に中心部（ビレッジエリア）に見られる。そこでは徹底した外観のデンマーク化が進行し、風車の存在と相俟って実にユニークな街並みが実現している。そのテーマ化へのこだわりは、レブンワースに勝るとも劣らないと言える。カラフルな漆喰外壁と木軸の文様をもつハーフティンバー建築、そしてやはりカラフルな整ったストリートスケープ、これらがカリフォルニアの青い空によく映えて美しい。そして中心部の通りには、その雰囲気をこわす広告版やガソリンスタンドのような挟雑物はない（Orozco, 2011, p.14）また、ビレッジエリアと周辺地域（外部エリア）との見事なコントラストも特筆に値する。周辺は、デンマーク様式を排除した閑静な住宅地や緑豊かなオープンスペースである。そのため、ビレッジエリアは額縁に収められた一幅の絵のような印象を与えるのである。

　ツーリストのための買い物と娯楽の空間としての徹底も、レブンワースと共通している。店舗等施設の現地での悉皆調査は行わなかったが、既存文献の紹介のところで言及した『ソルバング、ビジネス・移住ガイド』の2014・2015年版には、ソルバングで営業・活動している店舗等施設のほぼ網羅的と思われる一覧表（Business Directory）（2014年現在）が掲載されているので、これによって店舗等施設構成を知ることができる。各施設は、基本的にその施設で扱う商品・サービスの種類によって分類されているので、一部類似の

施設をまとめて再分類し、それぞれのカテゴリーの施設数を表に示した（表10）。それによると、総施設数556のうち小売業と思われる施設が196あり、このうち「ギフト・装飾品・工芸」「宝石・ビーズ」「骨董品・美術・陶芸品」がその三分の一弱を占める[4]。これらは、言わば「総合ギフト店」とでも言うべき施設で、これに「ビール／ワイン」「その他食料品店」中のギフト店的性格を有する施設、さらにレストランやホテル等宿泊施設を合わせると相当数の施設が観光客向けの性格をもっていることになる。他者志向の空間として、レブンワース以上の規模を有すると言えよう。しかし、サービス業と思われる施設の数がかなり多く、各種揃っている点はレブンワースと異なっており、また総施設数もそれを反映して多い。これは、ソルバングの人口がレブ

表10　ソルバングの施設構成（2014年）

業種	施設数
レストラン	32
ビール／ワイン [1]	24
その他食料品	30
ギフト・装飾品・工芸など	40
宝石・ビーズ	8
骨董品・美術・陶芸品	11
衣料品	20
その他の小売店	31
宿泊施設（ホテルなど）	19
銀行など（金融・保健）	21
会計・税務	20
法律	10
不動産	12
建築・コンピューター・電気など	51
旅行／輸送	9
美容／健康	39
医療／シニアサービス	68
教育・学校	20
修理／清掃	12
その他サービス	55
財団・非営利組織	13
娯楽	4
博物館・劇場	7
計	556

1) ワインバー、ワイナリー、ブドウ園、ブリュワリーなどを含む。
資料：『ソルバング、ビジネス・移住ガイド、2014・2015』中の「ビジネス目録（Business Directory）」（なお同資料中には、ほかに業種不明の営業者4が記載されている）

ンワースの2.5倍ほどある点を考えれば頷けることであり、総合的な都市としてソルバングはより充実していると言うことができる。なお、現地で入手できる観光用地図（"Easy Street Guide: The Solvang Map, 2014/2015"）には中心部の主要店舗が記載されており、裏面のビジネスリストと対応する。ここに掲載されている店舗・施設は計43で、全数からは程遠いことが分かるが、

構成の傾向を見るとうちレストラン／バー・カフェ 11、食品・飲料（ワイン）3、衣料／ブティック 2、ギフト・多品種店 17、観光／ワインツァー 2、ホテル 4、劇場 1、博物館 3となる。このうち、多数を占める「ギフト・多品種店」（としてまとめたもの）は、実際には美術品、工芸品、骨董品、宝石、陶磁器、衣類などを含むものが多く、「ヨーロッ

写真18　デンマーク料理店
2015年9月、筆者撮影

パギフト」「スカンジナヴィアギフト」などの項目も見られる。すなわち、前述した「総合ギフト店」的な店にあたり、ツーリストがメインストリートで買い物を楽しむ店は主としてこうした店であることが分かる。筆者の観察では、こうした店のほとんどがデンマーク風様式を際立たせた建築をしており、またレストランはデンマーク民族料理を出すところが多く、バイキング形式のところも目立つ（写真18）。いずれのレストランも、ワインや地ビールなどを提供し、観光客向け居酒屋的な要素も強い。中心部（ビレッジエリア）では、まさに徹底した他者志向的買い物・飲食環境が創られているのである。

　また、馬車によるタウン遊覧も、観光都市らしい雰囲気を醸し出すのに一役買っている。周辺地域には、歴史的な伝道所（ミッション）、ゴルフコース、ワイナリー[5]、アラビア風馬牧場、カジノ、マイケル・ジャクソンの牧場「ネバーランド」、レーガン元大統領の旧家など観光客を惹きつける施設も多く立地する。観光「場所づくり」がもたらした典型的なカリフォルニアのツーリスト・ランドスケープと言えよう。

　こうしたテーマ型のツーリストタウンの存在は、その本質、背景となる思念、思想についてさらなる考究を必要とするが、それについては終章で改めて論ずることにしたい。

注

1) 『ソルバング、ビジネス・移住ガイド』2014・2015年版、p.6の記述による。

2) ペダーセンは、1960年代の駐車ロット問題に触れた際、「この問題は、30年後の工場直売店をめぐる論争に比すればトリビアルに見えるであろう」と述べている (Pedersen, 1995, p.55)。

3) 写真集 (Barton, 2013) から見る限り、木羽葺きがもっとも多く、藁葺きや瓦葺きがそれに続くようである。

4) 同資料の「ビジネス目録」の分類には、小売業、サービス業、製造業、卸売業など産業分類を必ずしも厳密に意識していない点が見られる。例えば、同資料中「ワイン／ビール」に分類された施設には、関係する飲食店、製造業、農園などが含まれている (表10参照)。

5) ソルバングを含むサンタイネス平野は、近年カリフォルニアでも有数のワインツァーの目的地として著名になってきた (Orozco, 2011, pp.14-15)。

第5章

都市歴史保存による「場所づくり」
──シアトル・パイオニアスクエア

アメリカ合衆国の都市（特に大都市圏の中心都市）におけるインナーシティは、過去の都心移動によって、現在の都心地区（CBD）のほかに、かつて都心であった地区（旧都心地区）を含むことが多い。本章で取り上げるワシントン州シアトル市のパイオニアスクエア（Pioneer Square、以下 PS）地区は、19世紀後半におけるシアトル最初の都心地区であり、旧都心地区の好例と言える。旧都心地区は多くの場合、都心経済のダイナミックな再生産から取り残されることによって、建造環境の老朽化と社会的な荒廃に悩み、再開発などの都市更新（urban renewal）事業の対象となることが多かった。シアトルの PS 地区においても、1960年代後半以降、古い建物を保存しつつも機能的更新を図る諸事業（以下、都市保存・更新事業）が実施されてきた。サンフランシスコのジャクソンスクエア地区やニューオーリンズのフレンチクォーターなどとともに、保存と再活性化を大規模に実施してきた地区の代表的な事例と思われる。本章は、同地区の都市保存・更新事業の経緯、その背景となった都市計画思想の特色とその変容を検討・確認し、そこで見られた「場所づくり」過程の特性とその成果（意義）を考察しようとしたものである。

　この PS 地区は、シアトル市内の中央部、現在はダウンタウン（都心）地区の南に隣接する地区であり、言わば都心周辺地区に相当する（図15）。東に接するのは複合アジア系エスニックタウンとでも言うべき「インターナショナル地区（International District；ID）」であ

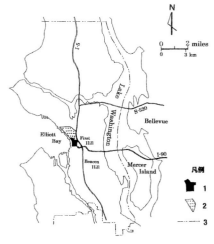

図15　シアトル市内におけるパイオニアスクエアの位置

凡例　1：パイオニアスクエア，2：現在のダウンタウン（概略），3：シアトル市境界，I-5：インターステーツハイウェイ5号線，I-90：同90号線，S-520：州ハイウェイ520号線

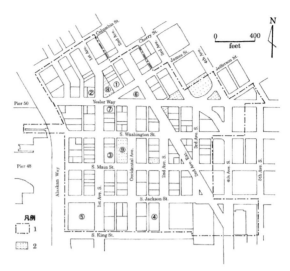

図16　パイオニアスクエア地区の概況

凡例　1：パイオニアスクエア歴史地区の境界（当初）、2：公園（広場）
図中　①パイオニア・ビル、②ミューチュアルライフ・ビル、③グランドセントラル・オン・
　　　ザ・パーク、④ザ・コート・イン・ザ・スクエア、⑤メリルプレース、⑥旧シアトル・ホ
　　　テルの位置（現、駐車場ビル）、⑦旧オリンピック・ブロックの位置（現、オリンピック・
　　　ビル）、⑧パイオニアプレース公園、⑨オクシデンタルスクエア公園

り、西はエリオット湾の港湾地区（埠頭）にあたる。海岸沿い南北にステート
ハイウェイ99号線（Alaskan Way）が縦貫する（図16、参照）。同地区は、シ
アトルの最も古い市街地であり、シアトル発祥の地として知られる。地区内
のほとんどの建物は19〜20世紀転換期前後に建てられ、現在でも保存・修
復の過程によって煉瓦外壁や石づくりの外観を保っている。
　シアトルは、アメリカのなかで筆者がもっとも頻繁に訪れ親しんだ都市と
言ってよいだろう。サンフランシスコやロサンゼルスの調査にいくときも、
その前後に滞在することが多かったし、シアトルのID地区自体、筆者にとっ
て重要な研究対象であった。同地区の現地調査をするとき、隣接するPS地区
にも立ち寄ることが多く、古風な雰囲気のカフェでひとときの寛ぎを得たも
のである。当初は典型的なエスニック地区とは言えないこの地区について直

接研究対象にするつもりはなかったが、特異な個性をもつ地区なので情報だけは集めておこうと思い、ID調査の合間を利用してかなりの文献・資料を収集した。諸事情でアメリカに行けなくなった2016年以降、もっぱらこれらの資料を活かして同地区に関連する学会報告や論文発表を継続できたことは、望外の成果であった。

　同地区に関する既存の現地文献としては、アンドリュース（Mildred T. Andrews）の編集になる同地区の歴史を総括した『パイオニアスクエア―シアトル最古のネイバーフッド―』が代表的であり（Andrews, 2005）、同書中第9章は、戦後の保存と修復の歩みに焦点をあてたリンク（Karin Link）の論考となっている（Link, 2005）。シアトルで建築保存に長く関わったクライスマン（Lawrence Kreisman）は、『シアトルにおける歴史保存』（Kreisman, 1985）及びその改訂版としてキング郡まで対象を拡大した書（Kreisman, 1999）を著し、そのなかでPS地区における歴史保存の歩みを扱っている。また、モーレイ（Judy M. Morley）はシアトルにおける2つの歴史地区、PS地区とパイクプレースマーケット（Pike Place Market；PPM）地区を含むアメリカ西部の5つの歴史地区を取り上げ、そこにおける歴史保存の経緯や政治的背景を論じた（Morley, 2006）。なお、シアトルにおけるこの2つの歴史地区（PSとPPM）に関しては、その保全運動を政治的・社会的に論じたリー（Lee, S.P.）の博士学位論文（2001）がある（阿部、2011、p.2027）が、筆者は未見である。アルカディア出版の「アメリカのイメージ」シリーズではケニストン＝ロングリー（Joy Keniston-Longrie）が『シアトルのパイオニアスクエア』を著したが、これは歴史的な多くの写真に解説をつけた写真集的な著作である（Keniston-Longrie, 2009）。日本での報告例としては、永野征男のシアトル市域における地域構造の変容を扱った論考のなかに同地区の概要が記述されている（永野、1990、pp.440-441）。また、建築計画学系の分野では、阿部祐子がシアトルにおける2つの歴史地区（PSとPPM）保全の特徴や課題、その背景となる思想を考察した（阿部、2007；2011）。しかし、管見の限り日本ではほかに特筆すべきものは少なく、同地区への注目度はあまり高いとは言えないように思われる。本稿

では、これら既存文献を記述に際し情報として利用するが、加えて PS を対象
とした行政的な調査研究報告や計画文書を分析して、そこに見られる都市計
画思想の特色をより詳細に考察することを試み、既存都市空間の保存・更新
による「場所づくり」の特性と意義を理解する一助としたい。

第1節　パイオニアスクエアの歩みと都市更新事業の進展

1. シアトルの市街地発展とパイオニアスクエア地区の変容

　シアトル地域への白人の最初の定住は、1851 年 11 月、現在の西シアトル、
アルカイポイント（Alki Point）の地に 2 人の入植者が到着したことに始まる。
翌年（1852 年）、一部のグループが対岸のエリオット湾東岸、後の PS 地区の
一部に再移住し、土地占有（claims）を請求した。また、移住者の一人イェス
ラー（Henry Yesler）は、製材所（「イェスラーミル」）を海岸沿いに建設し、
その南に初期の市街地が形成され始めた。1853 年頃までには、初期入植者た
ちの占有地がエリオット湾に沿って 2 マイルほどの長さに並び、ここが後の
シアトル中心市街地発展の起点となるのである（MacDonald, 1987, pp.3-4；杉
浦、2021、p.3）。
　その後、シアトルの市街地は到来者の急増とともに急速に拡大していく。
その過程で市街地形態の変容に大きな影響を与えたのは、1889 年の火災であ
る。同年 6 月 6 日、マディソン通り（Madison St.）近くの第一街（First Avenue）
にある一つの商店の地下で火事が発生し、またたく間に当時のダウンタウン
に広まった。火事は一晩中続き、30 ブロック以上、約 60 エーカーを焼き尽く
し、ダウンタウンは灰燼に帰した（Sale, 1976, p.50）。いわゆる「シアトル大火」
である。その後の復興・再建には 2 年ほどを有し、その間市当局は街路を再
整備、埠頭を再建、下水ラインを建設した。焼失地における建物の再建は市条
例により煉瓦外壁や石造あるいは耐火木材を義務づけられ、多くの建物は 3

〜5階、一部の建物はより高層のビルとなった（MacDonald, 1987, pp.36-37；Kreisman, 1999, p.85）。これらが現在のPS地区の建物群の基礎となるのである。なお、これら新設の建物の多くをデザインしたのは、一人の建築家フィッシャー（Elmer Fisher）で、そのことが同地区の建物群の様式を驚くほど同調的にした（Morley, 2006, p.68）。

　この初期のシアトル中心地域において、特色ある動静を示し地区に特性を与えたエスニック集団の一つが中国人移民たちである（以下全般に、杉浦2007、参照）。シアトルにおける最初の中国人の記録はやや不確実ではあるが、1860年にシアトルに着き、その後ワ・チョン商会（The Wa Chong Company、華昌）を興したチン・チュン・ホック（Chin Chun Hock）であるとされる（Chin and Chin, 1973, p.5）。1870年まで中国人はシアトルにはわずかしか居住していなかったが、その後すぐ増加し始め、1873年には2,000人の市人口中、約100人が中国人であったという（Chin and Bacho, 1984, p.8）。1876年までには市人口3,400人に占める中国人は約250人となり、さらに300人ほどの中国人がシアトルを出たり入ったりしていた模様である。この初期の定住期において彼らは市内のどこに住んでいたのであろうか。諸文献によれば、当時の中国人居住区（Chinese quarters）が、後のPS地区にあたるところにあったことは間違いない。チンらによれば、南北に走る街路のコマーシャル通り（Commercial St.、後のFirst Ave. S.）とオクシデンタル街南（Occidental Ave. S.）、東西に走る街路の南ワシントン通り（S. Washington St.）と南メイン通り（S. Main St.）が交差するあたり、特に商店の裏通りが、居住地の中心であったという（Chin and Chin, 1973, p.5）。その後、1886年2月の「反中国人暴動」を経て大きく減少したシアトルの中国人人口は、前述した「シアトル大火」（1889年）後の復興を契機に回復し「南ワシントン通りチャイナタウン」の形成に向かうが、詳細は省略する。

　この初期のPS地区に影響を与えたもう一つの集団は日本人移民で、合衆国センサスの示す日本人（Japanese）人口は1890年に127人（キング郡の数値、シアトル市には125人と推定）であったが、1900年には急増してシア

トル市内 2,990 人を数えるに至った (Schmid and McVey, 1964, p.14；杉浦、1996、p.6)。この 19 世紀末において、日本人たちがどこに住んでいたか、その正確な居住分布はつかめない。しかし、当地で育った日系二世の社会学者ミヤモト氏によれば、現在の PS 地区の一部にあたるジャクソン通りの海岸寄り (lower Jackson St.)、いわゆるスキッドロード地区に居住していたという (Miyamoto, 1939, p.65)。これは、中国人が多く居住していた地区のすぐ南隣りあたりと思われる。また、彼らパイオニア的日系人が経営する少数の食堂、床屋、旅館などが集中居住地区に立地していた模様である (竹内、1929、pp.22-28)。

　20 世紀に入ると、シアトルは急速に成長し、次第に多くの高層建物がより北方に建設されるようになって、ダウンタウンは移動・拡大する。PS 地区のビジネスを支えた上記中国人や日本人たちは、この頃になるとより東側のファーストヒル (First Hill) 寄り、現在のインターナショナル地区のあたりに移動していき、PS 地区で居住集団の交代 (サクセッション) が生じたことは確実であるが、その詳細は十分つかんでいない。また、初期のパイオニア的集落を支えた木材業は、中心が他の地域へシフトして衰退する (DCD, 1972, Vol.1)。この過程で PS 域は次第に倉庫地区と化し、また低所得者や移動労働者の滞留地の性格を帯びていく (Kreisman, 1999, p.86)。いわゆる「スキッドロード化」である。第二次世界大戦後になると、多くの建物の 2 階以上はほとんどテナントが入らず、地上階 (1 階) も空きユニットが目立つようになる。地区内や周辺の不動産価格は、CBD 平均の 10 パーセント以下になり、市の建築物コードや防火規制への違反事例が多数出るようになった (CSPC, 1959, p.2)。また、こうしたフィジカルに荒廃した条件は、地区に住む住民の失業やアルコール中毒などすでに病んでいた社会的状況をさらに悪化させた (Morley, 2006, pp.70-71)。こうして、1950 年代の同地区はスラム化したインナーシティの典型的な状況を呈していたのである。

　しかしながら、PS 域には大きな内在的価値があった (CSPC, 1959, p.2)。まず、位置的な潜在性 (ポテンシャル) として、ダウンタウンの行政地区や金融

地区に近接していることが重要である。大部分の建物は荒廃しているとはいえ、歴史的・建築的な価値は高い。多くの建物がヴィクトリア時代のアメリカを代表しており、時に「アメリカン・ロマネスク」様式として言及される。例えば、1890-91年築のパイオニア・ビルディング（Pioneer Bldg.）は、カーブしたアーチ型玄関をもつファサードと精巧な張り出し窓を有している（写真19）（図16）。

写真19　パイオニア・ビルディング
2014年9月、筆者撮影

また1893年築のミューチュアルライフ・ビルディング（Mutual Life Bldg）は、ロビー、玄関口、装飾的なエレベーター、大理石の階段、タイル壁の廊下などインテリアの細部に、世紀転換期のエレガンスが漂う（写真20）（図16）。建築家やデザイナーによる潜在性を意識した注意深い修復があれば、この地区はサンフランシスコのジャクソンスクエアのような魅力ある地区に再生し得るはずである

写真20　ミューチュアルライフ・ビルディング
2014年9月、筆者撮影

と当時の報告書は指摘している（CSPC, 1959, pp.2-3）。

　このように、インナーシティの内部、ダウンタウンの南にかなりの面積を有して存在する古い建物群の問題地区を、その内在的価値を活かしつつ再生することが、当時のシアトル中心部の「場所づくり」政策にとって最大の課題であったと思われる。

2. パイオニアスクエア都市更新への胎動

　PS 地区の建物群を保存しようとする動きは、1950 年代から少しずつ現れ始める。しかし、個別的なサイトや構造物の保存への動きはあったものの、当時はアメリカ全体で都市の一般の古いビルを保存する思想はあまり顧みられず、街並み保存地区（歴史地区）を創設する（連邦レベルでの）統一的・公的なメカニズムは、1966 年の「全国歴史保存法（National Historic Preservation Act）」の制定までなかった（Link, 2005, p.176）。

　シアトルで PS 地区のようなまとまりのある区域の都市更新が実現に向かうプロセスは複雑であるが、まず以下の 2 つの組織の役割が大きかったことに注目したい。一つは、1958 年創立、シアトルのビジネスリーダーから構成される「シアトル中央協会（The Central Association of Seattle：CAS）」である。同団体の主要な関心は都心地区の活性化に民間投資と連邦資金を惹きつけることで、そのため市計画局とインフォーマルなパートナーシップを形成した（Link, 2005, p.177；Morley, 2006, p.73）。もう一つは、PS 地区地元のビジネスリーダーの組織「パイオニアスクエア協会（The Pioneer Square Association：PSA）」（後、Pioneer Sq. Community Council を経て P.S. Comm. Assoc. に改称）である。またほかに、シアトル芸術同盟（Allied Arts of Seattle）、アメリカ建築家協会シアトル市部（Seattle Chapter of the American Institute of Architects）などにも都市政策に関心のある専門家がいた。なお、CAS と PSA は、初期にはメンバーが一部重なることもあって相互に同調的であったが、1960 年代後半には後者の方がより強い保存主義の方向に重点を置くようになったという（Link, 2005, pp.177-180）。1950 年代後半から 60 年代前半にかけて、これらの組織が PS の将来に関して調査や提言を行ない、地区の保存と再活性化への機運が次第に現実のものとなっていくのである。

　そのうち、特にその後の動きに大きな影響を与えた地域の調査研究報告としては、1959 年に市議会に提出された市計画委員会[1]と CAS の合同研究に

なる報告書（CSPC, 1959）が挙げられる（Link, 2005, p.178）。この報告書の詳しい内容は後述するが、PS地区の都市更新を可能にするための具体的な方策を提言し、その実現には地区内不動産所有者の協力と参加が不可欠であることを強調した。また、同協会は1963年に道路整備中心の「中央ビジネス計画（Central Business Plan）」を採択し、ダウンタウンを郊外ショッピングモールに倣って改造することを目指したが、これはあまり実現しなかった（Link, 2005, p.177）。

　1960年代になって、PS地区の修復保存への動きに刺激を与えたいくつかの出来事があった。一つは、1961年のシアトル・ホテル（Seattle Hotel）の取り壊しである（図16、参照）。同ホテルは、1889年、シアトル大火災で焼失したオクシデンタル・ホテル（Occidental Hotel）の跡地に同名で建設されたホテル（完工は1890年）で、1893年には経済危機により一時オフィスビルに転用されたが、1890年代のクロンダイク・ゴールドラッシュを機にホテルに戻り、シアトル・ホテルと改称された。同ホテルは、5階建て、よく整備された200室を有し、鉄道駅にも近かったので、以後シアトルを代表するホテルとして繁栄した。しかし、1960年頃、建築業者が検査し、外壁が動いていることを発見して取り壊しを提案した。地元新聞は同ホテルの歴史と建築のエレガンスを伝え保存を主張したが、ついに1961年になって取り壊され駐車ビルに置き換えられた（Link, 2005, p.181；Keniston-Longrie, 2009, p.74；p.121）。このことが、PS地区における歴史的建造物の保存を主張する人々の危機感を煽り、保存運動への強い動機づけにつながったことは十分想像できる。また、前述した1966年「全国歴史保存法」の下で「全国歴史的場所登録（National Register of Historic Places）」制度が創設されたことはパイオニアスクエア保存にも大きな影響を与え、人々に地区単位での建造環境保存の可能性と重要性を認識させたと思われる。

　1966年にグラハム建築計画技術社によって提出された調査計画書、いわゆる「グラハム計画」（"Advance Planning and Feasibility Study—Pioneer Square Redevelopment"）も保存運動に大きな動機を与えた。この報告書で

は、「都市更新」を「荒廃状況を除去し、荒れ果てた建物を一掃し、評価を切り下げて土地を取得し、全体計画に則って再開発を導く手段」と定義している。この計画の予備調査（1965年）としてなされた個々の建物の維持状態についての評価において、PS地区内のほとんどの建築物を「標準」を満たさないとした上で、計画ではイェスラーウェイ（Yesler Way）の南のほとんどの建物を取り壊し、高層オフィス、駐車場、小売店をもつ混合利用の「スーパーブロック（ス）」を創ることを提言した。一部の建物（Maynard Building、Cascade Hotelなど）については市民芸術協会（Municipal Art Commission）による歴史的意義の評価に同意してはいるものの、基本的方針として多くの建物についてスラムクリアランス的な再開発を推奨していることになる。もしこの計画書の勧告がそのまま実施されたならば、今日のPS地区の姿は大きく変わっていたと予想される（Link, 2005, p.181-182；Morley, 2006, p.75）。1960年代後半からのPS地区保存運動は、このグラハム計画への抵抗を基軸として展開することになるのである。

　グラハム計画によりPSの歴史的建物が危機に瀕する一方、1960年代には何人かの民間人が地区内の古い建物を購入・改装して活用する試みも始まった。建築家アンダーソン（Ralph Anderson）によるジャクソン・ビルディング（Jackson Bldg.、1962年購入）がその早い例であるが、ほかに同人によるユニオントラスト・ビル（Union Trust Bldg.、1966年購入）、アンダーソンの友人でギャラリー・オーナーのホワイト（Richard White）によるリバティ・ビル（Liberty Bldg.、1965年長期リース）、同グローブ・ビル（Globe Bldg.、1968年購入）などが挙げられる（Morley, 2006, pp.75-76）。こうした個々の建物の改装・再利用はPS地区のような都市歴史保存地区の「場所づくり」過程の中心的な要素であり、その意味で現在の方向への同地区の「場所づくり」は、この時期その端緒を開いたと言ってよい。またこの動きは、荒廃地区として見棄てられてきたPSのイメージを変え、古い建物の美を好むアーティスト、建築家や都心への近接性を評価する若い世代の専門家などの移入をひきおこし、不動産価格を上昇させた（Morley, 2006, p.77）。歴史的建築を再生することが、

文化的価値の保存のみではなく地区の経済的活性化にもつながることが示されたのである（阿部、2011、p.2029）。

　1960年代後半にはまた、個別の建物の保存・活用に留まらず、街並みあるいは地区としての歴史保全を求める声も強くなった。この保存運動を担った一群の活動家のうち、特に指導的な役割を果たした人物として建築学者スタインブリュック（Victor Steinbrueck）が挙げられる。ほかにメーシン家具社（Masin Furniture）のベン・メーシン（Ben Masin）はじめPSAに加わる多くの地元企業家がこの運動に参加した。彼らは、集合体としてのPS地区建築群を修復・保存するための「歴史地区」創設を目指し、そのための条例を策定する具体的な努力を1967年からはじめる。こうした考えは、当時はきわめて特異なものであり、CASは、そうした条例が地区内不動産業者の権利を侵犯するとして、強く反発した。歴史地区創設の夢はしばらく実現しそうになかったが、1968年末にそれを支持する10万人署名が市議会に提出され、1969年に市長が保存支持派のウールマン（Wes Uhlman）に代わった頃から流れが変わりはじめる（Link, 2005, pp.182-183）。

3. パイオニアスクエア歴史地区の創設

　1969年、スタインブリュックはシアトル市計画委員会のためにPS地区に関する新たな調査報告書を提出した。この調査はPSの歴史的・建築学的重要さを個々の建物ごとに評価・記述した学術的価値の高いもので、PSを公的な歴史地区として指定する最初のステップとなった（Link, 2005, p.183）。当時、彼は新聞のインタビューに答えて「もしシアトルが歴史的な場所をもつとすれば、ここを措いてほかにない。その建物のいくつかは、その建築様式故に価値をもつ。他は多分もっともエレガントというわけではないが、地区の雰囲気への貢献故に貴重である」と述べ、PSの価値を強調している（*Seattle Post-Intelligencer*, 1969.2.28, p.15）。PSAも歴史地区条例制定への動きを強く支持し、これに反対するCASとの争いは熾烈をきわめたと言う。なお、当時

のシアトル市長ウールマンは、1970年
3月、市議会において「この条例の基
本的目的は古いシアトルとPS地区の
規範（integrity）を維持し、シアトルの
発展において建築上の、そして歴史的
な連続性のセンスを与えるのを助け
ることである」と述べ、条例を指示す
る彼の立場を明確にした（Link, 2005,
p.183）。

1970年4月6日、ついにこの条例
案（No. 98852）はシアトル市議会で可
決された。条例に基づいて創設され
る歴史地区の公式呼称は「パイオニ
アスクエア保存地区（Pioneer Square
Preservation District）」であるが、一般

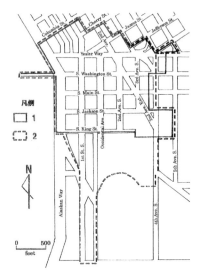

図17　パイオニアスクエア歴史地区の
　　　境界

凡例　1：当初の境界，2：現在の境界

には「パイオニアスクエア歴史地区（Pioneer Square Historic District）」とし
て知られている。地区は当初、北はコロンビア通り（Columbia St.）、南は南キ
ング通り（S. King St.）、西はアラスカ道（Alaskan Way）、東は第四街南（4th
Ave. S.）から第五街南（5th Ave. S.）あたりで囲まれた20ブロック強、52エー
カーの地区であったが、その後数回境界が修正され、現在は一部南に拡大し
た形になっている（DCD, 1972, Vol.1；Link, 2005, pp.183-184）（図17）。地区
内のほとんどの建物は3〜6階建ての建物であり、例外は42階建てのスミス
タワー（Smith Tower）、15階建てのアラスカビル（Alaskan Bldg.）、8階建
てのローマンビル（Lowman Bldg.）など少数であった（MAKERS, 1974, p.9）。
さらに、条例が通過するのと同時に、改修や建築が地区の歴史的・建築的特
性と調和することを担保するため「パイオニアスクエア歴史地区保存評議会
（Pioneer Square Historic District Preservation Board）」が創設された。同評
議会は、地元の歴史協会代表や不動産所有者など5人の委員から成り、どの

改変、廃棄、新築、改築、リモデル、その他外見の修正についてもその適正さを審査することが求められる（DCD, 1972, Vol.1）。この市条例に対し CAS はその違法性を主張して、市議会に延期を求めたが否決された（*Seattle Times*, 1970.4.21, p.11）。なお、地区は 1970 年に「全国歴史的場所登録」制度において「パイオニアスクエア・スキッドロード国民歴史地区（Pioneer Square Skid Road National Historic District）」として指定されている（Link, 2005, P.184）。

　1973 年には、もう一つの地区指定がなされた。パイオニアスクエアは、東に隣接するインターナショナル地区（ID）とともに「特別監視地区（Special Review District）」に選定されたのである（Link, 2005, p.184）。市議会がこの制度を設けようとした背景には、地区の南に隣接して大型スポーツ施設「キング郡ドーム型スタジアム（いわゆるキングドーム）」の建設（1972 年、完工）が予定され、警告なしの建物廃棄やイベント時の交通混雑、駐車場の拡大など地区へのさまざまな問題が予想されたことにある（*Pioneer Square Gazette*, Vol.1, Issue 6, 1980, p.6）。同監視地区は、パイオニアスクエア歴史地区を含むより広い 40 ブロックほどの範囲で創設され、市はこの範囲内でさまざまなスポーツ活動の制限、交通・駐車規制を課すことができる。また、そのガイドラインは地区の保存・活性化にも言及し、地区内建物の外観の変化に保存の基準を適用する一方、地上階の利用を奨励している（Link, 2005, p.184）。このように PS 地区では、創設された歴史地区及び特別監視地区の制度的枠組み[2]を基軸として、その後の個々の都市更新プロジェクトが長期にわたり実施されていくことになる。

4. 修復・保存の進展とその後の展開

　1970 年代は、上述の制度的な背景と保存志向のプランニングの下に初期の建物の修復・保存事業が集中し、その後の PS 地区の方向性を定めた時期と言える。具体的な建物の修復・保存は個々の不動産の所有者や歴史的保存に関心をもつシアトルの企業家・建築家・建築設計関係の企業などによる個別的な

プロジェクトで行われ、市建築局や歴史地区保存評議会がその基準や耐震の問題を監視した。歴史地区創設は、この地区が見離されたスラムではないという一種の法的保障（の感覚）を不動産所有者に与え、一つの建物の修復は他の建物の修復に刺激を与えた（DCD and Don Miles Associates, 1979, p.1）。リンクは、この時期の改修プロジェクトにおける見通しと繊細さは、その後のPSの展開にとって非常に幸運であったと評価している（Link, 2005, p.185）。

　この時期の注意深い建物改修に特に力を注いだ一人に、シアトルの建築家アンダーソンがいる。彼は、前述したように歴史地区創設前の1960年代から個人的に地区内のいくつかの建物を購入して保存・改修を試みていたが、歴史地区創設後、オクシデンタルスクエア公園に隣接したグランドセントラル・ビル（Grand Central Bldg.）やパイオニアプレース公園に面したパイオニア・ビルなどより大規模な建物の改修工事を手がけた（Link, 2005, pp.185-188）（図16）。グランドセントラル・ビルは、もとのスクワイア・ラティマー・ビル（Squire Latimer Bldg.）で、クロンダイク・ゴールドラッシュ時にホテルとなったが、1930年代には荒廃した。1971年にアンダーソンらが投資家とともにこのビルを購入し、グランドセントラル・オン・ザ・パーク（Grand Central on the Park）と名をつけ直して改修、上階はオフィススペースとし、地上階にショッピング・アーケードを設けた（Kreisman, 1985, pp.63-64）。パイオニア・ビル（前掲、写真19）は、イェスラーの家があったサイトに立地したフィッシャー設計の建物で、前述したように建築的価値が高かったが、1970年代には上階は長く空きスペースになっていた。1973年にテラコーポレーション（Thera Corporation）が、アンダーソンとマーフィ（Ron Murphy）を雇い、外装と基本構造を保ちつつ修復した。このビルの成功が、周囲の修復プロジェクトを刺激したという（Kreisman, 1985, pp.64-65）。また、主要なランドマークとなる2つの公園（パイオニアプレース公園 Pioneer Place Park、オクシデンタルスクエア公園 Occidental Square Park）のランドスケープ・デザインやモニュメントの修復も、重要なこの時期の成果である（図16）。パイオニア・ビルの前景となるパイオニアプレース公園（写真21）は、1899年

に立てられたトーテムポールをもち（Keniston-Longrie, 2009, p.95）、まさにシアトルの歴史的に最も重要な広場と言ってよい。アラスカ－ユーコン万博を祝して地下駅の入口となるパーゴラ（蔦棚）や酋長シアトル像の噴水が加わった（Keniston-Longrie, 2009, p.114）。第二次大戦後、駅は閉鎖されパーゴラは荒廃したが、1973年に市とユナイテッド・パーセル・サービス（United Parcel Service）が資金を出し、ジョーンズ社（Jones & Jones）のデザインによりパーゴラと公園は改修され、トーテムポールも再建された（Kreisman, 1985, pp.65-66）。オクシデンタル公園（写真22）は、グランドセントラル・ビルの西に隣接する駐車ロットが連邦ファンドなどにより公園

写真21　パイオニアプレース公園

2014年9月、筆者撮影

写真22　オクシデンタル公園

2014年9月、筆者撮影

として開発されたものであり、ジョーンズ（Ilze Jones）らの設計により凝ったコブル石の敷地にモダンなパーゴラや噴水などが設けられた（Link,2005, pp.187-188）。これら2つの公園とそこに置かれたモニュメント群は、PSの「場所づくり」においてシンボル的に最も枢要なものと言える。今日見られるようなPS中心部の調和的都市景観の実現は、アンダーソンやジョーンズらの見識と感性によるところが大きい。

　しかし、PS地区における都市更新の歩みは、けっして順調な側面のみではない。特に歴史地区の基本的な骨格が形成された1970年代には、いくつかの

具体的な問題が浮上した。まず一つは、1972年に生じた通称オリンピック・ブロック (Olympic Block)、別名カスケード・ホテル (Cascade Hotel) という歴史的建物の崩壊である (図16、参照)。同建物は、その最初の部分が1874年に建てられ、1882年に増築、1889年シアトル大火で損傷したが外壁は残り、翌年にオリンピック・ホテル (Olympic Hotel) として改装された。まさに、PSの移り変わりを映す象徴的な建築物の一つであり (*Seattle Frag*, No.3, 1972.4.12, p.7)、多くの人々はその崩壊を防げなかった市の怠慢を非難したという。また、スタインブリュックらは後にその代替として1984年に建てられたオリンピック・ビル (Olympic Bldg.) が地区の歴史的性格に合っていないことを批判した (Link, 2005, pp.191)。もう一つは、前述したようにPS歴史地区のすぐ南の放置された貨物場の位置に野球を中心とした「キングドーム」の建設が予定され、加えて隣接してコンベンションセンター建築の計画も提案されたことである。PS関係者は、投機的な投資や駐車場需要の増大などの問題が生じることを予想し、それがPSの保存に悪影響を与えることを懸念した。結局、キングドームは1972年に完成し、シアトル・マリナーズ球団の本拠地として機能することになるが、コンベンションセンターは実現せず他の地に建設された (Link, 2005, pp.191-192)。もっとも、キングドームの建設は必ずしも負の側面のみではない。PS地区に多くの新たな交流人口を加え、地区内の観光ツアーに参加する人々も増えた (DCD and Don Miles Associates, 1979, p.3)。なお、この問題が大きな動因となって特別監視地区が創設されたことは、前述した通りである。

　もう一つ、PSにおいてもち上がった一般的課題は、いわゆるジェントリフィケーションの問題である (Link, 2005, p.191)。修復の対象となる古い建物には、大部分単身の男性低所得者が居住することが多かったが、修復工事は彼らの居住を不可能とし、また修復後の家賃の上昇は貧しい居住者の復帰を妨げることになる。実際、歴史地区創設前の1960年から1968年にかけて同地区の既存人口の多くが流出し、住民や事業者が大きく入れ替わったという (阿部、2011、p.2029)。また、歴史地区創設後の1970年から1974年の間、

PSにおける不動産価格はメトロポリタンエリアのどこより早く2.5倍上昇した（Morley, 2006, p.85）。都市更新事業の主導者は修復・保存を支持したが、低所得者の居住地というPSの機能は維持すべきとして、ジェントリフィケーションを問題視する考えをもっており、特にスタインブリュックには低所得居住者保護の思想が強かった（阿部、2011、p.2029）。また、市も「浮浪者（bums）とビジネス人は共存し得る」というポリシーを公言しており、貧困者のための社会サービスを拡充する方針をとっていた（Morley, 2006, p.87）。しかし、反ジェントリフィケーションと後に強調されるようになる地区の経済的活性化推進とは両立が難しいベクトルであり、この問題はPSにおいて長く続く論争の的となるのである。

　その後の「場所づくり」の歩みについては、簡潔に記述する。1970年代末には連邦の税制改正により建物修復に有利な状況が生まれ（Kreisman, 1999, pp.87-88）、1980年代前半には建物修復・改修のもう一つの波が訪れる。この時期の主要な修復・改修の成果を挙げると、ジョーンズ社による旧トラベラーズ・ホテル（Travelers Hotel）（1979年）、スティックニー・マーフィ建築社（Stickney Murphy Architects）によるアラスカ・ビル（1982年）、NBB社によるヘリテージ・ビル（Heritage Bldg.）（1982年）、オルソン／ウォーカー社（Olson/Walker Architects）によるミューチュアルライフ・ビル（1983年）などがある（Link, 2005, p.195；Kresiman, 1985, pp.75-76）。また保存・修復の概念から外れる斬新なプロジェクトも出現した。ここでは、その代表的な2つの事例を紹介しよう。一つはコート・イン・ザ・スクエア（Court in the Square）（写真23）（図16、参照）で、2つの隣接した20世紀初めの煉瓦外装商業ビルを改装し、ガラス壁

写真23　コート・イン・ザ・スクエア
2014年9月、筆者撮影

の天蓋（キャノピー）で結合したものである（Kresiman, 1985, pp.76-77）。もう一つは、やはりオルソン／ウォーカー社などによる1980年代中頃のプロジェクト、メリルプレース（Merrill Place）（図16）で、3つの商業ビル、1つの倉庫（いずれも20世紀初め建築）を改修して結合する1ブロック全体の野心的な開発である（Kresiman, 1985, p.77）。

　1990年代以降は建造環境のフィジカルな変化は少なくなり、PSは安定期に入ったが、その「場所づくり」の思想には多くの新しい発想が加わった（Link, 2005, p.196）。その最初のものの一つは、1991年に提出された地区の資本改善と新たなアーバンデザイン目標を示す「パイオニアスクエア計画更新版（Pioneer Square Plan Update）」である。そこで盛られたアイデアは、1998年の「パイオニアスクエア・ネイバーフッドプラン（Pioneer Square Neighborhood Plan）」により長期の目標として結実する（Link, 2005, p.200）。そして、2009年11月には、「パイオニアスクエア再活性化委員会（Pioneer Square Revitalization Committee）」が結成され、2010年より毎年、経済的活性化を強調するネイバーフッド戦略プランが策定・発表されている。

　このような長期の「場所づくり」過程によって、商業業務地区としてのPS域は、どのように変容してきたのであろうか。同地区における過去の小売・サービス業などのビジネス構成については、1970年代における下記の資料（ビジネスの一覧表を含む）を入手した：

　　City of Seattle, Office of Economic Development: An Economic
　　　Evaluation of the City's Commitment to Pioneer Square, 1974.
　　City of Seattle, Dept. of Community Development, Office of Urban
　　　Conservation: Pioneer Square: an Economic Update, 1977

　これらによると、1970年代のビジネス総施設数は、1974年115、1977年201であり、短い期間内に大きく伸びているのが分かる。その特色を見ると、小売業の比率がかなり高いことが示される。すなわち小売業施設数は1974年97、1977年165であり、総施設数に占める割合はいずれの年も8割を超える（84.3％と82.1％）。それに対し、サービス業施設は1974年8、1977年19と少

ない。主要な小売業の業種としては、レストラン／カフェ／バー（28 → 57）とギャラリー、アート／クラフト、アンティーク（21 → 26）が目立つ。すなわちこの時期、小売業は順調に伸びており、サービス業は少ないながらもようやく増え始めたと言える。しかし、これらの資料にはその性質（目的や調査方法など）についての説明がなく、その精度、網羅度が不明であること、またビジネス分類が粗く、特に「専門店」に一括されているので細かい業種が不明であるなどの問題点があり、上記は一応の目安と考えていただきたい。いずれにしても、この 1970 年代は PS 歴史地区の体制が整い、建物修復を実施してテナントを積極的にリクルートし始めた時期であり、食事やナイトライフを楽しむ娯楽空間、アート系の店が多い特色ある商業空間が形成されつつあったと見てよい。

　近年の状況については、2013 年 8 月下旬に現地調査を行った。この調査では、歴史地区（当初）内における 131 の建物全数について、地上階及び可能な 2 階や地下階のビジネス（施設）の業種を観察により分類した。完全に網羅できたとは言えず、また業種の認定の精度も十分ではないので、以下の数値も目安と考えていただきたい。確認し得た限り同年現在の総施設数は 320 [3] で、これは 1977 年のデータより 119 施設多い。うち小売業施設は 142、全施設数に占める比率は 44.2% で、1977 年と比較すると絶対的にも相対的にもやや減少している。ただ規模の小さな店舗が整理された可能性もあるので、小売商業地区として衰退したとは言い切れない。また、サービス業施設は、87（比率 27.2%）で、1970 年代から大きく伸長している。うち、法律関係は 36（サービス業の 41.3%）と多く、建築、デザインなどもある程度多い（13 施設）。すなわち、PS 地区は商業地区として強化されたが、これは小売業より専門的サービス業の進出が大きいと言える。その背景として、1980 年代末頃からのネイバーフッドプランの方針の一つ「経済的基盤の強化」、そして 2010 年からの経済的活性化策が効を奏したと思われる。

第2節　都市計画思想の特色とその変容

　「場所づくり」は、場所と関わる人々の営為の総体として現れるが、上記の諸章で見てきたように私的な個人やグループの力のみで成就するのではない。そこには、当該場所を管轄する行政主体の政策や計画が関わってくることが多く、特に都市の場合、これが都市政策、都市計画となって民間の活動を制約したり推進したりする。したがって、「場所づくり」の実相を深く理解するためには、この都市計画の特性とその背後にある計画思想に目を向ける必要がある。ただ、上で見てきた諸事例、特にサンノゼ日本町（第1章）、リトルトーキョー（第2章）、レブンワース（第3章）においては、資料の不足もあり、この点に関して十分な検討を加えることができなかった。ソルバング（第4章）については一部都市計画の思想にも目を向けたが、PS地区に関しては都市計画に関わるさらに多様な文書や報告書を入手できた。もちろん関係する文書は膨大であり、とても網羅できたとは思えないが、以下収集した調査研究報告や計画文書から、PS地区の都市計画における認識と方針、その思想の特色と変容を探ってみることにしよう。

1.「パイオニアスクエア──市計画委員会とシアトル中央協会による報告書、1959」

　まず、先に言及した市計画委員会とシアトル中央協会（CAS）の合同研究になる報告書（CSPC、1959）から見ていこう。この報告書は、1958年から開始されたシアトル市の関係部局とCASとの協同によるPSの将来計画に関する研究（一連の会議）に基づいて1959年に市議会に提出されたものである。CASは前述したようにシアトルの主要なビジネスマンから構成される組織、市関係部局にはシアトル市都市計画委員会、市技術局、都市更新調整者オフィス、市交通局、公園局、建築局、市長オフィス、観光コンベンション部局などが含

まれる (CSPC, 1959, p.1)。

　報告書では、まず PS 域の将来について 2 つの選択肢があるとの認識を示す (pp.3-4)。すなわち、1) 強制的廃棄の可能性のある建物のさらなる荒廃 (最終的に地区はスラムクリアランスを必要とする)、2) 市の歴史的な中心として、商業的に利用されている既存の建物を改造することによるこの地区の修復、であり、「もし熟考されたラインに沿う修復がなされないならば、シアトルの生誕地は永久に失われるであろう」としている。その上で、PS 地区の修復はすぐにも取り掛かり得るとし、不動産のオーナーと市当局との共同ベンチャーによる建物の修復の利点として、1) シアトルに主要なツーリスト・アトラクションを提供する、2) シアトルの永続的なダウンタウン人口にサービスを提供する価値ある地域を加える、3) 商業的利用をすることによって、建物自体再生される、4) シアトルの芸術・文化活動の成長に施設を提供する、5) 不動産の価値を増大させる、の 5 点を挙げている (pp.4-5)。

　同報告書ではまた、PS 域における都市更新を推進する具体的な条件と方法として、同地域の建物はほとんど民間所有なので諸プロジェクトの成功のカギは不動産所有者と商業者の協力・参加であるとし (pp.6-7)、修復には付加的な民間資本の参入が必要であると強調している (p.10)。さらに、経済的にフィージブルで、歴史的・美的にも望ましいビジネスとして、レストラン (19 世紀末風の内装をもつものやフレンチ、イタリアンなど)、クラフトショップ、アートスタジオ、花屋、ギフトショップ、インテリアショップ、アンティークショップ、小コンサートホール、ジャズ喫茶、ブティックなど具体的な例も挙げている (pp.8-9)。なお、このような形の民間諸プロジェクトをシアトル市が支援すべき理由として、1) 不動産価格の上昇、ビジネスの増加が地区からの税収を増加させる、2) 市の中心部から荒廃を除去できる、の 2 点を指摘している (p.10)。

　このようにこの報告書では、あくまで民間主導で、できるところからなるべく早く修復プロジェクトを開始し、地区の経済的ポテンシャルを高めることを特に推奨していると言える。

2. 「パイオニアスクエア歴史地区計画、1974」

　次に、歴史地区創設から4年後、1974年に出された包括的マスタープラン「パイオニアスクエア歴史地区計画」（MAKERS, 1974）を見ていこう。この計画書ではまず、歴史地区条例可決（1970年）の意義を、かなり以前からPS域の変化は始まっていたが、市がこの地域の歴史的ポテンシャルを公式に認めたことによって地区の再利用の動向を加速したと捉えている。そして、将来の再開発と地区の境界（edge）の定義のため、計画と目標の組織的なフレームワークが必要であることを指摘し、そのためこの計画書（調査研究報告）が作成されたとする（p.1）。本計画で提言されたことは多岐にわたり、要点を整理することは容易ではないが、以下計画思想を見る上で特に重要と思われる点を抜粋する。

　まず、この計画の主要な目標は、「地区の多様なイメージと歴史的設定の保存」である（p.1）。具体的には、歴史地区のフィジカルな保存と秩序立った空間利用再開発の促進及び経済的・社会的に健全である都市環境の維持によって、この地区の歴史的遺産を後世に伝えることを目指す（p.6）。何がこの地区の歴史的設定か。PS地区の最大の特徴は、建物の建築年代と建築様式に一貫性があることである。ほとんどの建物は1889年大火後の10〜15年間に建築され、類似した材質、建築技術、デザインをもっており、古い建物の集合体としてきわめてユニークであると評価している（p.9）。

　計画書提出時点での地区の状況については、まず歴史地区の創建期はほぼ終了しているという認識を示す（p.9）。前述したように、歴史地区条例通過（1970）以前から、不動産所有者や企業家による個別的な修復、テナント企業の散発的な参入によって、地区は徐々に過去のスキッドロード的状況から変質していたが、条例通過後、20以上の建物の修復（全面的または部分的）が完了（p.12）、また2つの公園（パイオニアプレースとオクシデンタル公園）の整備を含む公共改善プロジェクトも進行した（p.9, p.12）。その上で、こうした動きを真に成功させるためには、地区の実質的な性格のイメージ、及び都市

のバイタリティを伝えなければならないとして、その後の方針として不可欠な以下の2つを指摘している（p.9）。1）この地区では、歴史的オーセンティシティがフィジカルな改善以上に重視される。フィジカルなデザインにおいても歴史的質の先例が特に必要となる。2）シアトルの現実に作動している部分としての地区の真の再構造化が必要である。多様なビジネスのタイプ、雇用、サービス、住民、訪問者をもつ真の場所（place）となること、さらにこの地区を現在使用している住民とビジネスが尊重され、彼らの必要が歴史地区計画の中核となることが重要である。

都市更新は、PS地区内で均等に進められるわけではない。そのため、地区の内部的利用構造を構成する5つのエリア（「活動ゾーン activity zone」）が区分される（p.10）（図18）。すなわち、①新しい商業と小売のビジネスゾーン、②歴史的ゾーン、③倉庫、卸売、軽工業のゾーン、④住宅、サービスのゾーン、⑤パーソナルサービス、ローン会社などのゾーン、の5地区である。これらにおいては、異なる特性を反映する再開発活動が計画されるべきであるとする。さらに、地区内の建物現有空きスペース（約120万平方フィート）の再利用、及び現有空地（約100万平方フィート）への新ビル建設が推奨され、ほかに社会的・経済的多様性を回復するための社会・住宅プログラム、パーキングとアクセスのプログラムなどの必要性も指摘されている（p.6）。具体的な計画としては、約57のプロジェクト（資本改善、関連プロジェクト、諸プログラム）が項目化され、優先順位をつ

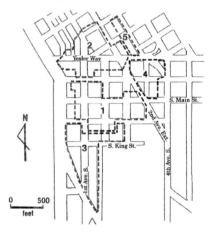

図18　パイオニアスクエアにおける活動ゾーンの区分

1：新しい商業と小売のビジネスゾーン，2：歴史的ゾーン，3：倉庫，卸売，軽工業のゾーン，4：住宅，サービスのゾーン，5：パーソナルサービス，ローン会社などのゾーン
出典：MAKERS（1974）中の"Activity Zones Map"（p.10）（一部改変して作成）

けたフォーマットで提供される (p.6)。これらは、3つの開発時期（① 1976 年：最初の開発段階（独立 200 年祭の年）、② 1977-1986 年：主要開発フェーズ、③ 1986 年以降）において実施予定である。

　どの再開発や都市更新においても、経済的活性化、特に商業的活性化は重要な課題となる。これについて、この初期の計画においてはかなり抑制的な方針が謳われる。PS 地区におけるこの時点での小売商業のコアー地区における歩行距離は往復 3,000 フィートほどで、これを超える小売コアー地区の開発はしないよう注意が払われるべきとする (p.21)。すなわち、現在の小売コアー内では引き続き開発を促進し、それとは異なる 2、3 の小売ゾーンを開発することがよりよい解決であるとされる。こうした計画において、地区内での商業成長率は 4 ～ 4.5％ほどが予想されるが、それ以上の地域の能力を超える成長は、過剰開発となりビジネスの質の低下につながると警告している (pp.22-23)。

　またこの計画では、コミュニティと人口の在り方についても注意が払われる。この報告では、従来の PS 地区住民を社会的には均質な集団、すなわち高齢化し低収入で社会サービスに依存する人々、として捉えている。そのため、もっとも必要なことはより人口を多様化することで、そのためにはより安定した低－中－高所得者用住宅の住民を増やすことであるとする (p.32)。人口政策に直結する住宅政策に関しては、特に細かい具体的方針が謳われる（以下、pp.34-35）。地区の既存住宅の蓄積、特に低所得者用住宅を維持する一方、新たな低所得者用集合住宅ユニットや中・高所得者用住宅ユニットの整備も推奨される。このような施策により多様化した人口に対しては、多様なレクレーション施設、社会サービス・プログラム、商業／小売サービスが必要になる (p.32)。すなわち全体として、混合した社会的・経済的背景の人々が住み、働き、買い物をし、都市生活のアメニティを楽しむことができる環境を創ることが強調されていると言える。

　以上から、本計画書で強調された都市計画思想、その基本的な考え方と方針を整理すると以下のようになろう。1）まず、計画の全体的な組織性、諸プロ

ジェクトの連関が何よりも重要である。すなわち、PS 地区の都市更新は個々の民間プロジェクトが主となるが、公共改善、社会的プログラムを含む計画全体のフレームワークが必要である。2) 地区の歴史的なアイデンティティが特に重視される。しかし単に建物の保存や復原ではなく、地区全体が生きて機能する真の「場所 (place)」として再生することが重要である。3) 経済的再活性化においても上の文脈の下に過剰な開発や投資を避け、適切なスケールで実施することが重要である。

3.「1998 パイオニアスクエア・ネイバーフッド計画」

ここでは、パイオニアスクエア計画委員会 (Pioneer Square Planning Committee) による 1998 年提出の「ネイバーフッド計画」(PSPC, 1998) に示された都市計画の方針と特色を探る。この計画は、1980 年代末頃からコミュニティの関心がネイバーフッドの在り方、特に公的治安の問題、に集まってきた流れを受けて策定されたものである。すなわち、1989 年にはパイオニアスクエア・パートナーシップサミット (PS Partnership Summit)（関係する会議の合同ミーティング）が開かれ、資本改善プロジェクトや公共改善プロジェクトの可能性と推進の必要性が議論された。この方向性は、モデルネイバーフッド計画である「1991 年パイオニアスクエア計画アップデート」としてまとめられ、その後フェーズ I (1995-97) 及びフェーズ II (1997.7-) の議論を経て、1998 年の本計画に結実した。これは、91 年計画アップデートを置き換えるものではなく、その勧告をその後の現実に適合させ、実現目標のための戦略を定義したものであるという (pp.1-2)。

この計画書では PS をどのような場所として認識しているのであろうか。PS がシアトルの生誕地であり、市条例によって規定され連邦の制度によっても指定された「歴史地区」であることは大前提となる。しかし、それのみの地区ではない。ギャラリー、デザインや広告業のオフィス、アーティストのスタジオをもつシアトルにとってのアート地区であり、ナイトクラブ、レストラ

ン、カフェをもち、新しい野球場、フットボール場を近隣に控えた娯楽地区で
もある。ユニークな小売店舗が人々を惹きつけ、多くのテクノロジー開発、ソ
フトウェア開発のファームが立地する「テクノ地区（technology gulch）」とい
う性格ももつ。同時にミッションやシェルターなど、多くの不利益な人々を
収容する機能を有する。報告書に盛られた勧告は、すべてこうしたPSのアイ
デンティティを強化する方向に働くためになされる（p.4）。

　まず、PSがネーバーフッドとして作動する際、実施されるべき基本的変化
を指示した「勧告：実践と政策」が謳われる（p.4）。これは、特定の勧告に先立
つ一般的、基本的勧告という位置づけをもつ。すなわち、1) 治安と秩序ある
行動（civility）の強化：市民のパブリックな行動の既存の水準は、警察によっ
てさらに強化されなければならない。2) 清掃とメンテナンスの実践：歩行者
志向の空間なので、通常より強化されなければならない。3) アーティスト参
与政策：すべての資本プロジェクトのデザインチームに一人のアーティスト
を含むことを提案する。4) 「アートとレジェンド」計画：パブリックアートと
歴史的説明文を設置する。5) 保存委員会の役割：地区の条例とガイドライン
を強化するのにより積極的な役割を果たす。6) 地区の境界変更と保存地区の
ゾーニングの変更。7) 計画実施戦略：継続中の組織構造の発展、追加的な計
画要素の完成、の7点である。

　具体的施策としては、5つの重要なエリア（Critical Area）―#1 －オクシデ
ンタル・コリダー（Occidental Corridor）、#2 －二番街／イェスラー（2nd/
Yesler）、#3 －四番街／ジャクソン（4th/Jackson）、#4 －ウォーターフロン
ト連結（Waterfront Connections）、#5 －パイオニアプレース公園（Pioneer
Place Park）―にパブリック投資を焦点化する方針が注目される。それぞれ
につき、歩行者用プロムナードの整備、パブリックパークの再生、舗装・標識・
ストリートファニチャーの整備、アレーの再生などを、PS地区のユニークな
歴史的特性の保持に配慮しつつ実施する（p.4）。それぞれについての具体的な
勧告は多岐にわたるが、ここでは省略したい。なお、これらのうち＃2、3、4、
5はいずれもPS地区の周辺部にあたり、隣接する地域との連結を重視した勧

告がなされている。

　計画書の後半では、住宅政策と経済政策が述べられる。住宅政策の目標は、現在の域内居住人口と歴史的性格の維持を統合する一方、さらに居住人口を増加させることである。域内の状況として、低所得者用住宅整備の目標はすでに達成されていると認識する。高所得者用住宅は、地区の開発が進めば市場の力学によって供給される可能性が高い。したがって、焦点は中所得者用住宅の民間開発の奨励に置かれる。同時に、地区内の歴史的性格の保全、アーティストの住居（兼仕事場）の供給にも重点を置く特別戦略の開発が必要である。そのための具体的戦略ガイドラインとして、1) 歴史的建造物の改修と新規建築の両方を通して住宅開発を進める、2) 中所得者用住宅の民間開発を奨励するインセンティブを実施する、3) キングドーム北側敷地を住宅中心混合利用開発のために確保する、4) アーティストの住居（兼仕事場）の既存の供給を維持し、さらに拡大する、5) 住民に必要なビジネス（グロサリー、金物店、薬店など）の開発を促進する、6) 低・中所得者用住居（ミッション、シェルターベッド含）の既存の供給を維持する、などが挙げられている (p.14)。

　経済的政策については、まず「多様でユニークな性格を維持する一方、経済的活力を改善する」ことがこの地区の将来にとって決定的に重要であるという基本的認識が述べられる (p.16)。その上でこの時点でのPSの経済については、前述したように特色ある小売店舗、小規模な技術的ビジネス、創造的な専門的サービス、野球・フットボール関連ビジネスなどを有し、あるユニークな強さをもつと認識する。しかし、PSには懸念事項も多く、次の事柄が解決されることが必要である。すなわち、パブリックなイメージの悪さ（治安への不安がつきまとう）、建物の保存修復のためビジネスに閉鎖的というイメージ、交通上の問題点（建築のための中断、イベント時の混乱、駐車場不足など）が払拭できない。そのため、ローカル経済をサポートするための市のスタッフと資源の活用、経済的データソースの開発、通年的なマーケティングとプロモーションのキャンペーンなど、様々な分析、立案、環境づくりが必要であると勧告している (p.18)。

このように、歴史地区としての保存・修復と社会環境整備を両立させよう
とする基本姿勢はこれまでの計画思想と共通しているが、全体として後者、
すなわちネイバーフッドの質を高める方向が強調されているように思われ
る。すなわち、人々を惹きつける活気のある空間の創造、ネイバーフッドの治
安、清潔さの確保（人々の行動の秩序を保つ）が重要であり、それが経済的活
性化にもつながるという認識である。そのため、市など公的セクターの役割
がより重要視されることになる。また、地区内におけるそれぞれのサブエリ
アの特性と役割も考慮され、域内機能分化を踏まえて、隣接地区との連結（特
に歩行者の流れ）を改善し、シアトル中心部の地域構造のなかで果たす役割
を強化していく方向性がより明確になったと言えよう。

4.「パイオニアスクエア 2015：ネイバーフッド再活性化戦略」

　ここでは、2010 年代に入って打ち出された新たなネイバーフッド再活性化
戦略における認識と方針を検討する。PS 地区の経済的健全さを目指す再活
性化戦略を開発するため、2009 年 11 月に関係者が集合し「パイオニアスクエ
ア再活性化委員会（The Pioneer Square Revitalization Committee）」が組織さ
れ、同年 12 月には「パイオニアスクエア商業地区再活性化プロジェクト（The
Pioneer Square Commercial District Revitalization Project）」が開始された。
同プロジェクトでは、まず PS の経済とビジネスの状況が分析され、その後優
先事項と必要な活動の議論を経て一連の活動戦略が策定、2010 年 6 月に最初
の計画文書が発表された。これが、「パイオニアスクエア 2015：シアトル最初
のネイバーフッドのための戦略」と題する文書である。文書は、その後毎年改
訂されるが、本稿では筆者が入手できた 2013 年までの 4 年次の計画文書[4])を
検討する。
　この計画では PS 地区の現状をどのように捉えているのであろうか。市経
済開発局（Office of Economic Development of the City of Seattle）の技術顧
問として PS 地区の訪問調査を行ったリプキーマ（Donovan Rypkema）は、最

初の計画書（2010）のなかで以下のように現状（2010 年時点）を評価している（pp.17-18）。まず、賃料の下降や空きスペースの増加など、この商業地区が悩んでいるという感覚が関係者の間にあるが、しかしこれはアメリカの多くの商業地区に共通するナショナルな要因が創り出す傾向であり、すぐ克服することは一都市や一州の能力を超えるとする。その上で、PS はその時点の条件においても国における偉大な歴史的商業地区の一つであると評価する。その歴史的建物の数と質は、この地区の特性であり、強さでもある。小売業者の多数は独立したローカルに所有されたビジネスで、その質のレベルは非常に高い。しかし、そうしたビジネス群は、経済下降期にはただ生き残ろうともがき、ブームの時はナショナルチェーンの投資の波に呑み込まれる可能性もある。社会的状況としては、社会的サービスの提供者（したがって受給者）の既存の集中があることが PS の特色であるが、これは経済活動と市場レート住宅開発へのネガティブなファクターとなり得る。また、一部の不動産所有者には、空き家にしたり、建物維持が十分でない者もいる。さらに、コミュニティ団体（PS Community Association）は、包括的な経済的組織として機能する必要があるが、近年はその目的に沿うスタッフや資金が不足している。このように、リプキーマはこの計画書において PS 地区の構造的な強みと同時にその弱点も指摘していると言えよう。

　その上で、リプキーマは PS の経済的状況についてさらに具体的に言及している（pp.19-21）。一般的な受け止め方では、PS は経済的に下降しており、その要因は PS 自体にあるとされる。しかし、実態はかなり異なる。コンサルタントが分析したところ、2003 〜 2008 年の総売上高において PS は 125.9％増であった。この間におけるワシントン州の GDP の増加は 34.0％であるので、PS の経済は一般的経済成長を上回る速度で成長したことになる。PS におけるビジネスの性格（構成）については、2003 〜 2008 年（6 年間）の売上高のシェアーを比較したコンサルタントの報告を引用して、1）食料／飲料ほか小売商業は PS のコアーな経済的活動と見做されているが、シェアーは 12％ほどで推移して大きな変化はない、2）パーソナルサービス業の成長が大きい

（8％→23.3％）、3）専門的・技術的サービス業、医療、コンピューター、出版・文化など「知識労働者」の活動がPSの総収入の半分近くを占める、の3点を指摘した。このように、この計画書でリプキーマは、PSが活動的で創造的な経済空間であることを強調している。

　このような現状認識に立って、計画書では2010年以降における地区の再活性化策の基本方針を、コミュニティと市に分けて以下のように設定する（p.6）。すなわち、まずコミュニティの目標と戦略（Community Actions）として、①ビジネスを経済成長を支えることに活発に従事させる、②ネイバーフッドの組織的開発とその擁護の能力を築く、③地区の歴史的建物の資産に焦点を当て、建造環境を強化する、④PSを効果的に売り込み、ブランド化し、プロモートする。次に市の目標と戦略（City Actions）として、①PSの歴史的建物とポジティブな開発環境をサポートする、②経済開発のサポートと投資を提供する、③ユーティリティ、駐車場、交通のインフラを提供する、④治安と秩序ある行動（civility）を確保する。その上で、2010年以降の具体的な活動のイニシアティブと優先事項を次のように勧告する（p.6）。1）ネイバーフッドの秩序ある行動と管理を改善することによって、治安の経験と知覚を改善する、2）居住密度を増大させ、歴史的建物の再利用を図る、3）経済成長のためのインフラ（信頼できるブロードバンド、駐車場、公衆便所を含む）を整える、4）既存のビジネスを維持し、成長クラスター（創造的、技術的／専門的なサービス・クラスターを含む）にビジネスを惹きつける包括的戦略を実施する、5）ネイバーフッドのビジネスの健全さを前進させ唱道するための包括的な経済組織を確立し、サポートする。

　なお、年次ごとの計画書改訂においては、上記の目標・戦略に沿った各年の成果が具体的に記述されている。多岐にわたるのでこれらについて詳細な記述は避けるが、特に注目すべき主要な成果を抜粋すれば以下のようになろう。まずコミュニティアクションとして、14の新しい小売ビジネスのリースが完了（2013年まで）、ビジネス目録の完成（2012年12月）、公衆便所を地図付き案内パンフレットに記載（2012年）、メトロポリタン改善地区・ビジネス

改善地区（BID）・歴史地区の境界を相互に調整（2013年にアウトリーチやアセスメントを完了）、ノースロット開発（2010年デベロパー招集、2012年工事開始、2013年後半リース開始）、空き家・荒廃建物・低利用建物の検討（2011年目録完成、2013年所有者への通知完了）、新しいブランド化戦略策定（2012年）、ネイバーフッド徒歩ツアー開始（2011年）などが挙げられる。またシティアクションとしては、再ゾーン法採択（2011年）、17のプロジェクトが行政審査中（2013年）、ノースロットのタワー（オフィスビル）承認・建設中（2013年）、デジタルストーレッジ、オンライン小売、ゲーム開発などの新ビジネス立地（2013年）、「オンリーインシアトル」グラントを提供（2013年）、コムキャスト（Com Cast）とブロードバンドサービスを契約（2010年）、第一街（1st Ave.）沿いに電導管設置（2011年）、PS地区を通る路面電車軌道の建設開始（2012年）、シアトル市警察が徒歩パトロール強化（2011年）、安全な公衆便所開発に取り組む（2011〜12年）、シアトル市警察が「ホットスポット」での24時間パトロールを指令（2013年）などが挙げられている。

　以上に見るように、この新たなネイバーフッド再活性化戦略においては、以前の計画と同様、地区の歴史的建造環境の保全、ネイバーフッドの社会的健全さの強化も謳われているが、どちらかと言えば経済的活性化のための環境整備に最大の重点があると言える。すなわち、地区が自立し得る経済的基盤があってこそ、歴史的保存や社会的開発も実現し得るということであろう。そのために計画書では、特に地区の経済的活性化に資する総合的戦略の必要性が謳われ、コミュニティと市行政それぞれの役割と相互の連携の重要性が強調されて、その具体的な成果が年次ごとに確認されているのである。

第3節　「場所づくり」の特質と成果

　ここでは、上述してきたパイオニアスクエア地区における「場所づくり」過程の特質とその成果（意義）を考察して本章の結びとする。

同地区において 1960 年代後半以降進展してきた都市過程は、まず基本的に「都市更新（urban renewal）」あるいは広義の「都市再開発（urban redevelopment）」に相当する。すなわち、都市の既成の建造環境を新たな時代の状況に適合するよう形態的・機能的な改善を加えていく過程と言える。こうした都市更新の方法として、2 つの主要なタイプを挙げることが可能である。一つは、荒廃した古い建築物を一掃し、新たな建造環境を創造することで機能の更新を図るスラムクリアランス型の再開発である。これは、経済的再活性化を最優先する方策と言えよう。もう一つは、古い建物の歴史的・文化的価値を認識し、その保存と機能的再活性化を両立させようとする発想で、古い都市景観の保存や修復を優先する都市更新と言える。PS 地区で行われてきた都市過程は、まさにこの後者の「保存修復型都市更新」にあたる。しかしながら、個々の建物について見るとき「厳格な保存」はむしろ少ない。「パイオニアスクエア歴史地区計画」（MAKERS、1974）では、建物更新に関し 4 つの異なる手法—①「保存（preservation）」、②「修復（restoration）」、③「改装（renovation）」、④「再創造（re-creation）」—を区別している。このうち特に推奨しているのが②と③で、厳格な保存は個々の建物所有者にとって費用面でも現実的ではないとする。特に重視されるのは建物外観の維持とストリートスケープを含む都市景観全体の保全で、内部の機能的改善はむしろ推奨されている（MAKERS, 1974, p.37）。1980 年代の更新においては、2 つの建物をガラスの天蓋のロビーで結合してオフィスビルに改修した事例（ザ・コート・イン・ザ・スクエア）や 4 つの古い建物を結合して一つの住商複合ビルとした野心的なプロジェクト（メリル・プレース）なども出現している。これらは、いずれも保存修復の概念からは逸脱した「再創造」のカテゴリーにあたる更新と見るべきであろう。すなわち、全体として保存・保全を基調としつつも複合的で柔軟な都市更新過程と言える。

　同地区の都市過程のもう一つの重要な特性は、単一の都市再開発事業ではなく個々の多くのプロジェクトの集合体であるということである。地区全体の開発や更新の主体となる再開発公社（redevelopment agency）や開発法人

（development corporation）のような組織は設置されていない。個々の建物更新プロジェクトの主体は、不動産所有者、企業家、建築家など民間人で、その意味では「民間主導」の都市過程と言える。しかし、そのことはシアトル市など公的セクターの役割が少なかったことを意味するものではない。個々の建物更新プロジェクトにおいても連邦や市の助成、税控除など公的資金が使われており、公園、道路、交通、種々のユーティリティ、駐車スペースなどインフラの整備は公的セクターに拠るところが大部分である。また、地区の治安や市民の秩序ある行動、住民の福利や人口多様性の維持も大きく公的セクターの活動に依存し、地区へのビジネスの誘致や観光客への宣伝、地区のプロモーションなど都市更新事業を支える環境整備も公的セクターが大きく絡む。このように同地区の都市更新事業は全体として「官民協調型」のガバナンスの下で進められた都市過程であったと言える。

　PS 地区における「場所づくり」は、上述のように建造環境の保存修復、社会的健全さの確立・維持、経済的活性化を目指す複合的な長期の都市過程であったと言えるが、時期によって「場所づくり」戦略の重点には多少の変化も見られる。歴史地区が創設された 1970 年前後から 1980 年代前半頃までの初期においては、不動産所有者や企業家など民間主導による個々の既存建物の修復保存が中心であり、都市計画思想においても地区の歴史的景観を損ねないよう建物外観の保存が最優先された。しかし、1990 年代からこの性格はやや変化し、単なる街並み保存地区、歴史地区を目指すのではなく、全体としてネイバーフッドの質を高める方向が強調され、市など公的セクターの役割がより重要視されるようになった。これは、シアトル発祥の地の歴史的都市景観が失われるかも知れないという初期のストレスが歴史地区という制度下における保存修復事業の進展によりある程度薄らぎ、ネイバーフッドの治安や清潔さを確保して人を惹きつける活気のある空間を創造することこそが景観保存や経済的活性化につながるということが改めて認識されたためと思われる。そこでは、地区内におけるそれぞれのサブエリアの特性と役割も考慮され、域内機能分化を踏まえて、隣接地区との連結（特に歩行者の流れ）を改善

し、シアトル中心部の地域構造のなかで果たす役割を強化する方向性が生まれた。その後、2010年代以降の新ネイバーフッド戦略の展開においては、特に地区の経済的活性化に資する総合的戦略の必要性が強調され、経済成長のための環境整備に重点が移行したと言える。そこでは、自立的な経済的基盤の確立が地区の保全やネイバーフッドの社会的健全さの基礎となるという都市計画思想が窺われる。また、コミュニティと市行政それぞれの役割と相互の連携が強調され、官民協調して地区の景観と経済の持続的な保全を図る方向性が打ち出されている。

　このような特性を有するPS地区で進展してきた「場所づくり」過程はどのような成果を生み、どのような意義をもつのであろうか。まずもっとも重要なことは、この過程によってシアトルの最初の都心であった1地区が、地区ぐるみ初期の都市景観の特性をかなりの程度保った形で保全されたことであろう。同地区は、長期にわたるコミュニティと市行政の努力により全国でも最大級の都市歴史地区として生き残ったエリアであり、シアトルのアイデンティティを集約的に指し示す地区としてシアトル市民にとっての意義は大きい。しかしながら、同地区は単に古い建物や景観が凍結した博物館のような地区ではない。そこはレストラン、カフェ、ナイトクラブなどが集積する盛り場であり、スタジアムのイベント時には多くの人々がスポーツバーに集まる。アーティストたちは好んで古い建物を住居兼仕事場として活用し、アート系の小売店も多い。オンライン関係など新しく成長するビジネスが立地し、IT環境も整備されたインテリジェント地区でもある。またジェントリフィケーションの傾向は強まってきたとは言え、貧しい人々の居住空間という性格は政策的に維持されてきた。パイオニアスクエアにおける長期の都市過程が生み出してきたものは、何よりも活きた「場所（place）」として機能する地区であり、歴史保存と社会的・経済的開発が両立してきた社会空間なのである。本稿が、その本質の理解に資することを願いたい。

注

1) 報告書内では、この委員会の名称として City of Seattle Planning Commission、Seattle Planning Commission、The City Planning Commission の3つの表記が使用されている。

2) 歴史地区保存評議会は、後に特別監視地区評議会に吸収され、この2つの制度は実質的に統合されることになる（Link, 2005, p.184；DCD and Don Miles Associates, 1979, p.3）。

3) スミスタワー（42階建てオフィスビル）内の施設は除いている。同ビル玄関ロビーに掲げられたテナント表示板（Directory）には、調査時29のオフィスの企業名が表示されていたが、業種などは十分確認できなかった。

4) The Pioneer Square Revitalization Committee: Pioneer Square 2015: A Strategy for Seattle's First Neighborhood, June 2010; 同 Update June 2011; Update January 2012; Update March 2013. 同資料はシアトル市経済開発局のウェブ資料であり、ここでは2013年9月に入手したものを使用する。

終 章

「場所づくり」の地理思想

本章では、上述してきた筆者による5つの研究事例および序章で取り上げた7つの英語圏研究事例における「場所づくり」過程の実態を材料として、「場所づくり」に関わるいくつかの地理思想について検討し、それらを踏まえて「場所」と「場所づくり」の本質を改めて考察する。ここで「地理思想」と称するものは、「場所づくり」に絡んで浮かび上がる思想、理念、理想、概念装置などを便宜的に総称したものである。「場所づくり」の実態からそれらを抽出しその本質を考察するとともに、それらに照らして各事例で浮き彫りになった現象の意味を追求してみたい。以下、各節で扱った「地理思想」には、地理学でもよく議論されてきたもののほかに、これまでの地理学ではあまり考察の対象となってこなかったものも含まれる。そうしたものも、地理学において積極的に取り上げ、地理思想として定着させたいという意図も含んでいる。

第1節　「場所づくり」とエスニシティ

　エスニシティという概念装置については、筆者の前著(杉浦、2011a)でもかなり詳しく取り上げた。地理学においても、ジョーダンとロウントリーがよく知られた彼らの文化地理学の教科書(第2版)(Jordan and Rowntree, 1979)において「エスニック地理学(ethnic geography)」の1章を加えて以来、多くの議論が行われてきた。しかしながら、筆者を含めて従来の地理学における同主題の取り上げ方は、どちらかと言えばすでに文化人類学や社会学において十分議論されてきた既存の理論として扱い、それを消費する傾向が強かったように思われる。本書で取り上げた各事例に即して、改めて「エスニシティとは何か」「それはどのようなエスニシティなのか」を考えてみることは、多少なりともこの議論に新しい材料を加える可能性をもつと考えたい。
　序章で取り上げたアメリカとカナダにおける7つの研究事例は、前述したように何らかの意味でエスニシティという要素が絡む「エスニックな場所」であることは間違いない。しかし、それぞれどのようなエスニシティなのであ

ろうか。事例4(ノーザン・バージニアのベトナム系移民地区)、事例5(ワシントンDC大都市圏のエチオピア系移民地区)、事例6(セントルイスのボスニア系移民地区)の3つのケースは、新しくアメリカに到来した移民や難民たちの「場所づくり」を扱っており、もっとも直接的にエスニシティが「場所づくり」に投影している。そのエスニシティには彼らが母国で有していた民族的性格がその背景にあることは言うまでもないが、その民族性がそのままアメリカでのエスニシティになるのではない。チャコが言うように、彼らが創り上げた「エスニックな場所」は彼らの集団としてのエートスが表現を見出した空間とも言える(Chacko, 2003, p.22)が、そこにはウッド(Wood, 1997)やヒューム(Hume, 2015)が指摘するように周囲の状況との妥協、流用や調整、摩擦を起こさないための工夫があることも忘れてはならない。すなわち、彼らのエスニシティは、彼らがアメリカでの生活を展開するなかで適応戦略として再生産してきたものなのである。

　他の事例におけるエスニシティは、より複雑な性格をもつ。事例2のテキサス州サンアントニオの場合はどうであろうか。アレオーラは、この都市における現在の景観づくりの背景となった強いヒスパニック・アイデンティティは、スペイン的植民地景観から由来したものでも、またローカルなメキシコ的なものでもないという(Arreola, 1995)。近代のこの市の支配層は後から流入してきた(ヨーロッパ系)アメリカ人であり、その景観は彼らがこのヒスパニックな遺産を活用して観光化を志向した「場所づくり」を行ってきた結果であるという。そうであるとすれば、この景観を支えているエスニシティは、観光戦略的でありそのためにロマン化されたものとも言える。事例7のウィスコンシン州ニューグラルスのケースも、観光化へ向けての戦略的性質は共通している。しかし、ニューグラルスはもともとスイス人移民によって創設された集落から出発した。そうだとすれば、ここで見られるスイス的性格をもつ景観は、本来的、原初的(primordial)なエスニシティに支えられてきたと考えても不思議ではない。ただ、この町を長く研究してきたホエルシャーは、そうは見てはいない。たしかに、集落のスイス的景観を創り維持し

ようとするコミュニティの人々の熱意は大きかった。しかし、この場所形成のもう一つの性格はツーリズム志向であり、ニューグラルスはエスニック・アイデンティティを商品化したエスニックテーマタウンの性格をもつとホエルシャーは見做している（Hoelscher, 1998a）。そうだとすれば、そこの人々の示すエスニシティはやはり戦略的であり、他者のまなざしを意識したものに変質したと言える。ツーリズムが絡むとき、文化もエスニシティも他者志向の性格を帯びざるを得ないということであろう。

　事例3のバンクーバー・チャイナタウンの場合、そこに居住する中国系人の内的なエスニシティをここで語ることは、著者のアンダーソンが論じていないので難しい。著者の視野は、もっぱらそこを取り囲む外の人々のまなざしに向けられる（Anderson, 1988）。しかし、外からの認知的表象、特に差別的なそれ、がエスニシティのような集団の内的性質に影響を及ぼすことは当然考えていかねばならない。事例1のバンクーバーのショーネッシーハイツはマジョリティである英国系カナダ人が住む高級住宅地であるので、通常の意味でのエスニック・ネイバーフッドではない。しかし、この地区はエスニシティとは無縁なのであろうか。住民たちがこの住宅地の特権的性格とイメージを守るのに組織をつくり、周囲の人々と交渉し政治的にも行動した状況が、論文では描かれる。彼らは自分たちの主張が自身の関心のみからだけと取られることを恐れている。そのため、地区の文化的モデルは、守るべきバンクーバーの遺産の一つであると主張する。これは、ある意味彼らが「少数派」であり、その権利を守るため主張しているとも言える。マイノリティとしてのエスニック集団と類似した行動様式がそこに見られると言えるのではなかろうか。エスニシティ概念をマジョリティやチャーター集団にまで拡大する主張はあまり支持を得ていないが、少なくともこの事例はその問題を考えるきっかけになると考えたい。

　それでは、筆者による研究事例（第1章〜第5章）から、エスニシティについて何を言い得るのであろうか。取り上げた事例はいずれも移民国家アメリカの西海岸地域における事例であり、そこに何らかのエスニシティが絡むこ

とは言うまでもない。しかし、やはりそのエスニシティの性質には事例ごとにかなりの違いが見られる。なお、第5章で取り上げたシアトルのパイオニアスクエアは多様な人々からなるマルチエスニック・コミュニティであり、特定のエスニシティについて掘り下げることはできなかった。

　第1章と第2章で扱ったサンノゼ日本町とリトルトーキョーは北米に現存する日本人街であり、典型的なエスニック都市空間の事例であるので、当然エスニシティに照らして考察することが重要になる。両者とも、19世紀から20世紀の転換期にアメリカに移民ないし出稼ぎに来た日本人移民一世が創ったエスニック・エンクレーブから出発した街である。そのエスニシティの基礎には、明治期の日本人の文化的・社会的性格を根底にして、それに移民体験やアメリカでの生活のなかから再生産された集合的性格が加わっていることは間違いない。その意味で両者の示すエスニシティにはある種の共通性があると言ってよい。ただ、その後の長い経緯を経て現在にまでいたるエスニシティの在り方には、両地域の歩んできた歴史や置かれた状況によって違いも見られる。

　サンノゼ日本町における豊富なランドマーク群の主題は、先述したように基本的にアメリカにおける日系人の歴史や一世の貢献を強調するものであり、その意味で原初的エスニシティを背景にしていると言ってもよい。しかし、こうしたエスニック表象の主体となった人々は、二世、三世の日系人である。彼らのエスニシティは、もちろん一世のそれと同じではない。戦後しばらくは日系人に対する差別・排斥が強かったとはいえ、戦後の歩みのなかで少なくとも表面的には差別が解消し、周囲のエスニック集団と協調しつつコミュニティを運用してきた。前述したように日本町自体も戦後比較的早く再建され、小規模日本人街として存続してきた。再開発など都市更新の話題はあったが、それをめぐる市のガバナンスはコミュニティの意見を重視する協調的なものであった。サンノゼ日本町のエスニック表象を中心とする「場所づくり」が抑制的で政治的に強い抗議性に欠け、また他のエスニック集団の存在にも目を配っていることには、こうした彼らの内的・外的状況に加

えて彼らの変容したエスニシティが背景にあるのではないだろうか。その性質をどのように的確に表現すべきなのかはよく分からないが、コミュニティを築いた祖である一世に対する追慕の念、そしてその一世を通して日本の歴史とつながっているというロマン化された幻想、言わば「懐古的なエスニシティ」が中心にあると考えたい。

　リトルトーキョーは第二次世界大戦後、建造環境の荒廃・老朽化が進みエスニック・タウンとしての存続が危ぶまれた。その状況は、サンノゼ日本町に比してかなり厳しいものであったと思われる。その危機を1970年代から始まった長期の再開発過程によって乗り切り、全米でも最大の日本人街として存続してきた。再開発の成果は、初期に懸念された大規模商業開発に偏した機能強化に留まらず、1994年までの段階で商業・業務、住宅、コミュニティ施設のバランスのとれた開発が実現した。95年以降、再開発事業の進展は相対的に停滞したが、残された敷地（「ブロック8」）を中心に大型の住宅施設建設が実現し、ロサンゼルスのダウンタウンのなかでも屈指の住宅機能を併せもつ商業・業務地区（盛り場）として成長している。リトルトーキョーのもう一つの大きな変容は、再開発下でさまざまな種類の表象的過程が進行し、10ブロックにも満たない狭い範囲に30近くものパブリックアートを中心とする多くのランドマークやモニュメントが創造されたことである。これによって、リトルトーキョーは、一大表象空間と化してエスニック都市空間としての意味を強化し、またきわめて個性的な「特別の場所」という性格を獲得した。

　こうしたリトルトーキョーにおける近年の変容過程をエスニシティの視点から見るとき、2つの異なった方向へのプロセスが顕著であるように思われる。すなわち、一つは脱日系、すなわちマルチエスニック化さらに脱エスニック化への方向であり、もう一つは日系というエスニシティの維持・強化への方向である。前者は、まず居住の面におけるジェントリフィケーションに現れる。1995年以降、リトルトーキョーの内外で何棟もの市場レート大型集合住宅が建設されたことは、居住人口の社会経済的階層の上昇とマジョリティ

住民の増加をもたらした。また十分なデータはないが、リトルトーキョーへの訪問客に占める日系人・日本人の比率が減少し、若年層を中心とした各種アジア系の人々の来訪が増加してきたことは現地の人々の多くが認識するところである[1]。こうした脱日系という動向は、ビジネス活動の面においても現れる。前述したように、日系エスニシティを特に表出しないビジネスの比率は過半を超えている。経営に関して言えば、オーナー・ビジネス及びテナント・ビジネスの少なからぬ部分は韓国系人、中国系人など非日系人の手に渡ったと言われる[2]。エスニック資源を主に扱っていた既存の店舗群のなかに一般的商品も大量に扱う３つのスーパーマーケットが進出し、またオフィスディーポ、スターバックス、サブウェイ（サンドイッチ）、アメリカンアパレル、UPS ストアなどアメリカに一般的に見られるチェーン店が参入してきたことも見逃せない。また、パブリックアート等表象的行為においても、一部には抽象的な造形で普遍的な主題を扱う作品も見受けられる。

　その一方で、日系というエスニシティを維持し、強化しようとする動向も顕著である。盛り場としてのリトルトーキョーを成立させている小売業店舗の過半が、オーナーや経営者が誰であれ、日系色を外部に向けて表出している。リトルトーキョーのもっとも重要な機能の一つ、レストランの経営者に韓国系人が少なくないことはよく知られているが、そのほとんどが寿司などの日本食を主要なメニューとする、いわゆる「借り傘戦略」（山下、2011、p.9）を取っていることは注目されよう。また、パブリックアートやランドマークなど表象的行為の多くが、明示的あるいは暗黙に「日系」や「日本」を表出していることも重要である。このような状況や方針の背景となっているのが、この都市空間がかつて全米でも最大級の日本人街であったという歴史的事実であり、地表に投影した強いエスニシティがその後の地理的過程を制約するパラメータとなってきたことを示している。では、そのエスニシティはどのような種類のエスニシティと考えればよいのであろうか。日系人の歴史を尊重する気持ちや一世に対する追慕は、もちろん一部には含まれている。その意味で、サンノゼ日本町の場合とまったく異質であるということはできない。

しかし、それを発揮する主体は、リトルトーキョーの場合すでに韓国系や中国系を含めたマルチエスニックな性質を帯びている。また、日系人と言っても戦後日本から移住したいわゆる「新一世」やその子供世代（「新二世」）の役割もリトルトーキョーでは大きかった。彼らは、なぜリトルトーキョーに日本食レストランを出店するのか。それは、ここが歴史のあるよく知られた日本人街であり、そこではそうすることが圧倒的に有利であると見ているからにほかならない。すなわち、彼らは日系というエスニシティを演出しているのであり、その利点をシンボリックな戦略として利用していると言えよう。このようにリトルトーキョーが示すエスニシティは、サンノゼ日本町におけるそれより戦略的であり、他者志向的であると言うことができよう。リトルトーキョーはロサンゼルスにおける主要な観光目的地の一つであり、そうした地域の在り方とそのコミュニティが示すエスニシティとは呼応している。なお、リトルトーキョーのコミュニティを構成する人々はサンノゼ日本町より複合的であり、それを選び取る主体によってエスニシティの意味が変わってくるということにも留意する必要がある。

　第3章と第4章で扱ったレブンワースとソルバングの場合は、さらに戦略的な面が目立ってくる。レブンワースのもつ意味を考察したフレンケルら（Frenkel and Walton, 2000）は、あまりエスニシティというキーワードを使って考察していない。しかし、レブンワースは、アメリカの地にありながら旧世界ヨーロッパの一地方であるババリアの街並みや雰囲気の再現を目指しているので、これを一種の「エスニシティ」の主張と呼ぶことは許されよう。しかし、そのエスニシティはどのようなエスニシティなのであろうか。レブンワースの歴史にババリア系（ドイツ系）移民の大きなプレゼンスはなく、現在のレブンワースの人々の大部分はババリア系の移民（とその子孫）ではないので、本来の意味でのエスニシティではないことは明らかである。そのエスニシティは、ババリアンビレッジとして空間や景観のなかに表現されるものであり、そこで行われる行事やイベントにおいて表出しているものである。それに対応する人々の心のなかに本源的（primordial）なエスニック・アイデ

ンティティはない。すなわち、そのエスニシティはあくまで表現レベルにおけるそれであり、言わば「戦略的な表出エスニシティ」とでも呼ぶことができよう。また、このババリア系エスニシティの表出は、第3章で詳述したように1960年代の後半頃から2人のキーパーソンの主導の下に町の人々が実施した観光振興のための「場所づくり」過程のなかで強調されてきたものである。その意味で、このエスニシティは人為的に演出されたものであり、ホエルシャーが言うところの「文化的な発明」にほかならない。ちなみにホエルシャーは、ヨーロッパ系アメリカ人のエスニシティを過去からの遠い記憶や変わらず持続する文化的な形態ではなく、歴史的時間を通して達成され、繰り返し解釈し直されてきたと理解している (Hoelscher, 1998a, p.20)。レブンワースの場合は過去にエスニックな歴史をもたないので、「場所づくり」の初期段階からそうした性質をもつ比較的純粋な事例であると言えよう。

　「デンマーク化」を標榜して「場所づくり」を進めたソルバングの場合はどうであろうか。この町は、20世紀初期にデンマーク移民のコロニーとして創設された。初期の「場所づくり」は、故国であるデンマークの宗教的、民俗的精神を支柱として進められた。その意味で、それを支えたエスニシティは原初的な性格の強いものであったと言える。もちろん、移民集団のエスニシティは母国の民族性そのものではなく、移民地における体験や交渉から再生産されたものである。しかし、ソルバングの場合は、デンマーク人移民たちがその民族精神を発揮できる理想のコロニーを創ろうという指導者の理念や資質のせいもあって、母国以上に純粋化されたデンマーク的精神風土が実現した可能性が高い。この比較的純度の高いエスニシティは、第二次世界大戦後一つの雑誌記事をきっかけとして大きく変質しはじめる。デンマークからの入移民が減少するにつれ、次第にデンマーク系の人々は町をコントロールできなくなる。ラーセンによれば、ほとんどの地元の人はソルバングの人口構成をデンマーク系が3分の1程度と捉えているという。しかし、この数字は「発明」されたもので、実際はデンマーク系は10パーセント程度、最大のエスニック集団はドイツ系（15パーセント）であるとする (Larsen, 2006, p.20)。人々が「デ

ンマーク化」の有利さに気がついたのは、自分たちのヘリテージを再確認し
たというより、雑誌記事が出た後の訪問者の数によってであるに違いない。
その意味で、その後に展開した「デンマーク化による場所づくり」は、やはり
レブンワースと類似したエスニシティの戦略的利用という性質をもっている
と思われる。もちろん、レブンワースとまったく同様の「文化的な発明」とい
うことはできない。ラーセンは、「再構築されたエスニシティ」「説得または娯
楽のためのエスニックな形」が売られているのであり、それは地理学者コン
ツェンが言うところの「代用エスニシティ（Ersatz Ethnicity）」に相当すると
解釈している。すなわち、「（本来の）エスニック・アイデンティティがほとん
ど失われ、それゆえ努力はエスニシティを確保するように向けられ……存在
のサインとシンボルを再発明することによってこの動向を逆転する」ことを
目指しているという（Larsen, 2006, p.20）。そして、ソルバングにおける「デン
マーク性」は「交渉され異化された（dissimilated）」もので、一つのフォークロ
リスティックな創造であると解釈した（Larsen, 2006, p.37）。このことは、ホ
エルシャーが考察してきたスイス系のエスニックテーマタウンであるニュー
グラルスの場合と基本的に共通する。そして、そうした現象はソルバングや
ニューグラルスだけでなく、エスニックな過去をもちながらもそのオリジン
を永く希釈し無視してきた多くのアメリカ農村部の小都市におけるエスニッ
クな再覚醒の現象で見られた性質であり、現代の「認識され得るエスニック
な場所」に共通するポストモダンな特性である（Hoelscher, 1998a, pp.16-17）と
言える。

　以上から見えてくることをまとめれば、まず現代のエスニシティは本来的
な性質をもつというよりは戦略的、戦術的な表出という側面がますます強
まってきているということである。その側面はツーリズムが絡んでくるほど
より強くなる。ときに原初的な特性を強調するように見えるときでも、それ
は利益誘導的側面を糊塗するための戦術であることが多い。もう一つ筆者が
指摘したいことは、エスニシティが特定の地理的空間（場所）に固着している
ように見えることである。エスニシティが投影することによって場所は固有

の意味をもつ。その意味に引きずられて、人々はエスニックな特性をもつ行動で場所に働きかける。つまり、場所と人々との（広く言えば空間と社会との）弁証法的関係が土地の動態を構成する。エスニックなアイデンティティは、人々ばかりではなく場所の属性にもなる。アメリカやカナダのような地域における「エスニックな場所づくり」は、その空間にエスニックな意味が付与されていく過程の考察を抜きにしては語れないのである。

　なお最後に、誤解がないように付け加えれば、どの場合でも「エスニシティ」という何か一つの実体があるわけではない。人々が「場所」において示す行動やその成果としての「場所」の特性を考えるとき、エスニシティという視点で解釈するということである。エスニシティは、言わば「場所づくり」の特性を理解するための一つの作業仮説、一つの地理思想なのである。

第2節　「場所づくり」とオーセンティシティ

　エスニシティの議論は、オーセンティシティの概念とも密接に関係する。つまり、ある場所で再生産されたエスニシティはオーセンティクなものであるかどうか、という問題である。しかし、何がオーセンティシティなのか、どういう状態をオーセンティックというのかは自明ではない。特に地理学においては、この問題は自覚的には語られてこなかったと言ってよい。そこでまず、オーセンティシティとはどのような問題なのかを確認しておきたい。

　「オーセンティシティ（authenticity）」という用語は、真正（本物）であること、正当であること、本来的であることを意味し、「真正性」「正当性」「本来性」などの訳語が使われる。もともと、社会学や文化人類学で議論された概念で、特に社会学ではツーリズム（観光現象）と絡めて「文化のオーセンティシティ」の問題が考究されてきた。一連の議論の嚆矢は、観光客は何を求めて旅に出るのか、すなわち「観光のまなざし」の性質をめぐるブーアスティン（Daniel J. Boorstin）とマッカネル（Dean MacCannell）[3]の「論争」である。その経緯は日

本でもすでに社会学者の安福（1993）や遠藤（2002）によって詳しく論評されているが、地理学の読者には十分なじんだ議論ではないと思われるので、以下彼らの著述も参考にしつつ、少し立ち入って言及しておきたい。

　論争のきっかけは、ブーアスティンがその著書のなかで提示したツーリスト像である。彼は1962年に発表したある著作（邦訳：『幻影（イメジ）の時代——マスコミが製造する事実』ブーアスティン、1964）において、アメリカ社会に充満する合成的かつ新奇な現象（出来事）を「疑似イベント（pseudo-events）」と呼び、ツーリストの体験にもその例を求めた。彼によれば「現代のアメリカ人の観光客は、疑似イベントでもって経験を満たしている。彼は世界が本来提供してくれる以上のめずらしいものと、見なれたものとを同時に期待するようになった」。そして「全世界が疑似イベントのための舞台になることを要求している」という（ブーアスティン、1964, pp.91-92）。それに対し、マッカネルは1973年の論文（MacCannell, 1973）において、以下に示すような異論（違和感）を表明している。1）マッカネル自身が集めたツーリストのデータを基にすると「ツーリストが表面的で仕組まれた経験を望むというブーアスティンの主張を支持するものは何もない。むしろ、ツーリストたちはブーアスティンと同じようにオーセンティシティを欲している」（MacCannell, 1973, p.600）。2）ブーアスティンはツーリストの態度と知識人の態度の絶対的な分離に固執している（MacCannell, 1973, p.600）。「彼らはツーリストだが、私は同じものではない」という態度、長く続いてきた他のツーリストに対する深い嫌悪を表明するのみである（MacCannell, 1973, p.602）。3）ブーアスティンは「疑似イベント概念を十分に分析する前に、個人レベルの解釈に頼ることによって観光（sightseeing）とツーリストの意識の構造的分析に発展したかもしれなかったものを無効にしている」（MacCannell, 1973, p.600）。すなわち、全体として、ブーアスティンの問題意識の先駆性は評価しつつも、その議論の実証性の欠如を批判し、彼の批評が社会構造とツーリズムの関係性にまで及んでいないことに不満を表明したと言えよう。

　その上で、マッカネルはゴッフマン（Erving Goffman）の社会的体制（social

establishments）の構造的区分である「表域（front region）」と「裏域（back region）」の概念に目を向ける。ツーリストたち（少なくとも一部の）が望むことは、この「裏域」に入り込み人々の真の生活を見ることであろう。現代の観光は、そうした「裏域」を垣間見る多くの機会を与える。しかし、ツーリストたちの経験が実際にオーセンティックであるかどうかを確実に言うことはしばしば非常に難しいとする。つまり、「裏域」に入ったと思っても、実際にはツーリストの訪問のため前もってセットされた（「裏域」のように見せかけた）「表域」であったりする（MacCannell, 1973, p.593）。こうしたことを踏まえて、マッカネルは観光者をとりまく状況（tourist settings）を、完全な「表域」と「裏域」を両極とする6つの段階（stage）に理論的に分類するモデルを提示した。そのうちツーリストたちの経験的行動は「部分的に裏域に見えるよう飾られた表域」（ステージ2）から彼らが垣間見ることを許された少し変更された裏域（ステージ5）に限られるという（MacCannell, 1973, pp.597-598）。このようにマッカネルの考察は社会構造との関連でツーリズムにおけるオーセンティシティの問題をより理論的に考えており、後の多くの著者たちに引用されることになる。なおブーアスティンもマッカネルも、どこかに（マッカネルの場合は「裏域」に）本質的なオーセンティシティがあるという前提は共通している。

　一方、コーエン（Erik Cohen）はブーアスティンやマッカネルの説を批判的に検討し、特に彼らが自分たちが観察した事例からのみツーリストの体験を一般化する傾向があることを問題視した（Cohen, 1979, pp.179-180）。また、ブーアスティンやマッカネルの議論が固定したツーリスト像を描きがちであったのに対し、コーエンはツーリストや観光経験が多様であることに目を向けている。まず1972年の論文において、親近性（familiarity）と新奇性（novelty）の概念を導入し、今日の多くのツーリストは親近性をベースとしてのみ変化や新奇さを楽しむことができるとし、ツーリズムの経験が一定の新奇さと一定の親近性を結び付けるとした（Cohen, 1972, pp.166-167）。しかし、それのみで今日の観光状況を説明できないとし、ツーリストの個人的好みや

旅行の制度的設定によって両者の性質の組み合わせからツーリストの４つのタイプ（組織的マスツーリスト、個人的マスツーリスト、旅行通 explorer、ドリフター drifter）[4] を提案（Cohen, 1972, pp.167-168）、後２者は演出されたツーリストスペースを越えてありのままの生活を見ることができる、すなわちオーセンティシティの追求が可能であると考えた[5]。同様な主旨から 1979 年の論文では、旅行体験の現象学的考察から、その様態（モード）を５つのタイプ、すなわちレクレーション・モード、気晴らし（diversionary）モード、経験的（experiential）モード、体験的（experimental）モード、実存的（existential）モードに分類し、後３者ではオーセンティックな体験への希求が見られるとした（Cohen, 1979）。こうしたツーリストや旅行体験の分類を見る限り、タイプによってはオーセンティックな本質がどこかにあり、その追及も可能であるということになる。しかし 1988 年の論文では、コーエンはこれまでひきずっていた本質主義的オーセンティシティ理解から離れ、構築主義的立場に切り替えたように見える。ここでコーエンはまず、マッカネルの考察において「オーセンティシティの追求」は十分定義されていないプリミティブな概念であると批判し、観光研究におけるオーセンティシティ概念の使用に伴う困難性は、それが社会学的分析に無批判に導入された哲学的概念であったことによると指摘した。その上で、「オーセンティシティ」は社会的に構築された概念、その社会的意味は所与ではなく交渉可能であり、この交渉の方式こそツーリズム研究の主要なトピックになるべきであると主張したのである（Cohen, 1988, pp.373-374）。

　結局、オーセンティシティ論とは「何が本物であるか」「どのような体験が本物と言えるのか」をめぐっての議論ということになるが、考えてみればかなり主観的でトリッキーな概念であるとも言える。民俗学者の岩本（2003）は、この点に関し非常に面白い例を紹介している。復元施設である「佐渡奉行所」のある初期の案内看板に「国史跡に佐渡奉行所復元しました。本物です」とあったという（p.175）。この場合の「本物」とは、何を意味するのであろうか。復元した施設なので「本物」であるはずはない、と考えるのが一般的な反

応であろう。しかしこの点、以下のブルーナー（Edward M. Bruner）の議論が手掛かりとなるように思われる。彼はリンカーンの聖地として有名なニューセイラムの民族誌的研究から、オーセンティシティの４つの意味を抽出した。すなわち、①本物らしさ（verisimilitude）─当時の雰囲気を伝える、②真実さ（genuineness）─時代考証的に正確、③オリジナリティ（originality）─コピーではないオリジナル、④権威（authority）─オーソライズされ認可されている、である（Bruner, 1994, pp.399-400；遠藤、2002、p.34）。これに照らせば、佐渡奉行所のケースは、時代考証的な正確さを主張する国の公式な史跡なので、オリジナルではないことは明らかだとしても、少なくとも②と④の意味ではオーセンティックであるということになる。このことは、オーセンティシティには基準が必要だということを教えている。すなわち、ある基準に照らせば「本物（オーセンティック）」だということである。それなしに「アプリオリなオーセンティシティ」などはないということであろう。なおブルーナーはこの論文で、構築主義的な理解を明示的に提示している。彼の主要な関心の一つは「誰が真正化（authenticate）するのか」という問題であり、そうなると議論の性質は変化し「オーセンティシティは永久に時代に固定された一つの対象物に内在する性質（property）ではもはやなくなり、それは闘い、社会的プロセスとして見られる」と明言している（Bruner, 1994, p.408）。

　このようにオーセンティシティは多義的で幾分主観的な観念であるが、地理学においてはどのように認識され、議論されてきたのであろうか。以下、目についた英語圏（アメリカ）の論考を挙げると、まずリュー（Allan A. Lew）はアメリカにおける古い小売り商業地区とオーセンティシティとの関係を論じ、ツーリズム開発が絡むほど非オーセンティックになる傾向があることを指摘した（Lew, 1989）。ドライザー（Dydia DeLyser）は、カリフォルニア州歴史公園に指定されているゴーストタウン「ボディー（Bodie）」において、訪問者や管理スタッフによっていかにオーセンティシティの観念が構築され、経験され、使用されているかを探求した（DeLyser, 1999）。また、シュネル（Steven M. Schnell）はアメリカの「リトルスウェーデン」として知られたカン

ザス州リンヅボルグ（Lindsborg）におけるオーセンティシティの性質と住民にとってのその意味を考察している（Schnell, 2003）。日本ではどうであろうか。荒山（1995）は、日本における国立公園制度の成立を題材として近代のシステムが創りだすオーセンティシティを論じた。福田（1996）は、竹富島における町並み保存運動の性質と意味を問い直すなかで、町並みや文化財の保存の検証基準となる「真正性」に疑問を投げかけている。一方、森（2001）は、室戸市「御厨人窟」を事例に宗教的な意味が場所の「真正性」として語られる経緯を検討した。こうした地理学における文献では、住民にとってのオーセンティシティの意味や住民によるオーセンティシティの構築が実証的に語られることが多く、オーセンティシティ論にある種の具象性を与えていると言えよう。しかしながら管見の限りでは、地理学においてオーセンティシティという問題を正面から扱った事例は全体的にはあまり多いとは言えず、この概念を一つの地理思想として議論していく姿勢は十分な広がりを見せていないように思える。本書で取り上げた研究事例に即してこの問題を考えてみることは、「地理学におけるオーセンティシティ論」の充実に幾分の材料を加えることになろう。

　序章で取り上げた英語圏論考のなかで、オーセンティシティの問題に正面から取り組んでいる事例は、ホエルシャー（Hoelscher, 1998a）である [6]。しかし、彼のオーセンティシティについての議論はかなり晦渋であり、筆者には完全に咀嚼したという自信がない。以下は、筆者が理解したおおよその主旨である。基本的立場は、まずツーリズムが絡んだ「他者志向の場所」においては「オーセンティシティはしばしば演出され、ツーリストの消費のために特別にパッケージされる」というマッカネル流の認識である。しかし、彼はそうした批評が示唆するより全体のストーリーはずっと複雑であることにも留意する（p.185）。彼によれば、オーセンティシティは伝統やエスニック・アイデンティティと同じく、二者選択の命題にはほど遠く、そこで問題となるのはステータス差別と権力の問題であるという。オーセンティシティは、一つの対象物に本来備わっている一つの属性ではなく、ブルーナーが言うよ

うに「競合する関心が歴史の自身の解釈を主張するところの闘い、一つの社会的過程」としてもっともよく理解されるとする。したがって、今日のオーセンティシティは「好尚のポリティカル・エコノミー（a political economy of taste）」の一部であり、真正化する権利を楽しむ者は誰であれ、権力をふるう。そして著者は、こうしたオーセンティシティが権力をもつオフィシャルな文化の代表者によって提示されつつも、より権力をもたない人々によって流用され堕落させられる可能性もあると指摘する (p.185)。また、別の論文では「もっとも良性の伝統やランドスケープでさえ、その創造性の背後にある意図性と根差されたポリティックスに目を向けるべきである」と述べる (Hoelscher, 1998b, p.372) が、このことはオーセンティシティについても同様に言えることであろう。このように、ホエルシャーのスタンスはコーエンやブルーナー的な構築主義に立ちつつも、オーセンティシティ主張の背景にあるポリティックスに目が向いており、ポストモダン状況や権力への批判を含んだものとなっている。

　筆者の研究事例のなかでは、レブンワース（第3章）とソルバング（第4章）が特にオーセンティシティ概念に照らしての考察が求められる事例である。文化のオーセンティシティは、ツーリズムと文化との関係を論じるとき多くの研究者が取り上げる中心的な論点であるのみならず、現実の「場所づくり」の場においても重要な争点の一つになり得る。実際そのエスニシティに歴史的根拠のないレブンワースにおいても、この問題はそのババリア化の初期から中心的な課題として登場している。ババリア化アイデアの唱道者であるプライスとロジャースは、ババリアタウンの構築にあたって「オーセンティック」の語を「場所づくり」の目標を表すキーワードとして使用し、真正なババリア風建築の重要性を強調した (Price, 1997)。しかし、この場合のオーセンティシティは、何を意味するのであろうか。

　この町についてのフレンケルらの論考では、この問題を「オーセンティシティをデザインする」と題する1章をあてて大きく取り上げている (Frenkel and Walton, 2000, pp.568-574)。その内容は、ババリア化過程の諸事実が中心

となるが、以下に整理するようなレブンワースの「オーセンティシティ」について の解釈を含む。すなわち、1）レブンワースを創った人びとは「オーセンティックな」という語が何を意味しているのかを定義しなければならなかった。2）レブンワースでは真のヘリテージは問題ではなく、「オーセンティック」は大きくビジュアルや同調（conformity）の問題に転換している。3）レブンワースにおいて「オーセンティシティ」という語を使うことは、いくつかの皮肉を含む。「レブンワースは、ただそれがオーセンティックなフェイクであることにおいてのみ、オーセンティックなババリアンビレッジになる」。レブンワースの文化的オーセンティシティは「かなりいい加減（haphazard）なものであり、ハイブリッド化されている」。

　一方スウォープは、プライスらが目標とした「オーセンティシティ」はババリア建築の忠実な再現を意味するものでは必ずしもないことに注目する。重要なことは、ババリア体験のあるロジャースの記憶にある特徴的な要素（広い切妻屋根、窓、暗色の木工など）を再現し、人々に「真正な」ババリア建築であることを確信させることにあったとする（Swope,2003, p.86）。初期に実現した改築の多くは、真にオーセンティックなババリア建築とはかなり隔たったものであった。彼らがババリア風と考えた特徴的な建築要素は、特にファサードに集中しており、裏側（アレー側）は大きくそれらを欠いていた。フレームワーク（Fachwerk）の柱を強調するデザインはみせかけで、実際には柱が過重を支えているわけではない（写真24）。切妻屋根やバルコニーのような伝統的建築要素はスチールのビームで支えられていた（Swope,2003, pp.87-88）。すなわち、彼らの目指す真正なババリア

写真24　レブンワースのババリア化初期に強
　　　　調されたハーフティンバー木軸組
　　　　み（フレームワーク）様式の建築

2014年9月、筆者撮影

建築は通り側から見た外面的なデザインの上だけのことであり、しかもデザインそのものも、その細部が専門的な評価に耐えられるものではなかったのである。

　このようにレブンワースにおけるオーセンティシティについて、フレンケルらはその虚偽性を、スウォープは規範からの逸脱による揺らぎを強調したと言える。筆者はこの町の「場所づくり」に関する限り、彼らの考察は基本的に首肯できると考える。しかし、問題はこの現象を彼らがどう一般化しているかということである。スウォープ論文では、他の事例と比較して位置づける視点はなく、アプリオリなオーセンティシティの存在を前提とした上で、当該事例におけるそこからのずれのみを問題にしているように見える。一方フレンケルらは「オーセンティシティ」一般について、1)「オーセンティシティ」は多面的な概念であり、異なる意味をもつ。2) ほとんどのテーマタウンのツーリストスペースは、マッカネルの言う「演出されたオーセンティシティ」(MacCannell, 1973)をめぐって組織されるとする(Frenkel and Walton, 2000, p.568)。この指摘はもちろん妥当と言えるが、それ以上の踏み込んだ説明はないので、さらに考察を進める必要がある。

　筆者としては、次のように考えたい。レブンワースにおけるババリア風建築のデザインは、プライスやロジャースら唱道者たちのいだく「ババリア」のスピリットに適合するべく工夫を重ねて創り出されたものである。そして、街の人々は実現した建造環境にふさわしい衣装と行動でもってツーリストがあたかも実際のババリアの街にいるかのような幻影を与える。それはまさにババリア性が「演出された」というにふさわしい。その際もう一つ留意すべきは、その演出が少数の指導者の独断によるものではなく、プライスら唱道者、商業施設のオーナーたち、市議会や商工会議所のメンバー、協力した建築デザイナーなど多くの人々の無数の話し合いによって進展し、ツーリストも暗黙の賛同を与えてその実現に加担したことである。その意味で、この「オーセンティシティ」はコーエンが述べるように「社会的に構築された」ものであり、その社会的意味は「所与」ではなく、「交渉可能」であるということができ

る（Cohen, 1988, p.374）。

　このレブンワースに比し、エスニシティの歴史的な根拠が相対的に確かなソルバングの場合はどうであろうか。ソルバングの「デンマーク化」による「場所づくり」の意味を考察したラーセンの学位論文（Larsen, 2006）では、ランドスケープ、ノスタルジア、ハイパーリアリティ、模像（simulacrum）、観光のまなざしなどの概念装置とともに、「オーセンティシティ」にも一定の注意が払われている。そこでは、全体としてあまり明示的ではないが、この町の「場所づくり」で提示されたオーセンティシティの表面的、皮相的な性格を強調しているように見える。ソルバングの中心部（ビレッジエリア）に見られる華麗なデンマーク風外観の建築群の実現には、後にレブンワースの街並みを創るのを助けた建築家とハリウッドの映画セットを創ってきた大工が特に貢献したという。彼らは、何回かヨーロッパに旅行に行き、デザインサーベイを行ってソルバングに帰り、「フェイク」を創ることを繰り返した（p.19）。ラーセンによると、ソルバングの風車と梁（crossbeam）で作られた家は「事実と歴史的リアリティのアイデアのステレオタイプ」であり、デンマーク自体の歴史的リアリティのコレクションではないと述べる（p.28）。また市の建築審査評議会（BAR）の基準は、外側の見かけ、ソルバングの「ファサード」のみを扱っている。そこでは、ヴァリエーションや創造性も推奨される（p.30）。また、「一つの建物の外側は、それがオーセンティックなスタイルと材料を見習っている限り、リアルでなければならないということではない」「壁は厚いと言う見かけを維持するように窓が奥に引っ込んでいる限り、（実際に）厚い必要はない」と規定されている（p.31）。当然、このようなことはまさにフェイクではないか、という疑問がわく。しかし、ラーセンは「リアリティが劇場的空間のなかに入れられて、扱い得る形に囲いこまれた」と解釈する。そこでは、「オーセンティシティは、この市が心のなかにもっているもの」なのである（p.31）。オーセンティシティは、客観的属性ではなく、あくまで主観的に捉えられるべきものという理解なのであろう。

　こうしたオーセンティシティの解釈は、ラーセンがソルバングという存在

自体をどう解釈しているかということと深い関係をもつ。ソルバングにデンマーク性がまったく残っていないというわけではないと彼は理解する。ソルバングは、真に根ざした移民コミュニティのように、教会、モニュメント、過去の証拠を保存する博物館をもつ (p.34)。しかし、デンマーク化の対象は中心部のビレッジエリアであり、そこは人々が実際に生活している場所ではない。そこはツーリストのための空間で、そこの古風なデンマーク様式の建築は、ツーリストにくつろぎを与えるよう意図されている人為的なものである。そこで売られてものは、デンマーク由来のものばかりではなく、ヨーロッパ系のありとあらゆる「がらくた」が扱われる (pp.34-35)。ラーセンにとって、「デンマーク性」はツーリストにとって（真に）重要ではないように見える。それは、「それを通してすべてのヘリテージが見られ、売られ、楽しまれ得る一つのプリズムとして役立つに過ぎない」とラーセンは考える (p.34)。ツーリストは、表面的な「デンマーク」を楽しむが、デンマーク移民の歴史や退職したデンマーク移民のホーム、彼らの墓地などには興味を示さない。結局、ソルバングがツーリストに提供しているものは、「少しばかりのデンマーク (a little bit of Denmark)」なのである。そして、このような現象はエスニシティとノスタルジアを売る一つのアメリカ的現象であると、この著者は結論する (p.37)。ラーセンにとって、ツーリズム志向に転換して以降のソルバングは「形においてハイパーデーニッシュ (hyper-Danish)、内容において典型的にアメリカン」なのである (p.18)。このようなソルバングの評価において、「オーセンティシティ」は否定されるべきなのか。ラーセンはそうではないと言う。ソルバングは、単にデンマークを模して創られたというより、「ハイブリッド化し、ソルバング性 (Solvangness) 独自の形になった」と見る (P.37)。それは「まがいものでも蜃気楼でもない……（デンマークの）コピーではなく、それ自身の一つの場所」(p.73) としてオーセンティシティを有する、とこの著者は言っているように筆者には思える。ラーセンのオーセンティシティ理解は、擬似的／オーセンティック、コピー／オリジナルの区別を無効と考えるポストモダン的思考の系譜（遠藤 , 2002, pp.32-33) にあると言える。

このように、ニューグラルス、レブンワース、そしてソルバングを考察した著者たちの間には、「オーセンティシティ」の考察に関して少し異なる傾向も感じられるが、そのことは3者の文化的意味に質的な違いがあるということを意味するものではない。エスニシティの起点に関して違いはあるものの、3者の類似性は明らかである。ツーリズム志向、他者志向の「場所づくり」を目指した場所として、オーセンティシティが戦略的な性格を帯びることは避けようがない。この3つの町の人々（ホスト）が心の中に描いてきたものに忠実であること、観光客（ゲスト）の旧大陸を求める期待（まなざし）に応えること、これは3者に共通している。そして、コーエン的に言えばホストとゲストとの交渉のなかで「オーセンティック」であるかどうかは決まる。そこでフェイクであるかどうかは、問う必要がない。結局、オーセンティシティは主張と納得の問題であり、交渉の結果次第である。そして、交渉によりオーセンティシティをみがき上げていくことはレブンワースやソルバングのみの特異性ではなく、ハイパーリアリティを求めてディズニーランドを創った国アメリカのポストモダン文化に通低する傾向[7]と言うことができるのである。

　以上のような検討をもって「オーセンティシティ」概念の論争点に何か結論を出したり、この概念に照らして地理的問題の性質を明快に抉りだすことを意図しているわけではない。しかし、いずれのケースにおいても、人々が何らかのオーセンティシティを求めて「場所づくり」をしていることは見えてくる。また、そこに葛藤や権力闘争の影があることも分かる。どのようなオーセンティシティを人々は主張しているのか。その主張がどのように受け止められ、どのような反応を引き起こしたのか。そうしたことを考えることも、「場所づくり」という地理的過程を考察する上で重要な一つの視点となり得ると考える。オーセンティシティは、人々と場所との本質的な関わりを問う一つの地理思想なのである。

第3節 「場所づくり」と都市歴史保存

　「場所づくり」は、新しい要素を地理空間のなかに生み出し、空間を改変していく過程のみではない。多くは、既存の建造環境を利用しつつそれに修正を加えていく過程であり、既存要素に特別な価値を認める場合には意図的に極力修正を加えないこともある。また新しく加えた要素が歴史的価値を帯びて長く残存することもあり得る。つまり、改変と保存を含む過程が「場所づくり」であるとも言える。そのなかで、「改変」と「保存」のどちらが重要であるかは、その「場所づくり」の目的や置かれた文脈によって異なる。人々が場所において長く残存してきたものに愛着と価値を感じ、それをなるべく残そう、失われたものは復原（復元）しようと志向する行為や思想を「歴史保存historic preservation」（都市の場合は「都市歴史保存urban historic preservation」）[8]と言っておこう。都市歴史保存は、言わば都市における「場所づくり」の一つの地理思想なのである。

　序章で取り上げた英語圏論文においては、歴史保存に焦点をおいた論考はあまり多くない。強いて言えば、バンクーバー（カナダ）のショーネッシーハイツ（事例1）の研究事例において、20世紀初めに開発された高級住宅地の1970年代における変化への抵抗と保存への試みが一つの主題となっていると言えよう。ただ、ここでの「保存」は、建築物あるいは建造環境の保存というより住宅地としてのステータスの保存であり建築様式の持続が主たる目標となっていた。筆者の研究事例のなかでは、ロサンゼルス・リトルトーキョー（第2章）が国の歴史地区登録制度において「歴史的記念物（National Historic Landmark）」として指定された「東一番通り北側地区（East First Street North）」を含んでおり、古い日本人街のストリート景観の保存が「場所づくり」の一つの課題となってきた。しかし、同地区についての保存の詳しい経緯やその背後にある都市計画思想については十分な資料を入手していない。それに対し、第5章で扱ったシアトルのパイオニアスクエア（以下、PS）

地区の場合は、「場所づくり」の最大の目標が都市歴史保存であり、その背景となる都市計画思想に関連する文書をいくつか入手・分析できた。そこで本節では、この地区を事例としつつ、「都市歴史保存」とは何か、その目的、理念、手法を検討し、その本質と課題を考察して、「場所づくり」におけるこの思想の役割と意義を明らかにしたい。都市歴史保存は、広義に解釈すれば都市内の個別の要素の保存も含まれるが、ここでは特に地区や集合体としての保存に焦点をあてる。

　アメリカ合衆国における歴史保存の動きは、19世紀前半頃からの国家的偉人や独立戦争などの国家的出来事に結びつくサイトや建物の保存に始まり、1960年頃から各地で増えてきた都市歴史地区の設置に至るまで長い歴史を有する（Cullingworth, 1997; 西村、2004）。この歩みの背後にある思想・言説の変化を国立公園局（National Park Service）のアトレー（Robert M. Utley）は「古い保存」と「新しい保存」に分けて整理した（Morley, 2006, P.3）。前者は「歴史的サイト法（Historic Site Act, 1935）」などで規定された「国にとって重要な」いくつかの建物・サイトの保存につながり、後者は「コミュニティにとって重要な」ローカルなランドマークや古い建物の現代的利用による歴史地区の創設の背景となった。歴史保存の大きな潮目は1966年の「国家歴史保存法（National Historic Preservation Act）」の成立であり、アトレーと国立公園局はこの法案に「新しい保存」の理念を全面的に組み入れ、ローカルな歴史地区保存にナショナルな認証と資金投入の道を開いた（Morley, 2006, p.4）。この「新しい保存」の思潮はポストモダンな都市計画の理念と不可分な関係にあり、その本質を考察することが今日のアメリカの保存志向をもつ都市の「場所づくり」を理解する上できわめて重要である。

　第5章で詳述した通り、PS地区はシアトルの現都心地区（ダウンタウン）の南に隣接する地区であり、そこでは1970年代（一部は1960年代後半）以降、古い建物を保存しつつも機能的更新を図る諸事業が長期にわたりコミュニティと市行政の努力によって実施されてきた。それによって同地区は、19世紀末頃から形成されたシアトル最初の都心地区（ダウンタウン）の景観を今日に残

す全国でも最大級の都市歴史地区となり、都市歴史保存の理念や本質を考える格好の材料を提供している。本稿では、同地区の都市保存事業に関わる市条例文書や初期計画文書を資料として、上記目的の課題を考察する。

1. パイオニアスクエア歴史地区における保存の理念と手法

　ここでは、パイオニアスクエア地区において進展した歴史保存の理念や手法を、歴史地区創設時の文書に遡って検討する。使用した文書は、まず市コミュニティ開発局発行の「パイオニアスクエア歴史地区彙報」（DCD, 1972）で、ここには「PS歴史地区条例（1970）」の全文が掲載されている（Vol.2）。さらに同文書には、地区内の保存に関わる手続きや手法の基本方針が謳われており、歴史地区の保存とは何か、そのために何をしなければならないのかということを関係者がどう理解したのかがよく表れている。もう一つは、同地区の最初の包括的計画案「PS歴史地区計画」（MAKERS, 1974）で、同計画の理念的目標及びそこにおいて都市機能の更新と両立させつつ建物や都市景観をどう保存していけばよいかが具体的に語られる。

1) 歴史地区創設の理念と基準

　まず条例のなかで、歴史地区創設の理念と基準をどう捉えているかを見ていこう。シアトル市条例98852番は「パイオニアスクエア歴史地区条例（PS Historic District Ordinances）」と名付けられ、11のセクションから成る。このうちセクション1、4、5が、歴史地区創設の理念と基準を考える上で重要である。以下、概要を述べる。

　セクション1では、歴史地区創設の「目的」を以下のように述べる。PS域は、確固とした歴史的・建築的特性をもち、シアトル市にとって大きな歴史的・文化的重要さをもつ区域である。同地区の建物群を損ねず地域とその構造物の強化を提供するために、その歴史的遺産についての意識を発展させ、非生産的な構造物を有用な目的に転換し、この市に訪問者を惹きつけることによっ

て、市民の社会的・文化的・経済的福祉に寄与する。このように、ここでは都市の建造環境を景観として保存することのみではなく、その活用や観光資源化も意識していることが分かる。

セクション4では、歴史地区決定のために準用される一般的基準が述べられる。この歴史地区のために採用されるのは、ナショナルトラストの以下の基準である。「地区、サイト、建物、構造物、対象物は、もしそれらが位置、デザイン、セッティング、材料、出来栄え、感情と連携の統合性を有し、かつ次の条件（a～d）を満たすなら歴史的意義を有する：a. それらが、我々の歴史の広いパターンへの重要な寄与をなすイベントと結び付く。b. 歴史において重要な人々の人生と結び付く。c. 建築のタイプ、時期、方法の独自の特性を体現する、または一人の巨匠（master）の仕事を代表する、または高い芸術的価値を有する、または重要かつ独自の全体を代表する。d. 先史または歴史において重要な情報を伝えている」。このように、ここでは対象そのものの性質のみではなく、それが出来事や人生と結び付き、独自性や代表性を有していることを重視していると言えよう。

セクション5は、PS歴史地区の評価基準である。すなわち、上述の一般的基準に照らして同地区がどのように評価されるかが述べられる。まずこの歴史地区は、シアトル最初の場所として重要な役割を果たし、シアトルのパイオニア達の多くの人生と結びついていると認識される。地区内の建物の多くは、後期ビクトリア様式の独特の特性を体現し、多くは一人の建築家エルマー・フィッシャーの仕事であるために、もともとの建築、感情の統合性を有する。そして、この地区の改修と保存は、19世紀後半の生活様式と建築に関する教育的に重要な情報を与えると評価されている。このようにPS地区は、まさにナショナルトラストで言うところの歴史的意義を有する典型的な地区なのである。

次に、「PS歴史地区計画」（MAKERS, 1974）において、PS歴史地区が目指す目標をどのように捉えているかを見てみよう。同計画は、歴史地区創設から4年たって、改めて同地区のその後の再開発と境界の定義のため、計画と目標

の組織的フレームワークを検討したものである。そこではまず、歴史地区創設の最終的な目標をこの地区の多様なイメージと歴史的設定を保存することとし、そのための計画展開を導く以下の個別目的を規定する。1) 歴史地区とその構造物の、多様で真正 (genuine) な造作といきいきした場所 (place) としての保全 (conservation)、2) シアトル市中心部においてよりよい歩行、住宅、公共交通を創る都市計画目標の促進、3) コミュニティのアイデンティティと多様性の推奨、すなわち、混合した社会的・経済的背景の人々が、住み働き買物をし都市生活のアメニティを楽しむことができる雰囲気をつくる、4) すべてのシアトル市民 (多様な社会経済的背景の人々のみならずフィジカルに不利な人々を含めて) による歴史地区の活用を確かにするデザイン修正とビジネス概念の促進、5) いきいきした概念としての歴史地区の境界 (edges) の定義 (それを通してこの地区がアイデンティティを獲得する) (MAKERS, 1974, p.1)。このように、ここでは物理的存在としての地区そのものより、人々の居住、活動、それにより生み出されるアイデンティティがより重要な目的指標として強調されていると言える。

2) 歴史地区保存の手法

　上述のような歴史地区の理念を実現するため、どのような「保存」の具体的手法が推奨されるのであろうか。まず、効果的な保存を実現するためには、その行為主体となる組織を整備する必要がある。「歴史地区条例」のセクション 2 は「責任あるエージェンシー」と題し、「市計画委員会 (City Planning Commission)」と「歴史保存評議会 (Historic Preservation Board)」の役割を規定する。前者は、構造物の保存に関する事項を市議会に勧告する公的な主体として位置づけられる。後者は、すべての建築的、歴史的保存に関する事項をコミュニティ開発局 (Department of Community Development) の助けを借りつつ前者に勧告する。そしてセクション 6 で、何人も市議会の承認によらずに地区内既存構造物及びその他の可視要素の変更はできないことが規定される。

都市歴史保存の対象として最も枢要な地区内建物等構造物の「保存」については、第5章でもすでに触れたように、「PS歴史地区計画（1974）」において「再構造化（restructuring）」という語を使用して、その4つのタイプを以下のように提言している（MAKERS、1974、p.37）。1）「保存（preservation）」：既存の構造物の細部における正確な再開発、もともとの細部、ファサード、材料、そしてほとんどのフィクスチャーがもとの状態に刷新（refurbish）される。2）「修復（restoration）」：もともとのデザイン、ファサード、細部を可能なところで維持しつつ既存の構造物の再利用のため行う共感的再開発。通常の「修復」は、一つの建物を、そのもともとの条件に戻すが、必ずしもオリジナルな材料でもって全ての細部やフィクスチャーを再建することではない。3）「改装（renovation）」：既存の構造物の再利用のための共感的再開発、基礎的な建築の様相（features）は維持するが、新しい材料、細部の要素、装置を使用してよい。4）「再創造（re-creation）」：歴史的なモチーフに適合する新しい建物の建築や既存建物の再開発、かつて存在した一般的精神や雰囲気の一部を再創造する試みである。以上のうち、この計画では正確な「保存」や「再創造」は費用が高く、また後者はオーセンティックではないという問題があるとし、特に「修復」と「改装」を実際的な手法として推奨している。このように、ここでの「保存」はすべて「再構造化」ないし「再開発」という概念に置き換えられ、保存されるべきものは物体そのものというよりむしろ、全体としての様相、雰囲気、モチーフであると捉えていることが分かる。

　建物等構造物のほか、地区の様相に大きな影響を与えるものに種々の「標識（signs）」があり、その規制に関しては「PS歴史地区彙報」（DCD, 1972）第4巻（Vol.4）において詳述される。ここでは標識を装飾的で識別的、地区に特性といきいきした感じを与えるものと捉え、その在り方を規制することが歴史地区では特に重要であると認識する。そのため、歴史保存評議会は、標識を規制するため流動的かつフレキシブルな審査（レビュー）を行うものと規定され、申請者は計画の初期段階で評議会と相談することが推奨される。

　標識のタイプ、サイズ、位置などを画一的にしないためそれぞれの申請は

個別なケースとして扱われるが、標識評価には以下の一般的基準が設定される。①標識のインパクト、サイズ、形、テクスチャ、つけ方、色、照明が、建物及び通りとの関係において評価される。②地区の歴史的特性と調和へのインパクトが考慮される。③主要な考慮(reference)は平均的な歩行者の目のレベルの景色である。④市条例や公共事業協議会(the Board of Public Works)に規定・採用された市の建設、位置、撤去、サイズについての要求と合致する。なお、標識は店舗・施設に付随したもの(on-premise sign)とそこから離れて独立したもの(off-premise sign)とに分けられるが、後者はこの地区では禁止される。

　標識の具体的な規制は一律に定められないが、一般的に次のガイドラインに従うことが要請される。まず受け入れられる標識のサイズについては、標識のタイプ、位置、数によって異なるが、基本的に歩行者のスケールに適合することが推奨される。なお、どのサイズの標識も、建物のデザイン、他の標識、近接する建物の一般的特性との統一性を尊重しなければいけない。標識の位置については、どの標識も構造物の上においてはいけない。標識の材料は、20世紀前半に使われていたような木、入念につくられた鉄・スチール、金属格子などは受け入れられる。アルミニューム、プラスティックなどは適切ではない。材料の選択における簡素さと制限が必要である。標識の装着は、構造物の建築的統一性を壊さないように留意する。標識の照明については、フラッシュしたり、またたいたり、回転したりする照明は許可されず、蛍光灯、ネオンなどはこの地区では不適切である。広告標識は、地区内での活動の識別(identification)のため地区内の実際のビジネスのみが商品を広告し得る。このように標識に関しては、基本構造物(建物)より可変的な性格を考慮して、「保存」より共感的・調和的な再創造を推奨していると言える。

2. 都市歴史保存の本質と課題——考察

　上で述べてきたシアトル「パイオニアスクエア歴史地区」創設の理念と手法に関する勧奨事項のうち同地区の特殊事情に由来したものは少なく、それらは歴史的な都市地区の「保存」一般を考える上で有効な材料を提供していると思われる。そこでここでは、同地区の事例を参照しつつ「都市歴史保存」とは何か、その本質と課題を一般的に考察してみたい。

　まず基本的なことは、ここで言う「保存」は人とモノとが絡む「過程（プロセス）」であるということである。保存の対象となるものは、都市地区（街、場所、社会的文化的空間）であり、それはフィジカルな建造環境とそこに住んでいる（または過去に住んでいた）人やコミュニティとが不可分に結びついた存在である。PS歴史地区条例においても、「この歴史地区は、シアトルのパイオニア達の多くの人生と結びついている」と謳われる。そのような性質をもつ対象の「保存」は、必然的に人々の生活の展開と結びついて実施されなければならない。地区内で行われる諸過程、諸事業の目的は、建物等構造物の保存自体ではなく、それに連動するコミュニティの維持、市民生活や生活環境の改善が焦点となる。「PS歴史地区計画」(1974) において「多様で真正 (genuine) な造作といきいきした場所 (place) としての保全 (conservation)」が謳われる所以である。

　このような「保存」は、多様な手法によって推進される。既存の状態の保存、モノの凍結保存ではない。またオリジナルな状態に戻す復原保存のみでもない。それは、「保存」というより「保存活用」、すなわち1966年の国家歴史保存法で強調された「適応的再利用 (adaptive reuse)」(Morley, 2006, p.4) でなければならず、その結果都市景観の基本は維持しつつもその地区の機能は更新され、再生する。PS地区で推奨される更新手法を見ると、精度の高い厳密な「保存」よりも「修復」や「改装」が重視され、地区の理念に共感的であれば「再創造」も許容される。これは地区で生活し、地区の建造環境を「保存活用」していくために必須な戦略にほかならない。

また、「保存」は個々の要素について実施されるが、地区の統合性を意識してなされなければならない。この統合性こそ「歴史地区」のアイデンティティを成立させるものであり、それを構成する要素はフィジカルなものばかりではなく、美的、心情的、理念的なものを含んでいる。ちなみに、シアトル市条例で PS 歴史地区のために採用されたナショナルトラストの基準には、「位置、デザイン、セッティング、材料、出来栄え、感情と連携の統合性」が謳われる。そして「PS 歴史地区計画」は、当該地区内の建築、感情の統合性を強調する。適切に「保存」された「歴史地区」が訪問者に感銘を与えるものは、見事に蘇ったかつての建築群の外面的な美のみではなく、それと分かちがたく結びついた人々の歴史や人生そのものなのである。

　このような本質を有する都市歴史保存には、しかしながらその本質故に必然的に生ずる課題や論争点もつきまとう。その一つは、第2節で問題にした都市景観のオーセンティシティの問題である。モーレイによれば、1960 年代以降のツーリズム振興を志向した都市歴史地区の創設はポストモダンの脱構築主義者やマルクス主義批評家らによって痛烈に批判されたという。彼らによれば、それは歴史的に正確でない何かを創り出すことであり、都市の他の部分から切り離し、美化し均質化して神話的なランドスケープを生み出したとされる (Morley, 2006, p.11)。しかしながら、廃れた都市地域を「いきいきした場所」として再生することが都市歴史保存の本質的目標であるとすれば、そこに歴史的実体としてのオーセンティシティを求めること自体、無理がある。オーセンティシティが、コーエンの言うように「社会的に構築されたもの」であり、その社会的意味が「所与」ではなく「交渉可能」である (Cohen, 1988, p.374) とすれば、関係者たちの交渉によってようやく実現に漕ぎつけた歴史地区創設の成果に、超越的なオーセンティシティ批判をすること自体の意義も問われるべきであろう。いずれにしても、古い都市の建造環境を活用しつつ、多くの人々に納得のいく都市景観のオーセンティシティを構築することが、都市歴史地区にとって枢要な課題であることは間違いない。

　もう一つはシアトル・パイオニアスクエアの記述 (第5章) においても言

及したジェントリフィケーションの問題である。都市歴史保全の対象となる地区は、残存した古い建物の利用や補修が不十分な荒廃地区であることが多く、低所得者の格好の居住地となってきた。しかし、都市歴史保存の理念が要請する都市過程は前述したように「適応的再利用」を基本とするため、その事業が進展すると必然的に家賃が大きく上昇し、もとからの居住者が住めなくなる。そのため旧来の住民層の多くが流出し、住民や事業者が大きく入れ替わる。このことは地区の経済的機能の改善と税収増を望む市の政治的指導者やプランナーにとっては歓迎すべき方向性であるが、都市歴史保存の運動を推進した保存主義者や活動家にとって、それは地区の市民アイデンティティや社会的理念に関わる問題であり、その変化をそのまま首肯するわけにはいかない。地区の住民構成を多様化しその経済的活性化を図りつつ、貧困者・弱者のための社会空間も保全していくことが、多くの都市歴史地区において難しい課題の一つとなっている。

　アメリカ合衆国における都市歴史地区の指定は、20世紀末までにゾーニング条例によるだけでも1,000件にも達し（西村、2004、p.579）、今日アメリカにおいて都市のコアーを再活性化し、地域的差異のセンス（場所の意味）を取り戻すツールとして注目され（Morley, 2006, p.10）、経済的戦略としてもかつての破壊的都市更新に代わってその大きなポテンシャルが認められている（Reichl, 1997）。本稿で見てきたシアトル・パイオニアスクエア地区が教える「都市歴史保存」の本質と課題は、そうしたアメリカ都市のポストモダン的状況を考える際、貴重な指針を与える。また、本書で扱った他の事例についてもこの都市歴史保全の思想に照らして検討するとき、また新たな認識の可能性が出てくるかもしれない。文脈が大きく異なるとは言え、日本における歴史保存地区の本質や課題を考える上でも参考になると思われる。

第4節 「場所づくり」とストレス－シンボル化過程

本書の論述において、筆者は一貫して「シンボル（象徴）」という概念を重視してきた。「場所づくり（場所の構築）」という言葉が、単にある「場所」の地域的実体が生成する過程のみならず、それを構築する主体の側に立ってその内実と意味を創り上げる過程を追求する用語であることを考えるとき、この概念が中心的な役割を有することは容易に理解されよう。まさに「シンボル（象徴）」こそ、本書を貫くもっとも枢要なキーワードであると言えよう。地理学は、これまでこのシンボルという概念にどのように向き合ってきたのであろうか。もちろん、人文主義の洗礼を受けたこれまでの文化社会地理学や歴史地理学においてシンボルに着目した研究は多く、ここでそれらを的確にレビューする準備はない。しかしながら、少なくとも次のようなことは言えるのではないだろうか。まず、シンボルは多義的で微妙な概念であるだけに、地理学において「シンボルとは何か」、「それはどのような機能（役割）をもつのか」という原理的な問題についての共通理解が十分にできているようには思えない。そして、シンボル論を地理思想の不可欠な一部として導入し、地理学の方法論のなかに位置づける積極的な姿勢には欠けていたのではないだろうか。そこでここではまず、筆者の前稿（杉浦、1992；2008）を参照しつつ、シンボル論の基本を整理しておきたい。

ここで言う「シンボル（象徴）」とは何であろうか。一般的に言って、一つのシンボルはそのもの（それ自身）とは異なる何かを指し示すものである。その意味で、記号（サイン sign）の一種と言ってよい。しかし、同じような記号的機能をもつシグナル（signal）、イコン（icon）、インデックス（index）、メタファー（metaphor）などとの異同や概念的関係については、いくつかの異なった見解がある。例えば、アメリカの哲学者ランガー（Susanne K. Langer）は、サインとシンボルの違いを強調し、記号的なものをこの2つに分けている（ランガー、1960）。一方、ファース（Raymond W. Firth）によれば、モリス（Charles

Morris) は上位概念としてサインを用い、そのなかでシンボルとシグナルを区別しているという。ここで（一つの）シンボルは解釈者によって創りだされる（一つの）サインであり、シンボルではないすべてのサインはシグナルと呼ばれる（Firth, 1973, p.65-66）。またファース自身は、一般的カテゴリーであるサインのなかにそれぞれ基準の強調点が異なるインデックス、シグナル、イコン、シンボルなどのサブタイプを区別している（Firth, 1973, pp.74-75）。

　しかしながら、シンボルという概念を他の記号的なものと区別し、その機能を特別なものとして考える姿勢は多くの著者たちに共通しているように思われる。ランガーによれば、シグナルなど一般的な記号（ランガーの用語では「サイン」）が、主観に対して対象そのものを指示するのに対し、「シンボル」は主観を（ある方向に）導いて対象についての表象（概念）を与えるという。シンボルが真に運ぶものは「概念」のみである（ランガー、1960、p.72；p.86）。また、ターナー（Victor Turner）の表現を借りれば、一般の記号はほとんど常に「閉鎖的システム」のなかで組織され、その意味を位置的な関係に負っているのに対し、シンボルはそれ自体意味論的に「開放」されており、古いシンボルに新しい意味が宿ったり、そのパブリックな意味に個人的な意味が加わったりすることもある（Turner, 1975, p.154）。一方、ファースは、シンボルとその他の種類の記号との違いを「意味するもの」と「意味されるもの」との感覚的ないし構造的な関係の差異に求めている。彼の用語法においては、両者の間に何か連続する（sequential な）関係、例えば全体に対する部分、先行者に対する後続者、のような関係があるときはインデックス、連続的な行動が強調されるときはシグナル、感覚的な類似関係が意図されているときはイコンと呼ぶのが適切である。それらに対し、シンボルにおいては両者の感覚的・構造的な関係が明白でなく、そこに個人的ないし社会的な解釈（構築）が関与して、その関係が恣意的に見えるという（Firth, 1973, pp.74-75）。そのこととも関連して、シンボルと一般的記号との大きな相違の一つは、意味の複合性、多義性である。シグナルやインデックスなどの記号は、特定の事実や事象を直接的に指し示して、それ以上に意味は広がらない。それに対し、シンボルは非

常に複雑な意味、理念、感情を特定の対象や行動のなかに圧縮して内包する（Rowntree and Conkey, 1980, p.460）。

　シンボルは、どのような役割、機能を果たしているのであろうか。ランガーは、シグナルなど一般の記号（ランガーの用語では「サイン」）が行動の基礎、行動を命ずる手段であるのに対し、シンボルは思考の道具であるとする（ランガー、1960, p.75）。先に述べたように、シンボルは対象を表示するだけではなく、その表象（概念）を内包する故に、我々は対象そのものに直接反応することなく、その対象について考えをめぐらすことができる。人々は、シンボルを使用することによって、直接感知することができない現実（reality）を操作する。複雑な現実を単純化し、想像力を喚起し、苦痛を与えるような出来事や事態に対して偽装を準備し、社会的な相互作用、協力関係を促進する（Firth, 1973, p.90）。すなわち、シンボルは表現、コミュニケーション、知識、さらに社会的・政治的な力の制御のための道具であり（Firth, 1973, pp.76-86）、別の表現では情報の流れを規制しコントロールする調節メカニズムなのである（Rowntree and Conkey, 1980, p.460）。

　このように、シンボルが開放的、多義的であり、多機能的であることは、シンボルの属性、種類を豊かにする。シンボルには、拡散したものから凝縮したもの、曖昧なものから正確なもの、単義的なものから多義的なものまで、さまざまな種類がある。その意味の範囲は、必ずしも一定ではなく状況に応じて変化し、またときには矛盾した意味を含んで両義的なこともある（Rowntree and Conkey, 1980, p.460）。このような意味作用の複雑さ、曖昧さこそシンボルの基本的性格であり、その潜在力の源泉となっているのである。

　以上のようなシンボルの性質と役割を考えるとき、シンボルが人間世界に遍在し、多種多様な事象がシンボルとして存在していることは理解されよう。実際、我々が創り上げ、そこに居住している場所あるいは文化景観は、夥しいシンボルで満ちている。そして地理学が場所や文化景観を特に大切な対象として措定する学問であることを考えれば、そこにおいてシンボルへの着目が不可欠であることは言うまでもない。そして、本書のように「場所」の動

態的過程を主題とする場合、地理的空間においてこのシンボルが創造され精巧にされ修正される過程が問題となる。この過程を、ロウントリー（Lester B. Rowntree）とコンケイ（Margaret W. Conkey）に倣って「シンボル化過程（symbolization process）」と呼んでおこう（Rowntree and Conkey, 1980, p.459）。

　ここで、地理的空間（文化景観）のなかのシンボルについて2つのカテゴリーを認識しておこう。一つは、本書において重視してきたモニュメントやパブリックアートなどの表象媒体である。これらは意図的な記号作用をもつ典型的なシンボル、言わば「狭義のシンボル」である。しかし、それらのみではない。建物や施設など建造環境の実体的諸要素も多かれ少なかれシンボリックな意義を有し、シンボルとして解釈可能である。これらを「広義のシンボル」としておきたい。もちろん、これら2つのカテゴリーの間に明確な線を引くことはできない。識別の基準は記号作用の意図性であるが、それは相対的な性質であり、認識は観察者の解釈に委ねられる。シンボルに狭義と広義とがあるとすれば、そのシンボルが創造されたり修正されたりする「シンボル化過程」にも狭義と広義とがあることになる。前者は意図的な表象行為の進展による過程で、本書で「表象的過程」と呼んできたものである。後者は、前者を含んでより広く地理的空間（場所）が生成・変容する過程そのものを「シンボル化過程」として認識した場合である。テーマタウンの創出、都市再開発、都市歴史保存などの地理的過程が進行するとき、この広義のシンボル化過程が活発に駆動していると見ることができよう。

　しかし、どのような場合に文化景観においてシンボル創造が盛んになるのであろうか。どのような力が人々をシンボリックな過程に駆り立てるのであろうか。この問題を考えるとき有効な一つの視点は、空間的な危機への対応としてのシンボル創出という見方である。この「空間的ストレス−シンボル化過程」とでも言うべき概念（モデル）は、文化地理学者ロウントリーとコンケイによって1980年に提唱された（Rowntree and Conkey, 1980）。このモデルについては、筆者はすでにいろいろなところで取り上げ、詳しく解説した

こともある (杉浦、1998；2008；2011a；2013；2015) [9] ので、以下ここではその考え方のごく基本的な点のみ再確認しておこう。

　空間あるいは文化景観において、このシンボル化過程を引き起こす基本的な要因はロウントリーらによれば文化的なストレスである。そして、このストレスを空間と時間への社会的要求を確認する共有されたシンボリックな構造の創出を通して緩和するため、ある種の景観のシンボル (化) が促進される (Rowntree and Conkey, 1980, p.459)。シンボリズムが人間の予知能力を高め、予知能力が潜在的な不安と変化に直面したときのストレスを緩和するとすれば、ストレスの調停者としてのシンボル化作用は人類の基本的戦略の一つということができる (杉浦、1998、p.890)。ロウントリーらによれば、このシンボル化の過程は初期相と後期相の2つの両極を想定した連続体モデルによって記述される。すなわち、初期相から後期相にかけて①シンボリックな行動の発動者は、周縁的な個人や特定のグループから中心的・正統的グループへ移行し、そのグループがシンボル・システムの保護に責任をもつようになる。②シンボルは散漫、可変的、曖昧であったものが、凝縮されその情報内容は絞られ、曖昧さを欠くフォーマルな政治的シンボルが出現し、意味は広く分有され連接される。③当初の目標はシンボルの受容と普及にあり、圧迫者への抵抗がシンボリックな高揚によって試みられる。やがてシンボルは理解され受容され、聖化される。シンボル体系の維持のため構造的ないし制度的変化が生じ得る。全体として、シンボル化のための資源消費が増大し、リスクも増大するが、フレキシビリティは減少していく (Rowntree and Conkey, 1980, pp.465-467；Table 1 − p.468)。こうした「ストレス−シンボル化過程連続体モデル」にザルツブルクにおける歴史地区保存の一連の過程が適合することをロウントリーらは見出したのである。

　筆者は、この「ストレス−シンボル化」モデルが再開発やまちづくりなど多くの地理的過程に適用できると考えている。本書で扱った「場所づくり」事例のなかでもっともよい適合例は、ロウントリーらが取り上げた事例と性質が類似したシアトル・パイオニアスクエア (PS) における歴史保存の過程 (第5

章）であろう。歴史地区創設など都市歴史保存の歩みがシンボリックな性格をもつ地理的過程、すなわち「シンボル化」過程の典型的な例の一つであることは言うまでもない。修復・改装により見事に蘇った歴史的建物の一つひとつは、それぞれがシアトル旧都心地区で起きた出来事とそこにつながった人々の人生を伝える。そして地区全体として、シアトルの創成期の歴史を物語る。人々は何のために歴史的な建物やモニュメントを復元したり保存したりするのであろうか。これらのものが過去の歴史の記憶を呼び起こす装置であることは確かである。しかしロウントリーとコンケイによれば、それらは単なる情報記憶装置ではなく、過去に存在と生活があったことを喚起することによって私たちの社会的連続性を表現していることが重要であるという。歴史地区は、私たちの現在が底の浅い表面のみで存在しているのではなく、さまざまな過去の事実と連続的に結びついた深いものであることを教えてくれる（Rowntree and Conkey, 1980, p462；杉浦、2008、pp.21-22）。

　PS 地区において、一連のシンボル化過程を引き起こしたストレスは、もちろん地区全体が陥ったフィジカルな荒廃や社会病理の悪化であろう。加えて、シアトル・ホテルの取り壊しのような歴史的景観の喪失という具体的な危機もあった。さらに「グラハム計画」のような広範なスラムクリアランスに帰結しかねない近代主義的都市計画の圧力もあった。これらの動きにマージナルになった一部の保存主義者たちによる歴史的建物の購入・改装の試みが1960年代に入ってはじまったのである。この時期がまさにロウントリーらの言うシンボル化の初期相にあたることは容易に見てとれよう。同地区の場合、この初期相の期間は比較的短かった。スタインブリュックをはじめ多くの人々の努力により1970年には歴史地区条例案が通過し、歴史保存というシンボル化の歩みが制度的保証をもつに至った。保存・更新の基本的方向性が定まるとともに、それを担保する正式な組織が創設され、急速に後期相の特性を帯びることになった。ロウントリーらが例証として取り上げたザルツブルグの場合と同様、都市歴史保存の事例であるだけに、この地区の動きが彼らのモデルに非常によく適合することは不思議ではない。

本書の「場所づくり」諸事例においてこのモデルがよく適合するもう一つのケースは、おそらくレブンワース（第3章）であろう。まず、この町における「場所づくり」を引き起こしたストレスは、1950年代の町の産業基盤（製材業、果樹農業）の衰退・停滞、そこに起因する学校の予算も不足するほどの町の財政悪化、そして人口のさらなる流出であったことは間違いない。そうした事態に対応すべく町を挙げての様々な模索が歴史的根拠を有しない「ババリア化」というエスニシティをテーマとしたツーリストタウン創造へと結実していったが、その過程はまさに町の人々に共有されるシンボル化の過程にほかならない。初期の状況を見ると、ババリア化を唱道し実践したシンボル化の担い手はプライスやロジャース、少数の店舗所有者など周縁的な個人であり、「ババリア化」の意味は十分には広く理解されず、ババリアとスイス（アルプス）は可変的であった。これはロウントリーらが言う初期相の特色に当てはまる。しかし、後年になると、公的なデザインレビュー委員会が設置され、「ババリア化」の意味が広く理解・共有されるに至る。また、建物改修のためのガイドラインが厳密化され、許容されるデザインの揺れが抑えられた。すなわち、制度的変化、シンボルの凝縮、フレキシビリティの減少というモデルで示された後期相の段階に至ったということができる。レブンワースで生じたことは、ある意味でユニークであるが類型的側面ももっている。それは、アメリカの地方でよく見られる資源依存型の地方小都市が産業基盤の衰退という危機に対応してとったツーリズム重視の経済への転換という側面であり、そのための空間的戦略としてシンボル化を採用したということにほかならない。

　他の事例においてはどうであろうか。ホエルシャーが描くところの、スイス移民のコロニーとして出発しそのエスニシティに根拠をもつニューグラルス（序章、事例7）の場合も、その「スイスケープのフェーズⅡ」以降の「場所づくり」はレブンワースときわめてよく似た経緯をたどった。そのきっかけとなったストレスは、1960年代初めの町の経済を支えてきた乳業会社の閉鎖とそれに続く経済危機であろう。町をあげての模索の末、スイス色を全面的に

打ち出したヘリテージ・ツーリズム強化の道を選択したが、これはまさにシンボル化過程にほかならない。その初期のスイス風建築は真に正統的なスイス風ではなかったようで、これはロウントリーらが言うシンボル化が散漫、曖昧な初期相の特色にあてはまると見てよいであろう。著者が言う「スイスケープのフェーズⅢ」はどうであろうか。この時期、「スイス化」にあたっての厳格な規制や制度化があったかどうかは、著者（ホエルシャー）の記述にないので不明であるが、より正確にスイスの民俗建築の伝統を反映する「場所づくり」が志向されたということなので、少なくともシンボル化の方向性が凝縮、共有され、フレキシビリティが減少したことは間違いない。モデルで言う後期相の特性をある程度もったと見てよいであろう。

　やはりエスニシティに歴史的根拠をもつソルバング（第4章）の場合はどうであろうか。「デンマーク化」による「場所づくり」の契機となった直接のストレスは、資料・文献からは十分確認できない。この町の場合、そのきっかけとして諸文献で例外なく語られるのは一つの雑誌記事による「発見」という偶発的なものである。ただ、第二次大戦中のナチスドイツによる故国の占領は、ソルバングの人々にも大きな衝撃であったことは間違いない。また、デンマークから逃れた人々がこの町に来住したことも、故国との縁を再評価することにつながったのではなかろうか。その後の「場所づくり」の歩みは、レブンワースとよく似ている。当初のデンマーク風外観をもつ建物の増加は、町の人々の自発的な合意の結果であった。しかし、1985年以降、市制をきっかけに建物評価・規制のための委員会組織とデザイン・ガイドラインをもつことになった。すなわち、シンボル化を支える制度的変化とフレキシビリティの減少という初期相から後期相への移行が見られたと解釈できる。

　筆者が研究してきたカリフォルニアの2つの日本人街、サンノゼ日本町（第1章）とロサンゼルス・リトルトーキョー（第2章）においても、このストレス－シンボル化の過程が観察される。前者の場合、明らかに第二次大戦後2つのフェーズに分かれた表象的過程、すなわち狭義のシンボル化の高揚が認められる。この動きを惹起した要因がストレスであったとすれば、それはど

のようなものであったのだろうか。サンノゼ市の戦後の歴史的経緯を見る限り、戦後の復興は比較的順調であり、再開発に関わるガバナンスも穏やかなものであったことは前述した。すなわち、大きな具体的ストレスは見当たらない。とは言え、一連のシンボル化過程が進行した文化・心理的背景に、日系エスニック集団に意識される一種のストレスがあったことは想像できる。これらのストレスについて、具体的な根拠から明確に指摘することは困難であるが、一般的な状況から筆者としては以下のようなことを考えたい。まず、戦後のアメリカにおける日本人街の存在の不安定さである。世代の交代に伴う都市内エスニック人口の郊外分散と空間的同化 (Massey, 1985；Allen and Turner, 1996) は、日系人の場合においても 1960 年代に入って急速に進行し、カリフォルニアにおける多くの日本人街が担い手を失い消失していった。ロサンゼルスとサンフランシスコの日本人街は、もともとの規模の大きさという要因に加え、建造環境の荒廃という危機に敏速に反応して外部資本を呼び込んだ大型再開発を実現し、その存続に成功した。それに比し、サンノゼ日本町は都市過程の相対的に小さなダイナミズムのなかで、いくつかの好条件に恵まれ小規模なエスニック・タウンとして存続してきたが、サンノゼ市を含めたシリコンバレー地区の急激な大都市化の進展のなかで長期的な衰退傾向への不安は拭いきれなかったに違いない。このようなコミュニティに共有される心理的状況が、1980 年代末からのいくつかの散発的なシンボル創造を引き起こしたのではないだろうか。90 年代後半に入ると、新たな具体的ストレスが生じてくる。それはサンノゼ市コーポレイション・ヤードの諸施設の移転により日本町の一角を占める一つのブロックが完全に空地化したことである。跡地は再開発の対象とされ、日本町を保存・再活性化する方向と絡めていくつもの案が検討されたが、参入を期待される企業側に経済情勢への不安もありなかなか具体化されず、その後も最大の懸案として残ってきた。これらのことが 2000 年代に入ってからのよりインテンシブなシンボル創造としてのランドマーク・プロジェクトの実施に結び付いたものと思われる。

　さてこの場合、ロウントリーらの言う「ストレス－シンボル化」の初期相

から後期相への連続的変容は見られたと考えてよいのであろうか。サンノゼ日本町におけるシンボル創造の過程を見るとき、1990年前後の再活性化プロジェクトと2000年代に入ってからのランドマーク・プロジェクトでは、シンボル化活動の内容と性質にやや違いが見られる。前者においては、ロゴマークの製作やバナーの設置など日本町の存在をアピールすることに主眼が置かれたのに対し、後者ではより重層的で具体的なメッセージ発信が多様なテクスト表現によって試みられた。また、シンボル化活動の主体においても、前者におけるJBAなど一部の小規模組織の活動から、JCCsjなどより包括的なコミュニティ組織に中心が移ったことが観察される。しかしながら、Rowntree and Conkey(1980)が論じている最終的な後期相の状況、すなわちシンボル体系を維持するための構造的・制度的な変化、フォーマルな政治的シンボルの出現、高い資源消費、フレキシビリティの減少（方向性の固定化）などの特徴は、本対象地域の場合、後者の段階においてその萌芽は見られるものの、まだ典型的な形では現れていないと見てよいのではなかろうか。すなわち、サンノゼ日本町におけるシンボル化過程は、相対的に漠然とした微弱なストレス自体に対応してシンボリックな意味が文化的次元にまだ留まっており、ロウントリー・コンケイ・モデルの後期相の特色を十分に表出する段階には至っていないと解釈しておきたい。

　リトルトーキョーの場合、1994年段階までの変遷を検討した前稿において、その再開発を広義のシンボル化ととらえ、その経緯がこのロウントリーらのモデルに基本的に適合する旨を述べた（杉浦、1998、pp.903-906）。以下、その主旨を要約すると、まず再開発を引き起こした直接のストレスは明らかにロサンゼルス市の行政地区拡大の圧力とそれによるコミュニティの基礎的空間喪失の危機であり、間接的には建物の老朽化や住民の居住の郊外化によるコミュニティ基盤の衰退であった。まさに現実の空間的次元をともなう「空間的ストレス」と言ってよい。これらへの防御的反応としての都市再開発もまた空間的次元における（広義の）シンボル化と見做し得る。1960年代前半の動きは、何人かのコミュニティ指導者や民間事業家によって主導された個

別のプロジェクトが中心であったが、1970年代以降はリトルトーキョー再開発事業が市議会によって正式に承認され、「リトルトーキョー開発諮問委員会」や「ロサンゼルス市コミュニティ再開発公社（CRA）」など制度的裏付けをもったフォーマルなセクターの主導の下に明確なシンボル性を有する再開発の成果が実現していった。また、再開発が承認される前の動きは方向性が確定せず（すなわちフレキシビリティが高く）ローリスクの低投資状況にあったが、1970年代以降の再開発の公的進展においてはハイリスクを覚悟して巨額の投資がなされ、したがって方向性の柔軟さもおのずと制限されていったと言える。こうしたことは、まさにロウントリーらの言うシンボル化の初期相から後期相への変化が見られたことを示している。リトルトーキョーにおける再開発を中心とした「場所づくり」過程は、彼らの「空間的ストレス－シンボル化」モデルの適合例の一つと言ってよいのではなかろうか。

　しかし前稿（杉浦、1998）においては、ロウントリー・コンケイ論文（Rowntree and Conkey, 1980）においてモデルの適合例とされたザルツブルクの景観保存過程との食い違いにも触れた。その一つは、初期相がかなり短かったことで、その理由を日系コミュニティの特殊な歴史的経験を背景とした住民アイデンティティの急速な凝集に求めた。モデルとの相違の面でより重要なことは、シンボル化の方向性に分化が見られたこと、特に後期相が展開するなかでその様相に質的な変化が生じたことである。すなわち、1970年代から1980年代前半は社会・経済的活性化を狙った未来志向的な大型プロジェクトが次々と実施されたが、それ以降は歴史地区の保存や歴史博物館の設立など復古的・回帰的意味合いの強いプロジェクトに重点が移った感がある。筆者はこうした傾向を、新しい文化的ストレスによる新しいシンボル化のサイクル、少なくとも大きな一連のサイクルのなかのサブサイクルがはじまったと解釈した（杉浦、1998、p.905）。すなわち、一連の大型再開発プロジェクトの実施により当初のストレスは緩和したが、そのこと自体が馴染んできた古い日本人街のあまりにも大きな変容という一種の喪失感を与え、1980年代後半以降の歴史的アイデンティティに焦点をあてた空間的シンボ

ル化の進行につながったと考えたのである。

　1994年から2013年の再開発事業終了までを検討した本書において、どのようなことが言えるのであろうか。「空間的ストレス－シンボル化」に関する限り、現時点においても上述したことに大きな修正の必要はないと思われる。しかし、再開発の動向そのものには、より複雑な性格も観察される。建物修復による歴史保存や歴史博物館の拡充などは、その後も主要な再開発プロジェクトとして続けられた。新しい動きとしては、市場レート集合住宅など居住機能の強化が進んだことや初期に開発された施設の改修なども実施されたことが挙げられる。さらに前稿（杉浦、1998）で指摘できなかった新しい動向は、居住やビジネスの面におけるマルチエスニック化、脱日系への傾向である。しかし、一方で他のエスニック集団メンバーの日系「借り傘戦略」（第2章、参照）やパブリックアートにおける「日系」「日本」の表出強化の方向も見られた。言わば、エスニシティに関して異なったベクトルが観察されたわけであるが、これについても「ストレス－シンボル化」という考えに照らして、ある程度の解釈が可能なように思われる。すなわち、脱エスニック化して文化的にも空間的にも同化していく現象は、アメリカ社会において必然的な動きであるが、このこと自体が周縁化したエスニック・マイノリティの人々に文化的、社会的なストレスを与える。パブリックアート等表象的次元の行為において特にエスニシティが強調されるのは、このストレスを緩和して自己の定位を得ようとする行為であり、そのためのエスニシティの戦略的利用である、と捉えることができるのではないだろうか。

　このように「場所づくり」過程においては、ストレスへの防御的反応としてのシンボル化がさまざまに見られる。特に、再開発のような複雑な地理的過程においては、その動きそのものが新しいストレスを生み、新たなシンボル化につながることもあり得る。本書で取り上げた他の事例においても、詳細に検討すればそうした現象が潜在しているのではないだろうか。「空間的ストレス－シンボル化」の側面は多くの地理的動態に潜んでいるに違いない。管見の限り、場所の構築などを論じた地理学的研究において、このロウント

リーらのモデルに言及した例はきわめて少ないように思われる。場所の動態的過程を取り上げる文化社会地理学者は、もう少しこのモデルの汎用性に注目すべきことを強調しておきたい。

第5節　「場所」と「場所づくり」――再考

　最後に、上で検討してきた英語圏及び筆者の諸研究事例に鑑みつつ、「場所」とは何か、「場所づくり」とはどのような過程なのか、そして「場所づくり」を地理学的に考究するとはどういうことなのか、その諸特性と本質を改めて考察して本書の結びとしたい。

　「場所づくり」の「場所 (place)」とはどういう概念なのであろうか。「場所」については、人文主義の洗礼を受けた近年の地理学において多くの議論がなされてきた。本書では序章冒頭でいくつかの見解に触れた。この概念は本来いわゆる「定義」にはなじまない性質を有し、本稿において、これを厳密に定義したり、特に新しいことを言おうという意図はない。ただ、この概念がもついくつかの微妙なニュアンスを確認しておきたいということである。「場所 (place)」は、まず「地域」「景観（ランドスケープ）」「環境」「空間」などとともに、地理学的考察の対象あるいは枠組みとなる地理的空間（の部分）を指す用語であることは間違いない。しかし、客観的指標によって区分、認識し得る規範的概念である「地域」などに対し、「場所」は人間にとってより直接的で親しみやすい感覚をもった言葉である。我々は、ある地理的空間を思い浮かべるとき、「地域」や「空間」として概念化するより先に、まず漠然と「場所」として意識するのではないだろうか。そして、その境界や形状より先に、そこがもっている雰囲気や自分にとっての意味を考える。すなわち、より主観的な、人間的意味合いをもった概念なのである。

　序章で扱った英語圏の各研究事例では、対象空間である「場所」をどのように捉えているのであろうか。「場所」をある程度明確に規定している著者は

チャコ (Chacko, 2003) である。そこでは「(エスニック集団の)エートス、すなわち彼らの文化的特性と価値」が「(エスニックな)場所」の形成に表現を見出したと述べる (事例5)。すなわち、集団あるいはコミュニティの集合的な価値を体現する空間が「場所」ということになろう。ほかの論考ではそれほど明示的ではないが、いろいろな表現を総合すれば次のようなことになろう。「場所」は、まずそこに住む人々にとって自らが築き上げた馴染み深い生活空間、自らの領域である (事例4)。しかし、それは単なる領域的な空間ではない。「場所」は、イメージやシンボルがその空間に積み重ねられることによって固有な意味を付与される (事例5)。そのイメージやシンボルは「場所」を担う集団の理念的、象徴的アイデンティティと結びついている(事例2)。すなわち、「場所」はその生成に絡んだ人々がそこでアイデンティティを確認し、ヘリテージを意識できるところである (事例5)。また、それは単なる人為的生産物ではなく、ある文化的モデルを使用した文化的 (再) 生産物でもある。そのモデルは英国の田園 (事例1) であったり、スイスの伝統的な村 (事例7) であったりする。

　では、筆者が取り上げた各事例において、この「場所」はどのように概念化されるのであろうか。サンノゼ日本町 (第1章) とロサンゼルス・リトルトーキョー (第2章) は、まさに歴史的な日本人街であることによって、鮮明なエスニシティが投影している「場所」である。そのことが、エスニックな意味を有したランドマークやパブリックアートなどのシンボル創出を生み、またそうした表象媒体の存在がエスニックな意味を強める。レブンワース (第3章) やソルバング (第4章) でもその意味合いは同様である。ともにアメリカにおける「ババリアン・ビレッジ」や「デンマーク村」として強い意味合いをもつその場所は、コミュニティの人々にとっても誇りでもあり、その生成に携わった人々にはアイデンティティを確認する「場所」であることには変わりないであろう。ましてアメリカでも有数の規模の都市歴史地区として強い意味を付与されたシアトル・パイオニアスクエアの場合は、関連コミュニティのメンバーのみではなく、シアトル市民にとってもアイデンティティの源となって

いるに違いない。しかし、レブンワースやソルバングの場合、そこに少し違った意味合いも生ずる。それは、そこへの訪問客（ツーリスト）やこれらの町の状況を知る外の人々も、そこに固有の強いイメージとアイデンティティを感ずるに違いないことである。そして町の人々は、こうした場所に固着したアイデンティティを他者志向的に利用していることになる。この場合、ツーリストと町の人々が感じる「場所」のアイデンティティが同じであるとは限らない。「場所」は、アイデンティティとヘリテージの源泉として一般化可能ではあるが、その発現の状況や結果としてもつ意味は「場所」と人々との関係性によって違ってくるのである。

　なお、「場所」は境界をもつのであろうか。確かに、我々は「場所」をイメージするとき、ある一定範囲の地理的空間の「内側」の経験や出来事を暗黙に想定している。ちなみに「場所」の特性をさまざまに考察したレルフは、「場所の本質は……『内側』の経験にある」、「深く『内側』になればなるほど場所に対するアイデンティティは強まる」と述べる。外側と内側の区別は、場所にとって本質的なものと言える（レルフ、1991, pp.88-89）。とすれば、内側と外側の間に「境界」があることになるが、この境界は「場所」を考えるとき普通はあまり重要視されていないのではなかろうか。「場所」は、あくまでその内部の経験に重点がある概念である。しかし、場合によってこの「場所」の境界が強く意識されることもありそうである。バンクーバーのチャイナタウンのケース（事例3）では、中国人経営の店がチャイナタウンの外に拡がりはじめた頃、白人たちはアジア人の小売ビジネスを「限定されたエリア」に（法的に）限る可能性を模索したという（Anderson, 1988, p.222）。そのことは、チャイナタウンの「境界」を外の人々が強く意識していたことを示しているのではなかろうか。筆者が、リトルトーキョーで調査をしていたとき、よく地元の人に「リトルトーキョーの外にはいかない方がいいよ。危ないから」と言われたことを思い出す。この言葉にどれほどの客観的な事実性があるのかは分からない。しかし、コミュニティの人々がリトルトーキョーという「場所」がある種「線引き」された範囲であることを意識していたことは確かであろう。リトルトー

キョーは基本的に再開発地区と重なるので、内容的にもパーセプションの面でも、境界が意識され易い空間と言える。サンノゼ日本町はどうであろうか。前述した（第1章）ように、その範囲は人によって取り方が異なっていたが、東ジャクソン通りと東テイラー通りを含んで一定範囲内にバナーが設置されたことで、境界についての共通理解が形成されたように思える。シアトル・パイオニアスクエアの場合、指定された歴史地区であるため、当然地図の上では線引きされた境界をもつ。しかし、関連する計画書では「境界（boundary）」ではなく「縁（edge）」と表現されることが多い。そこでは、「縁」はそれを通してこの地区がアイデンティティを獲得するための「いきいきした概念」として定義されなければならないとされる。このように「場所」は「境界」と無縁の概念ではないが、それはこの概念の中核的な要素ではなく、状況（文脈）に応じてときに強く意識されることもあり得ると考えたい。

　では、こうした「場所」の構築過程、すなわち「場所づくり」過程の特質をどのように捉えればよいのであろうか。英語圏の既存研究では、ほとんどの事例において「場所の構築」の具体的内容を「景観（ランドスケープ）」の形成として描いていることは、すでに序章において述べた。筆者の事例研究においても、「場所づくり」の成果が景観の変容に現れ、その中心的な内容が文化景観の形成にあることは間違いない。レブンワースやソルバングの場合は、ニューグラルス（序章、事例7）と同様、「場所づくり」の目標はあるエスニシティを表出した他者志向の街路景観（ストリートスケープ）を創出することであった。サンノゼ日本町やリトルトーキョーでは、「場所づくり」の最大の眼目は商業地区としての経済的・社会的機能を再生・維持することに置かれ、その結果として盛り場的な景観も再構築されることになる。ただ、経済的な機能充実に偏り過ぎると「エスニックな場所」としてのアイデンティティを失う恐れもあるので、ランドマークやパブリックアートなど表象的行為も進展し、景観におけるエスニシティが補強される。シアトル・パイオニアスクエアの「場所づくり」は、地区ぐるみで都市創成時の景観特性を保存することが主要な都市過程の目標となってきた。本書では、こうした景観形成の側面を重

視して「場所づくり」の経緯を具体的に個別に描きだすことに力点を置いたのである。

　前述したレルフは、「場所は物理的で視覚的な形態、つまり『景観』を持つ」「見かけのかたちは……場所のもっとも明確な特徴の一つ」と述べる（レルフ、1991、p.52）。ここでは、形態的、可視的な「景観」を重視しているように見える。しかし、上の諸事例で強調される「景観づくり」は、単にフィジカルな存在としての可視的環境を創り上げること以上の意味をもつように思われる。この景観は社会的ステータスのシンボルとして機能し（序章、事例1）、認知と追憶を求める（序章、事例2）。すなわち、「景観づくり」とは特定の文化的文脈の下で一定の景観を創りだすことのみではなく、フィジカルかつ象徴的な方法で意味のある自らの領域を創りあげる「場所づくり」そのものなのである。

　次に、「場所の構築」という過程が二元的性質あるいは弁証法的性質をもつことに留意しなければならない。バンクーバーの高級住宅地ショーネッシーハイツの考察（序章、事例1）においてダンカンは、エリートという階級の生産物である「場所」がカナダ社会の階級の区別やエリート消費のモデルを再生産することに注意を向ける（Duncan, 1992）。ノーザン・バージニアのベトナム系移民地区の研究（序章、事例4）では、場所をつくることはアイデンティティを形成し社会関係を表明することとされる（Wood, 1997）。バンクーバー・チャイナタウンの論文（序章、事例3）では、中国人という「レース」概念が（チャイナタウンという）場所を通して再構成されるとする。すなわち、人々と場所を定義し構造化する力は共通である（Anderson, 1988）。このように、場所や空間が生産されるときは、社会（コミュニティ、階級）や文化（レース概念、エスニック・アイデンティティなど）もともに生産され、両者は相互にフィードバックし支え合うのである。筆者の諸研究事例では、この側面を特に強調して述べなかったが、どの事例においても「場所づくり」は人々の意識や諸関係を変え、新しい組織が創られつつ進行する状況には変わりない。サンノゼ日本町の例を挙げれば、最初の再活性化計画（1980年代〜90年代前半）において、ロゴマークやバナーの設置など表象行為の進展と連動して

ビジネス組織が強化され、再開発公社との協調関係が確立した。州の動きを
きっかけとした2000年代には、ランドマーク建設に呼応してアンブレラ的コ
ミュニティ組織の「サンノゼ日本町コミュニティ会議（JCCsj）」が結成され、
以後この組織が「場所づくり」を主導していくことになる。筆者は2009年4月
29日に開催されたJCCsjの定例会合に参加（傍聴）する機会を得た。4時間に
も及ぶ会議の内容を十分理解できたとは言い難いが、日本町に関係する「場
所づくり」の具体的な課題が熱心に議論されていたことを印象深く憶えてい
る。すなわち、新しく創られた社会的諸関係が次の「場所づくり」過程の進行
のための文脈（コンテクスト）となる状況を観察できたのである。

　「場所づくり」を主導する営力、その際に働く関連作用はさまざまである。
まず実体的変化を引き起こす力の源は、基本的にその場所を担う人々（主体）
の機能的な行動・活動にある。英語圏研究事例（序章）において、その内容は
「流用と調整」（事例4）、「（景観への）刻印（imprint）」など抽象的に表現された
り、「施設・店舗の集積」（事例5）、住居など建物づくりやテーマパークづくり
（事例7）など具体的に特定されることもある。そうした活動の主体は、「組織
や個人」として一般化されたり（事例2）、具体的なアクターの役割が個人名、
組織名を挙げて描写されたりする（事例1、7など）。筆者は「場所づくり」過
程を記述するにあたって、サンノゼ日本町、リトルトーキョーでは特に施設・
店舗の構成の変化、レブンワース、ソルバングではテーマを表現する建造環
境の生成・変化、そしてパイオニアスクエアでは個々の建築物の改修などに
注意を払った。そうした活動の主体となるアクターについては主に組織など
集合的レベルで言及したが、顕著な役割を果たしたキーパーソンに着目した
ケースもある（レブンワース、ソルバング、パイオニアスクエア）。いずれにし
ても、こうした実体的過程がそれぞれの場所の建造環境ひいては景観の骨格
を創り、場所の機能を再生・変化させていくのである。「場所づくり」研究に
おいて、こうした「場所」を構成する実体的な機能や形態の変遷を実証的に記
述・考察する部分が欠かせない所以である。

　しかし「場所づくり」を構成するもう1つの重要な過程は、人々のさまざま

な表現、創造、言説などの表象行為の進展である。これらは建造環境の創造などよりさらに直接的な象徴性をもつ。英語圏研究事例（序章）では、新来の移民たちによる大都市圏内での「場所づくり」を扱った研究（事例4、5、6）においてエスニックな意味をもつ形象（エスニック・マーカー）の場所への集積の意義が強調され、特にセントルイスのボスニア系移民地区の研究（事例6）では店舗名（言語景観に現れる）、標識のデザインやシンボル使用、バナー、モニュメントなどにも注意が払われている。しかし、既存の研究においては、そうしたシンボルやモニュメントなどの記号群を具体的に分析・記述し、そのメッセージ（記号内容）を読み取ろうとする姿勢には概ね欠けていたと筆者は感じている。そこで、サンノゼ日本町やリトルトーキョーにおける研究では、ランドマークやパブリックアートなどの表象媒体の存在を現地調査から確認し、それらが創出された経緯を把握し、それらの表現意図を読み取ろうと試みた。これらのシンボル群が「場所」のイメージを創り、それに意味を付与する、少なくともそれらを強化するのに大きな役割をもっていることは第1章、第2章で述べた通りである。こうした事情はレブンワース、ソルバング、パイオニアスクエアにおいても同様であると思われ、部分的には言及したが、前述したように十分組織的な記述にまでは至らなかった。

　表象行為は、場所に携わる内部のアクターが発するもののみではない。場所の外から働く認知的表象、メディア的表象、さらに外部の人々のまなざしやそれに基づく実践も重要な役割を演ずる。セントルイスのボスニア系移民地区（序章、事例6）のボスニア色の表出、オーセンティックなボスニア料理レストランの存在は、地元紙ばかりでなく全国的なメディアの興味を惹き、訪問を促す特集記事などが編まれた（Hume, 2015, pp.9-10）。「アメリカのデンマーク村」ソルバングは、前述したようにサタデイ・イブニング・ポスト誌の一つのレポート記事によって「発見」された（第4章）。この記事は外の人々の「発見」を促したのみならず、町の人々の認識を変え、その後の「場所づくり」にもつながっていったのである。アンダーソン（Anderson, 1988）が扱ったバンクーバー・チャイナタウン（序章、事例3）の場合は、その「場所」の生

成と持続に外のアクターたちの認知的表象が決定的な役割を果たした事例である。アンダーソンは、場所内部からの力にまったく目を向けていないので、外からの表象や実践が果たす役割の相対的大きさが測れないが、このケースのように差別的なまなざしと制度的実践が強いとき、それらが「場所づくり」の在り様や「場所」のアイデンティティの強度に大きな影響を与えることは十分想像できるのではないだろうか。

さらに「場所づくり」の本質をより深く理解するためには、アクターたちの具体的な行為や実践のみではなく、彼（彼女）らの主張や心情にも目を向ける必要がある。「場所づくり」にあたってアクターたちの主張は、そのプロセスの背景となる文脈を形づくる。「場所づくり」の成果がエスニックな性質を帯びるのは、アクターたちのエスニシティの主張に基づく行為があるからである。また、ある場合にアクターたちは、「場所づくり」の結果がオーセンティックであることに固執する。ときに建造環境の更新にあたって、歴史保存の主張が強くでることもある。そして、集中的なシンボル創造の背景には、危機（ストレス）に直面したアクターたちの心情が存するのである。

なお、実体的にせよ表象的にせよ、場所の構築が進行する過程には政治や権威（ヘゲモニー）が絡み、そこに少なからぬ葛藤や抵抗が生ずることを忘れてはいけない。序章、事例1（ショーネッシーハイツ）では、不動産所有者同盟が「場所」のかけがえのない価値を訴えて政治的に行動し、その保全につなげた。まさにアイデンティティ・ポリティックスを実践したと言ってよい。序章、事例7（ニューグラルス）においては、野外博物館の建築デザインをめぐる争いやテーマパーク構想への地元住民の抵抗が描かれる。筆者の事例研究で取り上げた「場所」も例外ではない。リトルトーキョー（第2章）の再開発は、もともとロサンゼルス市の行政地区拡大への抵抗として出発した。また、前述した（第2章）ように、同地区初期の大型プロジェクト、「東西開発法人（EWDC）」による高級ホテル、ショッピングモールの開発による住民の立ち退きに若い世代の人々が組織（「リトルトーキョー立ち退き反対同盟」）を結成して反対し、年配者たちと世代間の対立を引き起こした（杉浦、1998、p.898）。

パイオニアスクエア地区（第5章）においては、歴史地区創設にあたりシアトルのビジネス指導層による組織（「シアトル中央協会（CAS）」）は不動産所有者の権利を侵すとして反対し、保存志向派との間で激しい論争を展開した。このような事例は、「場所づくり」には常に政治性が絡み、多くの場合その過程は予定調和的には進まず、矛盾、葛藤、対立を内包しつつ進行することを教えている。

　最後に、「場所づくり」過程が進行する際の背景や文脈、そこに働くパラメータに目を向けてみよう。この背景・文脈やパラメータは個々の地域によってその組み合わせや強度が異なり、各事例に個性を与える。英語圏論文の事例1（ショーネッシーハイツ）、事例7（ニューグラルス）、筆者による事例のレブンワース、ソルバング、パイオニアスクエアでは、景観づくりにデザイン・ガイドラインやゾーニングなどによる強い規制が働く。それに比し、事例4、5、6、あるいはサンノゼ日本町、リトルトーキョーでは、建築デザインへの都市計画的規制が弱く、人々の場所づくりは自律的な性格が強い。ポストモダン社会においては、他者志向、ツーリズム志向も強い規制的パラメータとして機能することが多い（ここでは事例2、7、レブンワース、ソルバング）。「場所の構築」過程の研究には、一般的な経済的、社会的、文化的文脈に留意しつつ、固有なパラメータの役割にも注意を払うことが必要となろう。

　以上本節では、北アメリカにおける筆者や他の著者たちによる事例研究の検討から「場所」の象徴性、景観形成と「場所づくり」の本質的近親性、「場所づくり」過程の弁証法的性質、実体的過程と表象的過程の役割と両者の統合性、過程に絡む政治性、権力や葛藤、過程が進行する際の文脈やパラメータの役割など、「場所づくり」過程に付着する諸性質を確認した。また、本章の第1〜4節で見てきたように、「場所づくり」の考察にはエスニシティ（特に北アメリカの場合）、オーセンティシティ、そしてストレス−シンボル化の問題が常に絡み、ときに歴史保存の問題がクローズアップされる。本書においては、「場所づくり」あるいは「場所の構築」を研究するにあたって、できるだけこれらの諸性質を視野に入れ、諸概念群を組み入れて考究してきた。もちろん、本書

において十分扱い得なかった「場所づくり」に絡む要因や事象も多い。「場所づくり」に果たす資本の役割や「場所」をめぐる政治的な動きには十分組織的な目を向けることができなかった。しかしながら、本書は文化社会地理学の視座に偏ってはいるとは言え、上述の方法論を取り入れることによって、「場所づくり」の地理学の一つの可能性を提示し得たのではないかと考えている。日本においても、まちづくりや観光地形成など「場所」が絡む問題へのアプローチはますます重要になっている。その際、文脈が異なるとはいえ上記諸性質や諸概念に留意することは、対象の構築性を浮き彫りにし、その理解の深化に資するものと思われる。本書がそのための一助となれば幸いである。

注

1) リトルトーキョーに長く居住した五明は、この地区の歴史と現状について記述した著作（五明、2008）のなかで、「日本生まれの新一世や日本育ちの帰米者は変化を是とし……（中略）……日系若年層は若者のアジア・タウンを期待している」（p.207）と述べている。

2) ちなみに五明（2008）は、「小東京も最近日本人所有の土地がめっきり減ってきた……（中略）……日系テナントは追いやられ今や過半数が他民族店舗となった」（p.213）と述べている。

3) 日本語表記は遠藤（2002）にしたがった。安福（1993）は「マッカーネル」、堀野（2011）は「マキャーネル」と表記している。

4) 訳語は、安福（1993、p.104）による。

5) コーエンは、1972年論文ではオーセンティシティの体験について明言せず、1979年の論文で改めてこのことを確認している（Cohen, 1979, p.195）

6) ホエルシャーは、別の論文（Hoelscher, 1998b）でもほぼ同じ問題を取り上げている。

7) 「ハイパーリアリティ（hyperreality）」は、イタリアの記号学者ウンベルト・エーコが、古い外来のエキゾティックな事物のイコン的な表象、リアルなコピーを創りだすアメリカの大衆文化と消費の性向を描く際、使用した用語である（Larsen, 2006, p.68）。

8) "historic preservation" は「歴史保全」と訳す場合もある（西村、2004、など）。本稿

では、英文の文献・資料を引用・参照する場合、便宜的に淺野 (2013) に従って、preservation は「保存」、conservation は「保全」と訳した。

9) 杉浦 (2013 ; 2015) の文献名は、「はじめに」中の筆者初出論文の記述 (③、④)、参照。

文　献

淺野敏久（2013）：環境の保全と保護．人文地理学会編『人文地理学事典』丸善出版株式
　　会社、586-587．

阿部祐子（2007）：シアトル市の2歴史地区における保全運動とその論点．『日本建築学
　　会大会学術講梗概集』（九州）2007年8月、351-352．

阿部祐子（2011）：シアトルの歴史地区におけるコミュニティ保全思想の提起とその背
　　景．『日本建築学会計画系論文集』76巻668号、2027-2032．

荒山正彦（1995）：文化のオーセンティシティと国立公園の成立―観光現象を対象とし
　　た人文地理学研究の課題―．『地理学評論』68A、792-810．

飯田耕二郎（2010）：ホノルル市アアラ地区における戦前の日本人街．『大阪商業大学商
　　業史博物館紀要』11、113-134．

飯田耕二郎（2011）：ホノルル市モイリリ地区における戦前の日本人町．『大阪商業大学
　　商業史博物館紀要』12、191-207．

岩本通弥（2003）：フォークロリズムと文化ナショナリズム―現代日本の文化政策と連
　　続性の希求―．『日本民俗学』236、172-188．

内田順文（1987）：地名・場所・場所イメージ―場所イメージの記号化に関する試論―．
　　『人文地理』39、391-405．

内田順文（1989）：軽井沢における「高級避暑地・別荘地」のイメージの定着について．
　　『地理学評論』62A、495-512．

江渕一公（1982）：日系アメリカ人の民族的アイデンティティに関する一考察―カリ
　　フォルニア州サンノゼ日本町における三世の行動の分析を中心として―．綾部恒
　　雄編『アメリカ民族文化の研究―エスニシティとアイデンティティ』弘文堂、137-
　　199．

遠藤英樹（2002）：観光社会学の新たな地平をもとめて―観光のオーセンティシティを
　　めぐる社会学理論の展開―．『奈良県立大学研究季報』12（3・4）、29-37．

遠城明雄（1998）：「場所」をめぐる意味と力．荒山正彦・大城直樹編『空間から場所へ

　　─地理学的想像力の探究』古今書院、226-236.

加藤新一編 (1961)：『米国日系人百年史─在米日系人発展人士録』新日米新聞社、ロサ
　　ンゼルス.

カラベニック，エドワード (1972)：カリフォルニア南部における日本人集落 (野沢秀樹
　　訳).『地理』17 (4)、88-93.

川森博司 (2001)：現代日本における観光と地域社会─ふるさと観光の担い手たち─.
　　『民族学研究』66、68-86.

川森博司 (2003)：伝統文化産業とフォークロリズム─岩手県遠野市の場合─.『日本民
　　俗学』236、103-108.

神田孝治 (2012)：『観光空間の生産と地理的想像力』ナカニシヤ出版、京都.

小林　博 (1970)：リトルトウキョウ─ロサンゼルスの日系人町─.『地理』15 (8)、105-
　　108.

五明　洋 (2008)：『リトル東京─ロサンゼルスに花開いた日本文化』青心社、大阪.

米谷ふみ子・ムラセ (イチロウ・マイク)・景山正夫 (1987)：『リトル・トウキョー 100
　　年』新潮社.

在米日本人会 (1940)：『在米日本人史』在米日本人会，サンフランシスコ.

佐々木敏二・下村雄紀 (1994)：戦前のヴァンクーヴァー日本人街の発展過程.『神戸国
　　際大学紀要』46、26-67.

杉浦　直 (1992)：空間的シンボリズムと文化.『文化の基礎理論と諸相の研究』岩手大
　　学人文社会科学部総合研究員会、55-74.

杉浦　直 (1996)：シアトルにおける日系人コミュニティの空間的展開とエスニック・
　　テリトリーの変容.『人文地理』48、1-27.

杉浦　直 (1998)：文化・社会空間の生成・変容とシンボル化過程─リトルトーキョー
　　の観察から─.『地理学評論』71A、887-910.

杉浦　直 (2007)：シアトルにおける初期チャイナタウンの形成とその変容.『歴史地理
　　学』49 (4)、1-17.

杉浦　直 (2008)：文化とシンボル─地理的空間にシンボルを読む─. 岩手大学人文社
　　会科学部文化システムコース編『＜文化＞を考える』御茶の水書房、3-28.

杉浦　直（2011a）：『エスニック地理学』学術出版会.

杉浦　直（2011b）：エスニック・タウンの生成・発展モデルと米国日本人街における
　　検証.『季刊地理学』63、125-146.

杉浦　直（2021）：シアトルの近代絵図資料と市街地の変容.『歴史地理学』63（2）、1-12.

杉浦　直・小田隆史（2009）：エスニック都市空間における場所をめぐる葛藤―サンフ
　　ランシスコ・ジャパンタウンの一事例から―.『季刊地理学』61、157-177.

高野岳彦（2013）：場所. 人文地理学会編『人文地理学事典』丸善出版株式会社、106-107.

竹内幸次郎（1929）：『米国西北部日本移民史』大北日報社、シアトル.

竹沢泰子（1994）：『日系アメリカ人のエスニシティ―強制収容と補償運動による変
　　遷―』東京大学出版会.

永野征男（1990）：シアトル市域の拡大にともなう地域構造の変容. G.H. カキウチ先生
　　退官記念会編『アメリカ・カナダの自然と社会』大明堂、431-449.

波形克彦（2005）：デンマーク村の伝統を守り続けて勝ち残った「ソルバング」.『流通
　　ネットワーキング』No.199（日本工業出版）、47-49.

成瀬　厚（1993）：商品としての街, 代官山.『人文地理』45、618-633.

西村幸夫（2004）：『都市保全計画：歴史・文化・自然を活かしたまちづくり』東京大学
　　出版会.

ブーアスティン、D.J.（1964）：『幻影（イメジ）の時代―マスコミが製造する事実』星野
　　郁美・後藤和彦訳、東京創元社（原著出版：1962年）

福田珠己（1996）：赤瓦は何を語るか―沖縄県八重山諸島竹富島における町並み保存運
　　動―.『地理学評論』69A、727-743.

堀野正人（2011）：ディーン・マキャーネル（研究者紹介）. 安村克己・堀野正人・遠藤
　　英樹・寺岡伸悟編著『よくわかる観光社会学』ミネルヴァ書房、京都、198-199.

南川文里（2001）：エスニック・タウンの経済的編成―リトルトーキョーの初期形成過
　　程を通して―.『移民研究年報』7号、101-114.

南川文里（2007）：二つの「ジャパニーズ」―移動とエスニシティの現代社会論に向け
　　て―. 米山　裕・河原典史編『日系人の経験と国際移動―在外日本人・移民の近現
　　代史―』人文書院、京都、27-49.

森　正人 (2001)：場所の真正性と神聖性―高知県室戸市の御厨人窟を事例に―.『地理科学』56、252-271.

安福恵美子 (1993)：観光におけるオーセンティシティとは？―観光社会学的研究動向―.『聖徳学園女子短期大学紀要』21号、99-115.

山崎孝史 (2010)：『政治・空間・場所―「政治の地理学」にむけて』ナカニシヤ出版、京都.

山下清海 (2011)：借り傘戦略―外国人経営のすし店. 山下清海編著『現代のエスニック社会を探る―理論からフィールドへ』学文社、9.

横山昭市 (1990)：ロサンゼルスの都心地区再開発の背景と課題. G.H.カキウチ先生退官記念会編『アメリカ・カナダの自然と社会』大明堂、484-501.

ランガー、S.K. (1960)：『シンボルの哲学』矢野萬里他訳、岩波書店（原著出版：1957年）

レルフ, E. (1991)：『場所の現象学―没場所性を越えて―』高野岳彦・阿部隆・石山美也子訳、筑摩書房（原著出版：1976年）

Allen. J.P. and Turner, E. (1996)：Spatial patterns of immigrant assimilation. *Professional Geographer*, 48 (2), 140-155.

Anderson, K.J. (1988)：Cultural hegemony and the race-definition process in Chinatown, Vancouver: 1880-1980. in Hamnett, C. (ed.)：*Social Geography: A Reader*, Arnold, London et al., 1996, 209-235 (*Society and Space*, 6, 1988, 127-149)

Andrews, M.T. (ed.) (2005)：*Pioneer Square: Seattle's Oldest Neighborhood*. Pioneer Square Community Association (in association with University of Washington Press, Seattle and London).

Arreola, D. D. (1995)：Urban ethnic landscape identity. *Geographical Review*, 85, 518-534.

Barton, M. (2013)：*Solvang*. Boulder Press, Solana Beach, CA.

Bruner, E.M. (1994)：Abraham Lincoln as authentic reproduction: A critique of postmodernism. *American Anthropologist*, 96 (2), 397-415 (遠藤英樹訳：オーセンティックな複製としてのアブラハム・リンカーン―ポストモダニズム批判―.

『奈良県立大学研究季報』12 (2), 2001, 103-129)

Carey & Co. Inc. (2004) : *San Jose Japantown Historic Context and Reconnaissance Survey, San Jose, California* (Volume I). San Jose, Calif.

Chacko, E. (2003) : Ethiopian ethos and the making of ethnic places in the Washington metropolitan area. *Journal of Cultural Geography*, 20 (2), 21-42.

Chin, D. and Chin, A. (1973) : *Up Hill: The Settlement and Diffusion of the Chinese in Seattle, Washington.* Shorey Books, Seattle.

Chin, D. and Bacho, P. (1984) : The history of the International District: Early Chinese immigration. *The International Examiner*, Oct.17, 7-10.

City of Solvang (1988) : Solvang General Plan: Community Design Element. City of Solvang *.

Cohen, E. (1972) : Toward a sociology of international tourism. *Social Research*, 39 (1), 164-182.

Cohen, E. (1979) : A phenomenology of tourist experiences. *Sociology*, 13 (2), 179-201 (遠藤英樹訳：観光経験の現象学.『奈良県立商科大学研究季報』9 (1)、1998、39-58)

Cohen, E. (1988) : Authenticity and commoditization in tourism. *Annals of Tourism Research*, 15, 371-386.

CRA (Community Redevelopment Agency of the City of Los Angeles) (1970) : Fact Book/Little Tokyo. CRA, Los Angeles.

CRA (1990) : Little Tokyo: Redevelopment Project, Biennial Report, 1988-1990. CRA, Los Angeles.

Cragg, C. (2008) : *Solvang.* Postcard History Series, Arcadia Publishing, Charleston, SC.

CSPC (City of Seattle Planning Commission) (1959) : Pioneer Square: A Report by the City Planning Commission and the Central Association of Seattle. CSPC, Seattle *.

Cullingworth, B. (1997) : Historic preservation in the USA. *Built Environment*, 23

(2), 137-143.

DCD (Department of Community Development, City of Seattle) (1972) : *Pioneer Square Historic District Bulletin*, Vol.1-6, DCD, Seattle*.

DCD and Don Miles Associates (1979) : Pioneer Square Profile: An Update on Redevelopment. DCD, Seattle*.

DeLyser, D. (1999) : Authenticity on the ground: Engaging the past in a California ghost town. *Annals of the Association of American Geographers (A.A.A.G.)*, 89, 602-632.

Duncan, J. (1992) : Elite landscapes as cultural (re)productions: the case of Shaughnessy Heights. in Anderson, K. and Gale, F. (eds.) : *Inventing Places: Studies in Cultural Geography*, Longman Cheshire, Melbourne, 37-51.

Firth, R.W. (1973) : *Symbols: Public and Private*. Cornell University Press, Ithaca, NY (George Allen & Unwin LTD, London)

Frenkel, S. and Walton, J. (2000) : Bavarian Leavenworth and the Symbolic Economy of a Theme Town. *Geographical Review*, 90, 559-584.

Fukuda, C. and Pearce, R.M. (2014) : *San Jose Japantown: A Journey*. Japanese American Museum of San Jose, San Jose, Calif.

Hayden, D. (1995) : Remembering Little Tokyo on First Street. in Hayden, D.: *The Power of Place: Urban Landscapes as Public History*. The MIT Press, Cambridge, MA, and London, 210-225 (Chap.9)

Hirabayashi, P.J.N. (1977) : San Jose Nihonmachi. MA Thesis (Urban Planning), San Jose State University.

Hoelscher, S.D. (1998a) : "Swisscapes" on Main Street: Landscape,ethnic tourism, and the commodification of place. in Hoelsher, S.D.: *Heritage on Stage: The Invention of Ethnic Place in America's Little Switzerland*, Univ. of Wisconsin Press, Madison, Wi., 181-220 (Chap.6)

Hoelscher, S.D. (1998b) : Tourism, ethnic memory and the other-directed place. *Ecumene*, 5 (4), 369-398.

Hume, S.E. (2015) : Two decades of Bosnian place-making in St. Louis, Missouri. *Journal of Cultural Geography*, 32 (1), 1-22.

Jordan,T.G. and Rowntree, L. (1979) : *The Human Mosaic: A Thematic Introduction to Cultural Geography* (2nd ed.), Harper & Row, New York et al. (Chap.9 Ethnic Geography, 293-329)

Keniston-Longrie, J. (2009) : *Images of America: Seattle's Pioneer Square.* Arcadia Publishing, Charleston, SC.

Kinney-Holck, R. and the Upper Valley Museum at Leavenworth (2011) : *Images of America: Leavenworth.* Arcadia Publishing, Charleston, SC.

Kreisman, L. (1985) : *Historic Preservation in Seattle.* Historic Seattle Preservation and Development Authority, Seattle.

Kreisman, L. (1999) : *Made to Last: Historic Preservation in Seattle and King County.* Historic Seattle Preservation Foundation (in association with University of Washington Press, Seattle and London).

Larsen, H.P. (2006) : Solvang, the "Danish Capital of America": A Little Bit of Denmark, Disney, or Something Else? PhD Dissertation, UC Berkeley.

Lew, A. A. (1989) : Authenticity and sense of place in the tourism development experience of older retail districts. *Journal of Travel Research*, 1989(Spring), 15-22 (Downloaded from jtr.sagepub.com at UCLA on September 3, 2015).

Lieser, E. (2001) : California Japantowns threatened: Senate Bill to preserve Japanese neighborhoods. *AsianWeek*, 22, Iss.37, 13.

Link, K. (2005) : Preservation and the era of civic revival. in Andrews, M.T. (ed.) (2005), 174-206.

Little Tokyo Historical Society (2010) : *Image of America: Los Angeles's Little Tokyo.* Arcadia Publishing, Charleston, SC.

MacCannell, D. (1973) : Staged authenticity: Arrangements of social space in tourist settings. *American Journal of Sociology*, 79 (3), 589-603 (遠藤英樹訳：演出されたオーセンティシティ―観光状況における社会空間の編成―. 『奈良県立商科大

学研究季報』11 (3)、2001、93-107)

MacDonald, N. (1987): *Distant Neighbors: A Comparative History of Seattle & Vancouver.* University of Nebraska Press, Lincoln and London.

MAKERS (1974): Pioneer Square Historic District Plan: A Public Improvements Study. City of Seattle Department of Buildings, Seattle*.

Massey, D.S. (1985): Ethnic residential segregation: a theoretical synthesis and empirical review. *Sociology and Social Research,* 69, 315-350.

Merrifield, A. (1993): The struggle over place: redeveloping American Can in southeast Baltimore. *Trans. Inst. Br. Geogr. N.S.,* 18, 102-121.

Miyamoto, S.F. (1939): Social solidarity among the Japanese in Seattle. *Univ. of Washington Publications in the Social Sciences,* 2 (2), 57-130 (reprinted in 1981)

Morley, J. M. (2006): *Historic Preservation and the Imagined West: Albuquerque, Denver, and Seattle.* University Press of Kansas, Lawrence, Kansas.

Murase, I.M. (1983): *Little Tokyo: One Hundred Years in Pictures.* Visual Communications/Asian American Studies Central, Inc., Los Angeles.

Olmstead, C. and Olmstead, D. (1995): *Mission Santa Ynés: The Hidden Gem.* Mission Santa Ynés, Solvang, Calif.

Orozco, A.M. (2011): *Solvang: A Guide to the Danish Capital of America.* Channel Lake, Inc., New York.

Pedersen, P.H. (1995): A History and Analysis of Solvang, California: "The Danish Capital of the U.S.A.". MA Thesis, California State University, Fullerton.

Pediment Publishing (2005): *A Pictorial History Leavenworth.* Pediment Publishing.

Picher, D. (1997): *Washington Handbook* (5th Print). Moon Publications Inc.

Price, T. (1997): *Miracle Town: Creating America's Bavarian Village in Leavenworth, Washington.* Price &Rodgers, Vancouver, Washington.

PSPC (Pioneer Square Planning Committee) (1998): 1998 Pioneer Square Neighborhood Plan. Pioneer Square Community Council, Seattle.

RACsj (Redevelopment Agency of the City of San Jose) (1996): Final Relocation

Study and Plan: Miraido Housing/Retail Project. RACsj, San Jose, Calif.

Reichl, A.J. (1997) : Historic preservation and progrowth politics in U.S. cities. *Urben Affairs Review*, 32, 513-535.

Rowntree, L.B. and Conkey, M.W. (1980) : Symbolism and the cultural landscape. *A.A.A.G.*, 70, 459-474.

Sakamoto, K.M. (2004) : Japantown San Jose Preservation and Development. Senate Bill 307 San Jose Japantown Report.

Sale, R. (1976): *Seattle: Past to Present.* University of Washington Press, Seattle and London.

Schmid, C.F. and McVey, W.W., Jr. (1964) : *Growth and Distribution of Minority Races in Seattle, Washington.* Seattle Public Schools, Seattle.

Schnell, S. M. (2003) : The ambiguities of authenticity in Little Sweden, U.S.A. *Journal of Cultural Geography*, 20(2), 43-68.

Schuch, J.C. and Wang, Q. (2015) : Immigrant businesses, place-making, and community development: A case from an emerging immigrant gateway. *Journal of Cultural Geography*, 32 (2), 214-241.

Shichinohe, M. (1994) : The Postwar Transformation of Japanese American Community: Through a Case of Little Tokyo Redevelopment. MA Thesis, Division of Public Administration, Graduate School of International Christian University.

SJCI (The City of San Jose Commission on the Internment of Local Japanese Americans) (1985): "---With Liberty and Justice for All": The Story of San Jose's Japanese Community. SJCI, San Jose, Calif.

Swope, C.T. (2003) : Redesigning Downtown: The Fabrication of German-themed Villages in Small-town America. PhD Dissertation, Univ. of Washington.

Turner, V. (1975) : Symbolic studies. *Annual Review of Anthropology*, 4, 145-161.

Warren, W.H. (1985) : Asian Populations in Los Angeles County: a Focus on the Development of Japanese Communities from a Cartographic and Landscape

Perspective. MA Thesis, Geography, UCLA.

Warren, W.H. (1986-87) : Maps: a spatial approach to Japanese American communities in Los Angeles. *Amerasia Journal*, 13 (2), 137-151.

Wood, J. (1997) : Vietnamese American place making in Northern Virginia. *Geographical Review*, 87, 58-72.

Yasutake, J. (2008) : Landmarks add beauty and value to San Jose's Japantown. *JAMsj News*, Summer, 2008, 2.

Yu, C.Y. (2012) : *Chinatown, San Jose, USA.* (4th Edition), History San José, San Jose, Calif.

Zelinsky, W. and Lee, B.A. (1998) : Heterolocalism: An alternative model of the sociospatial behaviour of immigrant ethnic communities. *International Journal of Population Geography*, 4, 281-298.

(*出版元推定)

杉浦　直（すぎうら ただし）

1945年　秋田県（現横手市）生まれ
1968年　東北大学理学部卒業
1976年　東北大学大学院理学研究科博士課程修了（理学博士、地理学）
1978年　岩手大学人文社会科学部助教授
1983－84年　カリフォルニア大学（バークレイ）地理学教室客員研究員
1988年　カリフォルニア大学（ロサンゼルス）地理学教室客員研究員
1992年　岩手大学人文社会科学部教授
2005年　ワシントン大学地理学教室客員研究員
2011年　岩手大学退職（名誉教授）

●**主な研究テーマ**
　東北地方における農村家屋の地理学的研究、アメリカ西海岸地域における日系移民の文化社会地理学的研究、エスニック地理学の方法論的考察　など

●**主要著書**
　『東北の農村家屋―その地理学的研究―』大明堂（1988）、『エスニック地理学』学術出版会（2011）、水内俊雄編『空間の社会地理』朝倉書店（2004）共著（分担執筆）、山下清海編『現代のエスニック社会を探る―理論からフィールドへ―』学文社（2011）共著（分担執筆）など

「場所づくり」の地理思想　アメリカ西海岸の事例から

2023年9月30日　初版発行

著　者　杉浦　直
発行所　学術研究出版
　　　　〒670-0933　兵庫県姫路市平野町62
　　　　［販売］Tel.079（280）2727　Fax.079（244）1482
　　　　［制作］Tel.079（222）5372
　　　　https://arpub.jp
印刷所　小野高速印刷株式会社
©Tadashi Sugiura 2023, Printed in Japan
ISBN978-4-911008-18-8